Z 33021

Dijon
1800-1803
Bacon, François
Œuvres

janvier   Tome 7

X

ŒUVRES
DE
FRANÇOIS BACON,
CHANCELIER D'ANGLETERRE.
TOME SEPTIÈME.

A PARIS,

CHEZ ANT. AUG. RENOUARD, LIBRAIRE,
RUE ANDRÉ-DES-ARCS, N°. 42.

OEUVRES

DE

FRANÇOIS BACON,

CHANCELIER D'ANGLETERRE,

TRADUITES PAR ANT. LASALLE;

Avec des notes critiques, historiques et littéraires.

TOME SEPTIÈME.

A DIJON,

DE L'IMPRIMERIE DE L. N. FRANTIN.

AN 9 DE LA RÉPUBLIQUE FRANÇAISE.

SYLVA SYLVARUM[*],

OU

Histoire naturelle, expérimentale, et destinée à servir de fondement à la vraie philosophie.

PRÉFACE DE L'AUTEUR.

Idée de l'histoire naturelle et expérimentale, qui doit servir de base et de fondement à la vraie philosophie.

Notre but, en publiant ainsi par parties notre *grande restauration*, est

---

[*] Ce titre fait allusion à une expression que Cicéron emploie fréquemment dans ses écrits techniques, pour désigner *le répertoire*, le *magasin* ou *le calepin* de l'orateur.

La traduction la plus supportable de ces deux

de mettre de bonne heure à l'abri quelques-unes de nos plus utiles productions, et d'en assurer l'existence. Le même motif nous détermine à donner, immédiatement après les ouvrages qui ont déjà paru, l'esquisse d'une histoire naturelle et expérimentale, qui, par le *choix*, la *quantité* et l'*ordre* de ses matériaux, puisse servir de base à la vraie philosophie, et fournir à l'*interprète de la nature* ce *sujet*, ce *fonds* sur lequel il doit bientôt travailler. Le véritable lieu de cette esquisse seroit sans doute dans le livre qui doit traiter des *préliminaires*

---

mots, seroit celle-ci : la *pépinière des pépinières*, ou *la pépinière philosophique*; mais il faut traverser *la Manche* de Bretagne, pour trouver des hommes à qui de telles singularités plaisent; notre langue plus timide, et notre goût plus pur ou plus susceptible, les repoussent. Ainsi, nous laisserons subsister ce titre latin comme celui de *Novum Organum*, l'usage ayant francisé l'un et l'autre : personne à Paris ou ailleurs ne s'exprime ainsi ; *avez-vous lu la forêt des forêts, ou le bois des bois, de Bacon?*

et des *préparatifs* de l'*étude de la nature;* mais des raisons plus fortes que celle de la simple *convenance* nous ont déterminés à la publier avant le temps. Cette histoire que nous embrassons par notre pensée, est un ouvrage immense qui ne peut être exécuté qu'à force de peines, de soins et de dépenses; elle exige le concours et les travaux concertés d'un grand nombre d'hommes; et c'est, comme nous l'avons dit ailleurs, une entreprise vraiment royale. Notre dessein seroit donc d'inspirer à d'autres, par cet exposé, du goût, du zèle même pour une entreprise aussi grande que nécessaire; et si nous y parvenions, tandis que nous exécuterions successivement, et selon l'ordre que nous avons tracé, les parties que nous nous sommes réservées, cette partie-ci, qui est d'un fort grand détail, seroit aussi peu à peu exécutée par nos associés, peut-être même de notre vivant; du moins si telle étoit la volonté du grand Être qui dispose de nos jours et de nos destinées.

Car, nous l'avouons ingénument, un tel fardeau nous accableroit, si d'autres ne nous aidoient à le porter. Quant à cette méthode qui doit diriger tout le travail propre à l'entendement, c'est une tâche que nous n'imposons qu'à nous seuls, et que nous ne désespérons pas de remplir à l'aide de nos seules forces. Mais les matériaux que nous voulons lui procurer, sont en si grande quantité et tellement dispersés, que, pour les rassembler de toutes parts, nous avons, en quelque manière, besoin de *facteurs* et de *correspondans*. Ajoutons que ces recherches si faciles, et dont tout homme est capable, semblent être un peu au-dessous d'une entreprise telle que la nôtre, et ne pas mériter que nous y consumions un temps que nous pouvons employer plus utilement. Cependant, nous nous chargerons de la partie la plus essentielle de ce travail même; c'est-à-dire, d'exposer, avec toute l'exactitude et la clarté requises, le *plan* et le *mode* de la seule histoire naturelle qui puisse remplir notre objet; de peur que, faute d'avertissement sur ce point, on ne fasse toute autre chose que ce que nous demandons, et que, prenant pour modèles ces histoires naturelles déja en vogue, on ne s'éloigne beaucoup trop du véritable but. Mais, avant de traiter ce sujet, nous ne devons pas oublier certaine observation que nous avons souvent faite, et qui, dans ce lieu même, plus que dans tout autre, devient absolument nécessaire. Quand tous les hommes, dans tous les âges, se seroient réunis, ou se réuniroient par la suite, le genre humain tout entier s'adonnant à la philosophie, et tout le globe se couvrant d'académies, d'instituts, de collèges, d'écoles, de sociétés de savans; néanmoins, sans une histoire naturelle et expérimentale, de la nature de celle que nous prescrivons et recommandons ici, jamais la philosophie et les sciences n'auroient fait ou ne feroient des progrès vraiment dignes de la raison humaine. Au lieu qu'à l'aide d'une telle histoire, pourvue de matériaux en abondance, d'un bon choix, et judicieusement digérés, en y joignant les expériences auxiliaires et lumineuses qui pourront se présenter, ou qu'il faudra imaginer, dans le cours même de l'interprétation, l'étude de la nature et l'invention des sciences seroient l'affaire d'un petit nombre d'années. Ainsi, il faut ou s'occuper sérieusement de cette histoire, ou tout abandonner. Car tel est l'unique fondement sur lequel on puisse établir une philosophie réelle, agissante et vraiment digne de ce nom. Ce fondement une fois posé, les hommes alors, comme éveillés d'un profond sommeil, verront quelle différence infinie se trouve entre les chimères, les rêves de l'imagination, et cette philosophie effective dont nous parlons; alors, dis-je, ils se convaincront par eux-mêmes de la solidité et de la clarté des réponses qu'on obtient, en interrogeant sur la nature, la nature même.

Ainsi, nous commencerons par donner des préceptes généraux sur la manière de composer une histoire de ce genre. Puis nous en donnerons un exemple, un modèle fort détaillé, où nous aurons soin d'insérer, de temps à autres, des *indications* sur ce *qu'on doit principalement chercher*, et sur le *but* auquel on doit *rapporter* ou *approprier* chaque espèce de recherche; plan que nous suivrons, afin que ce but étant une fois nettement conçu et bien saisi, cette connoissance même suggère à d'autres ce qui auroit pu nous échapper. Or, cette histoire dont nous allons donner l'esquisse, pour la mieux caractériser, nous l'appellons ordinairement *histoire primaire*, ou *mère* de toutes les autres.

Aphorismes sur la manière de composer l'histoire primaire.

I.

La nature peut se trouver dans *trois états* différens, et *subir*, en quelque manière, *trois espèces de régime*. Ou elle se développe complettement dans toute la *liberté* de son cours ordinaire, ou elle est comme *dépossédée* et *chassée de son état* par la *qualité réfractaire*, et *l'opiniâtre résistance de la matière rebelle*; ou, enfin, elle est *liée, figurée, moulée* par l'*art* et le *ministère de l'homme*. Au *premier état* se rapporte ce qu'on appelle ordinairement *les espèces; au second*, les *monstres; au troisième*, toutes les *productions* de l'*art*. En effet, dans ces dernières, l'homme impose à la nature une sorte de joug, et elle est, pour ainsi dire, à ses ordres; car, sans l'homme, tout cela ne seroit point fait. C'est là, dis-je, que, par les soins et le ministère de l'homme, les corps prenant une face nouvelle, il se crée, en quelque manière, un autre univers, et change à chaque instant les décorations du théâtre. Ainsi l'histoire naturelle se divise en trois parties : elle traite ou de la *marche libre et directe* de la nature, ou de ses *écarts*, ou de ses *liens*. Ensorte que nous serions assez fondés à la diviser en *histoire des générations*, des *praeter-géné-*

rations et des *arts*. Cette dernière partie est celle que nous qualifions ordinairement de *méchanique* et d'*expérimentale*. Mais notre but, en faisant cette division, n'est point du tout de faire entendre qu'on doit traiter ces trois parties *séparément;* car, au fond, rien n'empêche de réunir l'*histoire des monstres*, dans chaque espèce, avec l'*histoire de l'espèce* même. Quant aux productions de l'*art*, il est quelquefois plus à propos d'en joindre la description à celles des espèces auxquelles elles se rapportent, et quelquefois aussi il vaut mieux les en séparer. Ainsi, le mieux à cet égard est de prendre conseil des choses mêmes ; le trop et le trop peu de méthode ayant également l'inconvénient d'occasionner des répétitions et des longueurs (1).

---

(1) Le moyen d'éviter les deux extrêmes, est de placer chaque vérité dans le lieu où elle est le plus nécessaire, et de renvoyer ensuite des lieux où elle l'est moins, à celui-là.

II.

L'histoire naturelle qui, envisagée par rapport à son *sujet*, se divise en *trois parties* très distinctes, comme nous l'avons dit, peut aussi être divisée en *deux parties* relatives aux deux espèces d'*usages* qu'on en tire. Car on l'emploie ou pour acquérir la *simple connoissance des choses mêmes* dont l'histoire est le dépôt, ou comme *matière première de la philosophie,* comme étant, pour ainsi dire, la *pépinière, le fonds de la véritable induction.* C'est de ce dernier usage qu'il s'agit actuellement; actuellement, dis-je, car jamais dans les temps précédens il n'en fut question.

En effet, ni Aristote, ni Théophraste, ni Dioscoride, ni Pline, ni les naturalistes modernes, bien inférieurs à eux, ne se sont proposé cette fin dont nous parlons. Nous aurions beaucoup fait, si ceux qui dans la suite entreprendront une histoire naturelle, ayant l'œil sans cesse fixé sur ce but, étoient convaincus qu'ils ne doivent avoir en vue, dans leurs narrations, ni le plaisir du lecteur, ni même son utilité actuelle et immédiate ; mais seulement les avantages d'une collection de faits, riche, variée, et suffisante pour la confection des vrais axiômes : si ce but étoit perpétuellement présent à leur esprit, ils sauroient bien se prescrire eux-mêmes la manière dont ils doivent écrire une histoire de ce genre ; car c'est la *destination* d'un ouvrage qui en doit déterminer la *forme* ou le *mode*.

III.

Plus une telle entreprise exige de travail et de soins, plus on doit prendre peine à la débarrasser de toutes superfluités. Ainsi, les naturalistes ont encore besoin de trois avertissemens tendant à empêcher qu'ils ne tournent trop leur attention vers des objets inutiles, et qu'en augmentant à l'infini le volume de cette collection, ils n'y sacrifient la qualité à la quantité.

1°. On laissera de côté les antiquités,

les citations fréquentes, les autorités et même les controverses, les discussions verbeuses, les réfutations; en un mot, toute philologie et tout étalage d'érudition. On ne citera point d'auteurs, sinon pour attester des faits douteux; et l'on ne se permettra de discussion que pour éclaircir les points les plus importans. Quant aux similitudes, aux allusions, aux figures, et aux brillantes expressions, il faut absolument renoncer à tout cela; et même tout ce qu'on fera entrer dans cette histoire, on l'exposera d'une manière serrée et concise, afin que l'ouvrage en ait plus de substance, et qu'on y trouve toute autre chose que des mots. Car il n'est personne qui, ayant à rassembler et à mettre en place des matériaux pour la construction d'un vaisseau, d'un édifice, etc. s'amuse à les disposer dans un bel ordre, et à les distribuer d'une manière qui flatte la vue (comme ces marchandises qu'on étale dans une boutique); mais il met toute son attention à les bien choisir, et à les arranger dans le lieu où il les dépose, de manière qu'ils y occupent le moindre espace possible. Tel doit être l'esprit de cette collection dont nous parlons.

En second lieu, ce qui ne remplit pas mieux notre objet, c'est *ce luxe* de certaines histoires naturelles, surchargées de descriptions et de représentations de sujets des trois règnes, multipliées et variées à un point qui ne peut satisfaire que la seule curiosité. Car, au fond, toutes ces petites singularités ne sont que des espèces de *jeux*, de *licences* de la nature ; autant vaudroit avoir égard à ces légères nuances qui différencient les individus. De telles études peuvent être regardées tout au plus comme une sorte de promenade agréable parmi les productions de la nature ; mais on n'en peut tirer qu'une lumière bien foible pour les sciences ; et des connoissances de ce genre sont à peu près inutiles.

En troisième lieu, il faut rejeter également les narrations superstitieuses (je ne dis pas celles qui excitent le plus grand étonnement, et qui tiennent du prodige, si d'ailleurs elles sont appuyées sur des témoignages dignes de foi, et de fortes probabilités); mais les relations vraiment superstitieuses, et toutes ces prétendues expériences de la magie cérémonielle (1). Car nous ne voulons pas que l'enfance de la philosophie, à laquelle l'histoire naturelle donne, pour ainsi dire, le premier lait, se berce de ces contes de vieilles. Il sera temps peut-être, lorsqu'on aura un peu plus pénétré dans les profondeurs de la nature, de parcourir légèrement ces sujets mystiques, pour les examiner; et si dans ce marc on trouve encore un peu de sève, on pourra l'en extraire et la mettre à part, pour s'en servir au besoin. Mais en commençant il faut écarter tout cela. Quant aux expériences mêmes

---

(1) De celle qui se flatte ou qui promet d'opérer des effets *physiques*, en traçant certaines figures, en faisant certains gestes, en prononçant des formules *inintelligibles*, en tels temps, en tels lieux, etc.

de la magie naturelle, avant de leur donner place dans la collection, on aura soin de les discuter et de les éplucher avec toute la sévérité requise; sur-tout celles qu'on déduit ordinairement de ces sympathies et antipathies si rebattues, et qu'on adopte avec tant de simplicité et de facilité, soit à les croire, soit à en controuver d'autres.

Et ce ne sera pas avoir peu fait que d'avoir débarrassé de ces trois espèces de superfluités, notre histoire naturelle; autrement des milliers de volumes suffiroient à peine pour contenir tout cela. Mais ce n'est pas encore tout : dans un ouvrage qui doit, par lui-même, avoir beaucoup d'étendue, il n'est pas moins nécessaire d'exposer, d'une manière très succincte, ce qu'on y fait entrer, que d'en retrancher tout le superflu. A la vérité, cette exposition si précise, si sévère et si châtiée, sera un peu moins amusante, soit pour le lecteur, soit pour l'auteur même; mais on ne doit pas oublier qu'il s'agit beaucoup moins ici de se procurer une habitation agréable, une espèce de maison de plaisance, qu'une sorte de grenier, de grange, de magasin, où l'on puisse trouver au besoin, et prendre à mesure, tout ce qui sera nécessaire dans le travail de l'*interprétation*, qui doit succéder, et qui est le principal objet.

IV.

Dans cette histoire que nous demandons, ce que nous avons principalement en vue, et dont, avant tout, on doit s'occuper, c'est de lui donner une assez vaste étendue, et de la tailler, pour ainsi dire, à la mesure de l'univers; et au lieu de resserrer le monde entier dans les étroites limites de l'esprit humain, comme on l'a fait jusqu'ici, il faut relâcher peu à peu les liens de l'entendement, le dilater en quelque manière, et lui donner enfin assez de capacité pour embrasser l'image de l'univers entier, mais de l'univers tel qu'il est. Car ces vues si resserrées, cet esprit si étroit, qui fait qu'on envisage trop peu d'objets, et qu'on veut prononcer d'après ce peu qu'on a vu, c'est cela même qui a tout perdu. Résumant donc cette distribution que nous avons faite de l'histoire naturelle, et en conséquence de laquelle cette histoire a été divisée en histoire des *générations*, des *praeter-générations* et des *arts*, nous subdiviserons actuellement celle *des générations en cinq parties;* savoir : 1°. *l'histoire des espaces et des corps célestes* (1); 2°. celle des *météores* et de ce qu'on appelle les *régions de l'air;* je veux dire de ces espaces qui s'étendent depuis la lune jusqu'à la surface de la

---

(1) *Historia aetheris et cœlestium;* quoique, dans le langage figuré, *aether* soit pris pour le ciel ou les espaces célestes, j'ai été tenté de traduire ainsi : *Histoire de l'éther et des corps célestes;* car le chancelier Bacon n'admettant point de vuide dans l'univers, il est forcé de supposer dans les espaces immenses un fluide destiné à les remplir, et désigné assez ordinairement par ce mot d'*éther;* mais comme, dans une histoire naturelle on ne doit rien trouver qui ait l'air d'un système, nous préférons le mot *espaces*, pour éviter toute discussion.

terre; partie à laquelle (et simplement pour mettre de l'ordre dans notre exposé) nous avons aussi assigné les comètes de toute espèce, tant les plus élevées que les plus basses, quelque puisse être d'ailleurs leur nature et leur véritable lieu; 3°. *celle de la terre et de la mer;* 4°. l'histoire de ce qu'on désigne ordinairement par le nom d'*élémens,* comme la *flamme* ou le *feu,* l'*air,* l'*eau* et la *terre.* Or, en employant ce mot d'*élémens,* nous ne prétendons pas qu'on doive regarder ces substances comme les *premiers principes* de toutes choses, mais seulement comme *les plus grandes masses de corps naturels.* Car les différentes espèces de corps sont tellement distribuées dans la nature, qu'il y a des substances qui s'y trouvent en très grande quantité, et même dont la masse est immense; par la raison que leur constitution n'exige, dans la matière dont elles sont composées, qu'une texture facile et commune (et tels sont les quatre espèces de corps dont nous venons de parler); mais qu'il en est d'autres qui ne se trouvent dans l'univers qu'en très petite quantité, et qui n'y sont semés qu'avec épargne; leur constitution étant le produit d'un assemblage de parties très différentes, d'un tissu fin et délié, d'une organisation très particulière et très déterminée; tels sont les composés connus sous le nom d'*espèces*, comme *métaux, plantes, animaux,* etc. Ainsi, les substances du premier genre seront appellées *les grandes classes* (ou *collections*); et celles du second genre, *les petites classes* (1). Or, cette partie

---

(1) Il est impossible de bien traduire ces deux expressions, *collegia majora, collegia minora;* parce que cette division ayant pour base une idée fausse, ne peut être exacte : les grandes masses d'élémens sont *des masses réellement existantes;* au lieu que les classes d'animaux, de végétaux et de minéraux, ne sont que des collections purement *idéales.* Or, une division dont un membre est une *collection de choses réelles;* et l'autre, une *collection d'idées*, est certainement vicieuse : celle-ci vaudroit peut-être un peu mieux. *Êtres* et *modes*, *élémens* et *composés; élémens*

qui traite des grandes classes (ou collections), est le quatrième membre de l'histoire des générations; et quoique, dans la seconde et la troisième partie, nous parlions aussi de l'*air*, de l'*eau* et de la *terre*, nous ne confondons pas pour cela ces deux parties avec la quatrième; car, dans la seconde et la troisième, l'histoire n'envisage ces grandes masses que comme étant des *parties intégrantes de l'univers*, et par le *rapport* qu'elles ont avec sa *configuration* et son *ensemble*; au lieu que la quatrième renferme l'histoire de

---

considérés dans les masses où ils sont réunis; *élémens considérés dans les composés* dont ils font partie: *composés, animaux, végétaux, minéraux*, subdivisés ensuite en *classes* ou *genres, espèces, sous-espèces, variétés*, etc. *modes, simples ou généraux*, et *modes composés ou particuliers*, etc. Cette division n'est pas non plus d'une *parfaite* exactitude, attendu qu'elle a pour base *les idées du traducteur*, c'est-à-dire, *des idées humaines*, et par conséquent *inexactes*; mais elle semble être du moins plus conforme à la loi de l'*analogie* et de la *convenance*.

leur *substance* et de leur *nature*, envisagée comme résidante, avec toute sa force et toute son énergie, dans chacune de leurs parties similaires, mais abstraction faite de leur *rapport* avec le *tout*(1). Enfin, la cinquième partie renferme l'histoire des *petites classes* ou des *espèces* qui ont été jusqu'ici le principal sujet de l'histoire naturelle. Quant à l'histoire des *praeter-générations*, il seroit plus à propos, comme nous le disions plus haut, de la réunir avec celle des *générations;* ce qu'il faut toujours entendre de celle dont les faits, quoique fort étonnans, ne laissent pas d'être naturels. L'histoire *superstitieuse*, je veux dire celle des *miracles* et des *prodiges*, vrais ou faux, doit d'autant moins nous arrêter ici, que nous la reléguons dans un traité *ex-professo;* et ce traité, ce n'est pas en commençant qu'il faut l'entreprendre, mais un peu plus tard, et lorsqu'on aura fait

---

(1) Cette distinction ne détruit pas celle que nous avons faite dans la note précédente.

quelques progrès dans l'étude de la nature.

Reste donc l'histoire *des arts* ou de la *nature transformée*, et, en quelque manière, *retournée;* celle-ci, nous la divisons en *trois parties.* Car elle se tire ou des *arts méchaniques*, ou de la *partie active et pratique* des *arts libéraux*, ou de ce nombre infini d'expériences et de procédés qui ne forment pas encore des arts proprement dits; même de ceux qu'offre quelquefois l'expérience la plus commune, et qui n'ont nullement besoin d'art (1). Ainsi, quand, de toutes ces parties dont nous venons de faire l'énumé-

---

(1) N'est-il pas surprenant qu'on ait fait un métier de *l'art de friser*, et qu'on n'en ait pas fait un de *l'art de penser?* Il est vrai que *l'art de penser* semble être le métier de tout le monde, et que ce métier de tout le monde, que personne ne sait, personne n'ose l'enseigner, parce que tout le monde croit le savoir. Cependant le vrai moyen de perfectionner cet art, seroit d'en faire un métier, comme de celui qui s'exerce sur les têtes à perruque.

ration; savoir : des *générations*, des *praeter-générations*, des *expériences les plus familières*, on aura composé une histoire détaillée, il nous semble qu'on n'aura rien omis de ce qui peut mettre les sens en état de procurer à l'entendement de sûres et d'amples informations. Et alors, enfin, nous ne serons plus confinés dans ce cercle étroit, où depuis tant de siècles nous sommes liés par une sorte d'enchantement; mais nous aurons fait, en quelque manière, le tour de la vaste enceinte de l'univers, et égalé notre histoire à l'immensité de son véritable sujet.

V.

De toutes ces parties que nous venons de dénombrer, la plus utile, relativement à notre principal but, c'est l'*histoire des arts* : son avantage est de montrer *les choses en mouvement*, et de *mener plus directement à la pratique;* de jeter une vive lumière sur les objets naturels, en levant ce voile et cette espèce de masque dont les couvrent leur apparence extérieure et la prodigieuse variété de leurs figures. Enfin, ce sont les *vexations de l'art* qui, semblables aux chaînes et aux menottes dont Aristée lia Protée, décèlent les mouvemens les plus énergiques et les derniers efforts de la matière. Car les corps se refusent à leur destruction, à leur anéantissement, et, comme pour l'éviter, prennent une infinité de formes différentes. Ainsi, quoique cette histoire ait je ne sais quoi de *méchanique, de grossier et d'ignoble,* (du moins à la première vue); cependant il ne faut épargner ni temps ni soins pour la bien traiter.

De plus, les arts que l'on doit préférer ici, ce sont ceux qui, en s'exerçant sur les corps naturels et sur les matériaux des divers composés, les rendent plus sensibles et leur font subir une infinité d'altérations et de préparations, comme l'*agriculture, l'art du cuisinier, la chymie, l'art du teinturier,* etc. à quoi il faut joindre tous ceux qui ont pour objet le *verre*, l'*émail*, le *sucre*, la *poudre à canon*, les *feux d'artifice*, le *papier* et autres semblables substances. Des procédés dont l'observation et l'analyse sont d'une moindre utilité, ce sont ceux qui ne consistent que dans un mouvement plus fin, plus précis ou plus régulier des mains ou des instrumens, tels que ceux de l'art du *tisserand*, du *forgeron* et de l'*architecture* : il faut en dire autant de la construction des *horloges*, grandes ou petites, des *moulins*, etc. quoique les observations mêmes de ce genre ne doivent pas être tout-à-fait dédaignées ; soit parce que, dans ce grand nombre de procédés, il s'en trouve qui ont quelque rapport avec l'altération des corps ; soit parce qu'ils donnent des connoissances plus exactes et plus détaillées sur le mouvement de *translation* (1); connoissances

---

(1) Il entend par mouvement de *translation*, ce mouvement simple par lequel un corps est transporté d'un point à un autre point, et sur-

d'autant plus utiles, qu'elles mènent à une infinité d'autres.

Mais un avertissement absolument nécessaire, par rapport aux matériaux de cette histoire, et qu'on doit graver profondément dans sa mémoire, c'est qu'en faisant un choix parmi les expériences propres aux arts, il faut donner place dans notre collection, non-seulement à celles qui mènent aux buts de leurs arts respectifs, mais aussi à celles qui n'y mènent pas, et qui peuvent être instructives. Par exemple, que des écrevisses ou des langoustes soient de couleur de boue quand elles sont crues, et qu'elles deviennent de plus en plus rouges à mesure qu'elles cuisent, c'est ce qui n'importe guère au cuisinier, comme n'influant point sur leur saveur; mais cet exemple même ne laisseroit pas d'être assez précieux dans une recherche qui auroit pour objet la nature de la *couleur*

---

tout celui de *projection*, tel que celui d'un boulet de canon, d'une pierre lancée avec la main, etc.

rouge, attendu que le même phénomène se présente dans les briques cuites (1). De même, que les chairs prennent plus vîte le sel durant l'hiver que durant l'été; ce fait ne fournit pas seulement une indication au cuisinier pour employer à propos, et en suffisante quantité, ce genre d'assaisonnement; mais un autre avantage de cet exemple, c'est d'indiquer la nature du froid et le genre d'impression qui lui est propre. Ce seroit donc se tromper grossièrement, que de s'imaginer qu'il suffit, pour remplir notre objet, de réunir ainsi en un seul corps des expériences tirées de tous les arts, dans la seule vue de perfectionner chaque art plus rapidement, quoique, dans plus d'un cas, cet avantage même ne soit pas

---

(1) Et dans certains fruits, tels que la fraise, la groseille, la cerise, la framboise, la pêche, la pomme, etc. qui deviennent de plus en plus rouges, à mesure que le *soleil* les *cuit*, comme les écrevisses le deviennent à mesure que le *feu* les *mûrit*.

tout-à-fait à mépriser; notre véritable intention, et notre but direct, est que ces *connoissances* qui découlent des expériences méchaniques, prennent toutes leur cours vers le vaste océan de la philosophie. Quant aux exemples les plus distingués en chaque genre (et ce sont ceux qu'on doit chercher avec le plus de soin), ce qui doit diriger dans ce choix, ce sont les *prérogatives des faits;* c'est-à-dire, le plus ou moins de lumière qu'on en peut tirer pour la *découverte* des *causes*.

VI.

Nous devons aussi résumer en ce lieu ce que nous avons traité plus amplement dans les aphorismes 99, 119 et 120 de l'ouvrage précédent, et le redire ici en peu de mots à titre de précepte. Il faut, disions-nous, faire entrer dans cette histoire naturelle, expérimentale et philosophique, 1°. les faits les plus communs, même ceux qui, étant très familiers et universellement connus, semblent ne pas mériter d'être consignés dans un écrit; 2°. les choses réputées viles, grossières, basses, rebutantes, sales même; car *tout est propre et net aux yeux de ceux qui le sont eux-mêmes* (1). Et s'il est vrai que l'*argent, provenant de l'urine, ne laisse pas de sentir bon* (2), à bien plus forte raison peut-on le dire de tout ce qui peut fournir quelque lumière, quelques solides connoissances. Il faut également y donner place à telles choses qui paroissent frivoles et *puériles;* et qu'on ne soit pas étonné d'y voir ces

---

(1) Moïse ayant divisé les animaux en *purs* et *immondes*, avoit défendu aux Juifs, peuple fort sale, de se nourrir des derniers; mais cette loi, établie après une vision, fut abolie, d'après une autre rapportée dans les actes des Apôtres.

(2) Vespasien, Empereur maltôtier, avoit mis des impôts sur tout, même sur les urines; son fils témoignant beaucoup de dégoût pour ces derniers, il se fit apporter le premier argent provenant de la taxe, et le lui donnant à flairer, *cet argent, lui dit-il, sent-il mauvais? — Non : — c'est pourtant l'urine qui a produit cela.*

espèces de jouets, car il s'agit en effet de redevenir tout-à-fait enfant (1) : enfin, celles qui semblent être d'une excessive et frivole subtilité, qu'on est d'abord tenté de regarder comme minutieuses, parce qu'elles ne sont par elles-mêmes d'aucun usage ; car, comme nous l'avons dit, tous ces faits qu'on insère dans cette histoire, ce n'est pas pour eux-mêmes qu'on les y rassemble ainsi ; et ce n'est pas par leur valeur intrinsèque qu'il faut juger de leur prix, mais par leur plus ou moins d'aptitude à être transportés dans la philosophie, et par l'influence qu'ils peuvent y avoir.

VII.

De plus, nous ne saurions trop recommander de ne rien avancer sur les phénomènes de la nature, soit sur les corps

---

(1) De renoncer à toutes ses opinions, de faire abstraction de tout ce qu'on sait, et de recommencer toutes ses études, en considérant tous les objets, sans prévention et avec un esprit vierge comme celui d'un enfant.

mêmes, soit sur leurs propriétés, qu'après avoir, autant qu'il est possible, tout compté, mesuré, pesé et déterminé; car ce sont les effets, les œuvres que nous avons en vue, et non de pures spéculations. Or, la physique et les mathématiques, judicieusement combinées, enfantent la pratique. Ainsi, il faut déterminer avec précision, par exemple, dans l'histoire des espaces et des corps célestes, les distances respectives des planètes, et les temps de leurs révolutions; dans l'histoire de la terre et de la mer, la circonférence d'un grand cercle du globe terrestre, ainsi que les espaces respectifs qu'occupent à sa surface la terre et les eaux; dans l'histoire de l'air, le degré de compression que peut endurer ce fluide, sans opposer une trop grande résistance; dans l'histoire des métaux, leurs pesanteurs respectives ou spécifiques, et une infinité d'autres quantités de cette nature. Mais, lorsqu'on ne peut s'assurer des proportions exactes, il faut recourir à de simples estimations et à des comparaisons indéfinies. Par exemple, si l'on a quelques doutes sur les distances déterminées par les observations et les calculs astronomiques, on pourra supposer que la lune est située en deçà de l'ombre du globe terrestre ; que mercure est plus élevé que la lune; et il en sera de même de toutes les autres mesures. Et même lorsqu'on n'aura pu déterminer les quantités moyennes, on donnera du moins les quantités extrêmes (1). Par exemple, on pourra s'exprimer ainsi : le poids du fer que peut soutenir un aimant très foible, est à celui de la pierre même, dans tel rapport; et un aimant très vigoureux lève soixante fois son poids, comme nous en avons nous-mêmes fait l'épreuve sur un aimant armé et fort petit. Or, nous savons assez que

---

(1) Les quantités moyennes sont des moyennes proportionnelles, arithmétiques, ou géométriques, etc. entre les quantités extrêmes : selon toute apparence, il veut dire les quantités *intermédiaires*.

ces exemples déterminés ne sont ni communs ni faciles à trouver, et que c'est dans le cours même de l'interprétation qu'il en faut chercher de tels, lorsqu'ils deviennent nécessaires, et à titre de faits auxiliaires. Cependant, lorsqu'ils se présenteront d'eux-mêmes, si on n'a pas lieu de craindre qu'ils ralentissent excessivement la composition de l'histoire naturelle, on aura soin de les y insérer.

VIII.

Quant à la *crédibilité* des faits divers auxquels il s'agit de donner place dans notre collection, ces faits sont nécessairement ou *certains,* ou *douteux,* ou *manifestement faux.* En rapportant les faits du premier genre, on se contentera de la simple exposition; mais ceux du second genre ne doivent être exposés qu'*avec remarques;* par exemple, on y joindra ces expressions : *on dit, on rapporte, je tiens d'un auteur digne de foi,* et autres semblables avertissemens. Mais d'exposer plus amplement les raisons, pour adopter ou rejeter un fait, ce seroit trop entreprendre, et la narration seroit trop ralentie par de telles discussions. D'ailleurs, ces raisons, pour ou contre un fait, importent assez peu à notre objet actuel. Car, comme nous l'avons observé (dans l'aphorisme 118 de l'ouvrage précédent), la fausseté de ces faits controuvés, à moins qu'ils ne se présentent à chaque pas, et ne fourmillent dans la collection, sera démontrée peu après par la vérité même des axiômes. Cependant s'il s'agit d'un fait de quelque importance, soit par les conséquences qu'on en peut tirer, dans la théorie, soit par les applications qu'on en peut faire, dans la pratique, alors il faut désigner nommément l'auteur qui le rapporte, et cela non pas d'une manière nue et sèche, mais en entrant dans quelques détails à ce sujet : par exemple, dire s'il le rapporte sur la foi d'autrui, et se contente de le transcrire (et de ce genre sont la plupart de ceux que Pline a compilés), ou s'il l'affirme *sciemment*, et d'après ses propres observations; on doit dire encore si c'est un événement qui se soit passé de son temps, ou dans les temps précédens; si ce fait est de la nature de ceux qui, en les supposant vrais, ont nécessairement un grand nombre de témoins; si cet auteur est un homme inconsidéré et qui parle souvent au hazard, ou un écrivain réservé, judicieux et circonspect; toutes circonstances qui donnent plus ou moins de poids à un témoignage; enfin, quant aux faits manifestement faux, mais qui n'ont pas laissé d'avoir cours, à force d'être répétés, tels que les suivans, qui, soit par une longue crédulité, soit à cause des similitudes qu'on en tiroit, ont pris pied durant tant de siècles : que le diamant diminue la vertu de l'aimant et la force de l'ail; que l'ambre jaune attire toute espèce de substances, à l'exception du basilic; et une infinité de contes du même genre; ces faits, dis-je, ce n'est pas assez du simple *silence* pour les *exclure* de notre collection, il faut les *proscrire formellement*, afin qu'ils ne gênent plus la marche des sciences.

De plus, si l'on rencontre quelque fait qui en ait imposé à la crédulité, et qui ait donné naissance à de puériles opinions, il ne sera pas inutile d'en faire la remarque. Par exemple, on a attribué à la plante connue sous le nom de *satyrion*, la propriété d'exciter l'appétit vénérien, parce que sa racine est figurée à peu près comme des *testicules*; mais on pourra observer que la véritable cause de cette configuration est que, chaque année, au pied de cette plante, naît une nouvelle racine de forme bulbeuse, la dernière venue adhérant à celle de l'année précédente; assemblage d'où résulte cette apparence de testicules; et une preuve de ce que nous avançons ici, c'est qu'en examinant plus attentivement cette nouvelle racine, on trouve qu'elle est solide et pleine de suc, au lieu que l'ancienne est flasque et spongieuse. Ainsi, il n'est nullement étonnant que, si on les jette dans l'eau toutes deux, l'une surnage, tandis que l'autre va au fond : voilà pourtant à quoi se réduit tout le merveilleux qui a fait ajouter foi à toutes les autres vertus chimériques de cette plante.

IX.

Reste à parler de certaines appendices ou additions qu'on peut faire à l'histoire naturelle, et qui peuvent être utiles, en la disposant à s'ajuster, à se plier plus aisément à l'œuvre de l'interprétation qui doit succéder. Ces additions sont de cinq espèces.

1°. Il faut joindre à cette histoire diverses *questions;* non pas des questions sur les *causes,* mais de simples questions de *fait,* afin de solliciter l'esprit, de l'agacer, et de l'exciter à étendre ses recherches. Par exemple, dans l'histoire de *la terre* et de *la mer,* cette question : *la mer caspienne a-t-elle aussi un flux et un reflux? et quelle est la durée de l'un et de l'autre?* Ou cette autre : *les terres australes sont-elles un continent, ou n'est-ce qu'une île* (1)? et autres questions semblables.

En second lieu, quand on rapportera une expérience nouvelle et délicate, il sera bon d'exposer en détail le procédé qu'on aura suivi en la faisant, afin que les lecteurs, suffisamment avertis des précautions avec lesquelles ils doivent la répéter, puissent juger par eux-mêmes si l'information qu'ils voudront en tirer, sera sûre ou trompeuse; et même afin d'exciter leur industrie à chercher d'autres procédés encore plus exacts et plus précis, s'il en est de tels.

En troisième lieu, si l'écrivain a quel-

---

(1) Question peu digne d'un si grand génie! Car un *continent* n'est qu'une *grande île*, et une *île* n'est qu'un *petit continent*. L'ancien et le nouveau continent, soit qu'ils se joignent par le nord, ou qu'ils soient séparés (ce qui est le plus probable), sont certainement environnés d'eau: or, une terre environnée d'eau est une île. Voici une question plus raisonnable : les terres australes tiennent-elles à l'ancien *continent*, ou en sont-elles séparées?

que doute sur l'observation ou l'expérience qu'il rapporte, il ne doit point du tout le dissimuler, ni user de réticence sur ce point, mais l'exprimer franchement et tel qu'il est, sous forme de *note* ou d'*avertissement*. Nous souhaitons que cette *histoire primaire* soit écrite avec la plus religieuse exactitude, et avec autant de scrupule que si l'auteur eût prêté serment pour chaque article. Car le volume des œuvres de Dieu (autant du moins qu'il est permis de comparer la majesté des choses divines avec la nature basse des choses terrestres) est comme le second volume des saintes écritures.

En quatrième lieu, il ne sera pas inutile de semer dans l'ouvrage, à l'exemple de Pline, quelques observations sur différens sujets : par exemple, d'observer, dans l'histoire de la terre et de la mer, que la figure des deux continens (si toutefois on peut faire fond sur les relations des navigateurs) va en se rétrécissant et comme en s'aiguisant vers le sud; qu'au contraire elle va en s'étendant et s'élargissant vers le nord; qu'en conséquence le contraire a lieu par rapport aux mers : que ces grandes mers qui pénètrent fort avant dans les terres, et qui en rompent la continuité, s'étendent du nord au midi, et non de l'est à l'ouest(1), à l'exception peut-être de ces régions extrêmes qui sont voisines des pôles. Il est un autre genre d'additions qui ne seront pas non plus déplacées dans notre histoire : je veux parler de cer-

---

(1) Assertion manifestement fausse par rapport aux mers de très grande ou de moyenne étendue ; car la mer méditerranée, proprement dite, est à peu près est et ouest, comme on peut s'en assurer en jetant les yeux sur une mappemonde, ou sur une carte marine ; et comme nous l'avons nous-mêmes appris à nos dépens, ayant été obligés, dans l'hiver de 1772, à louvoyer durant deux mois entre Gibraltar et Malaga, à cause d'un vent d'ouest très opiniâtre qui nous fit manquer trois fois le débouquement, et nous rejetoit toujours en dedans. Il en faut dire autant de la mer pacifique : la traversée d'Acapulco à Manille, est la plus longue que puisse faire un navigateur, en se tenant toujours *à peu près* sur le même parallèle.

taines règles qui ne sont, à proprement parler, que des observations générales, universelles ; par exemple, les suivantes : que vénus ne s'éloigne jamais du soleil de plus de 46 degrés, ni mercure de plus de 25 : que les planètes, plus élevées que le soleil, ont un mouvement extrêmement lent (1), parce qu'elles sont à une très grande distance de la terre ; et que les planètes situées en deçà de cet astre, ont un mouvement plus rapide, par la raison des contraires. Il est encore un genre d'observations auxquelles jusqu'ici on n'a pas pensé, et qui ne laissent pas d'être importantes : je veux dire qu'il faudroit joindre aux *remarques sur ce qui est*, *d'autres remarques sur ce qui n'est pas*; par exemple, remarquer, dans l'his-

---

(1) Sans doute, et ce n'est pas parce qu'elles sont plus éloignées de la terre qu'il regarde comme le centre de leur mouvement, mais parce qu'elles sont plus éloignées du soleil qui est leur véritable centre ; et, conformément à cette loi, *les quarrés des temps périodiques des différentes planètes sont entr'eux, comme les cubes de leurs distances moyennes à l'astre central.*

toire des corps célestes, qu'on n'en trouve point qui soit de figure oblongue ou triangulaire; mais que tous sont de figure sphérique; c'est-à-dire, ou simplement sphérique comme la lune, ou anguleuse à la circonférence, et ronde dans le milieu, comme les étoiles; ou ronde au milieu et environnée d'une sorte de chevelure, comme le soleil: ou encore observer qu'on ne voit point d'étoiles qui, par leur arrangement et leurs situations respectives, forment quelque figure tout-à-fait régulière; par exemple, qu'on n'en trouve point qui forment un quinconce, un quarré exact, ou toute autre figure parfaite (1), quoiqu'on ait donné à ces assemblages d'étoiles les noms de *delta*, de *couronne*, de *croix*, de *charriot*, etc. à peine même y trouveroit-on une ligne parfaitement droite, si ce n'est la ceinture et l'épée d'Orion (2).

---

(1) Ce que le vulgaire appelle les trois rois, et les trois petites étoiles situées plus au sud.

(2) Le quarré exact est un cas unique, et il est

En cinquième lieu, il est d'autres additions qui, pouvant être utiles à des hommes inventifs, seroient très nuisibles à des hommes crédules, et qui, en donnant aux premiers l'impulsion nécessaire, ne feroient qu'égarer les derniers : je veux dire que si, dans l'histoire naturelle dont nous parlons, on exposoit en peu de mots, et comme en passant, les opinions reçues, avec leurs variations et les différentes sectes auxquelles elles ont

---

une infinité de quadrilatères possibles, dont les quatre côtés ne seroient pas parfaitement égaux. En supposant que ces luminaires aient été jetés au hazard dans l'espace, ou que celui qui a allumé ces lampions les ait laissés s'arranger d'eux-mêmes, la probabilité que quatre lampions formeroient un quarré parfait, étoit à la probabilité qu'ils n'en formeroient pas un, comme l'unité est au nombre de quadrilatères d'une autre espèce qu'ils pouvoient former : or, ce dernier nombre est beaucoup plus grand que celui de toutes les étoiles visibles, et il seroit beaucoup plus étonnant de voir dans les cieux un quarré parfait, qu'il ne l'est de n'y en point trouver.

donné naissance, un tel exposé pourroit servir à agacer l'entendement, et à donner des idées; mais pourvu qu'on n'y cherchât que cela et rien de plus.

X.

On peut se contenter de ce petit nombre d'aphorismes ou préceptes généraux : pour peu qu'on observe constamment ces règles, l'histoire que nous proposons ira droit au but, et ne prendra point un volume excessif. Que si, malgré le soin que nous avons de la circonscrire et de la limiter, elle semble encore trop vaste à tel esprit timide et pusillanime, qu'il jette les yeux sur nos bibliothèques, et considère, d'une part, le corps du droit civil ou du droit canon; de l'autre, celui que forme ce nombre infini de commentaires qu'y ont ajoutés les docteurs et les jurisconsultes, et qu'il voie la différence prodigieuse qui se trouve entre l'un et l'autre, pour la masse et le volume. Il en est de même de l'histoire naturelle; car ce qui nous sied à nous, espèces de greffiers ou de scribes fidèles, qui ne faisons que recueillir et transcrire les loix mêmes de la nature, c'est la brièveté, la précision ; et ce sont les choses mêmes qui nous imposent la loi d'être concis. Quant aux opinions, aux décisions et aux spéculations, elles sont sans nombre et sans fin (1).

Dans la distribution de notre ouvrage, nous avons fait mention des vertus cardinales (des forces primordiales et universelles) de la nature ; nous avons dit alors qu'on devoit composer l'histoire de ces forces ou qualités actives, avant de passer à l'œuvre même de l'interprétation ; et c'est ce que nous n'avons point du tout perdu de vue : mais ce travail difficile, nous avons eu l'attention de le réserver pour nous-mêmes ; car, avant que les hommes se soient un peu plus familiarisés avec la nature, et accoutu-

---

(1) On est prolixe quand on croit avoir besoin d'alonger le discours ; mais quand on veut finir, on est précis.

més à la suivre de plus près, nous n'oserions encore faire fonds sur l'intelligence et l'exactitude des autres dans une telle recherche. Ainsi, nous commencerons par donner l'esquisse et quelques exemples des histoires particulières.

Mais les circonstances difficiles où nous nous trouvons, et le peu de loisir dont nous jouissons en ce moment, nous permettent tout au plus de publier un catalogue d'histoires particulières, dont on ne trouvera ici que les seuls titres. Dès qu'il nous sera possible de nous occuper plus particulièrement de cet objet, nous aurons soin de montrer, comme en nous interrogeant nous-mêmes dans le plus grand détail, quels sont, par rapport à chacune de ces histoires, les points vers lesquels on doit principalement diriger les recherches et l'exposition de leurs résultats ; c'est-à-dire, quels sont les points qui, dans chaque espèce de sujet, étant bien éclaircis, mènent le plus directement à notre but (à la découverte des causes essentielles); ces indications réunies formeront comme autant de *topiques particulières* (collections de lieux communs relatifs à des sujets particuliers) : et si l'on nous permet d'emprunter un moment quelques termes du barreau, dans ce grand *procès,* dont la divine providence a daigné nous accorder la *connoissance* et l'*instruction ;* procès par lequel le genre humain s'efforce de recouvrer ses droits sur la nature, ces topiques nous aideront à interroger cette nature même et tous les arts humains, article par article.

Nous n'avons pas voulu retrancher la fin de cette préface, afin qu'on apprît de l'auteur même les raisons qui l'ont empêché de suivre, dans la publication de ses écrits, l'ordre le plus naturel. Mais nous devons prévenir nos lecteurs que la plupart des ouvrages dont il vient de montrer la nécessité, se trouveront dans cette collection ; et nous croyons devoir joindre à cette préface trois divisions, à l'aide desquelles on classera plus aisément les parties de la grande restauration.

Ces divisions se rapportent ou à la *nature du sujet*, ou à *son étendue*, ou à la *manière de le traiter*.

Histoire des *substances* et histoire des *modes*.

Histoire *générale* et histoire *particulière*.

Histoire *pure* et histoire *raisonnée*, ou avec des *indications sur les causes*.

Par exemple, l'*histoire des vents* étant l'histoire *raisonnée* d'une *certaine espèce de substance* (savoir : de l'*air en mouvement*), se rapporte au *premier membre de la première division, au second membre de la seconde*, et au *second membre de la troisième;* et il en est de même de l'histoire de la *vie* et de la *mort*, qui n'est que l'histoire *particulière* et *raisonnée* de l'*homme*, considéré comme pouvant vivre beaucoup plus long-temps qu'il ne vit ordinairement.

L'histoire du *chaud* et du *froid*, celle

de la *densité* et de la *rarité;* ou celle de la *pesanteur* et de la *légèreté* étant des histoires *raisonnées* de *certains modes,* se rapportent donc aux *seconds membres des trois divisions;* et il en est de même des autres.

L'histoire naturelle dont nous publions actuellement la traduction, est un mélange des six genres indiqués dans notre division : on n'y trouve ni préface (1) ni plan général; mais on trouvera beaucoup d'ordre dans presque toutes ses parties. Notre auteur est ennemi de la confusion; et lorsqu'il a mal commencé, il ne tarde pas à rentrer dans l'ordre dont il s'est écarté un instant.

Au reste, il ne faut pas donner à ces

---

(1) Cette préface qu'on vient de lire, n'est pas celle de l'histoire naturelle que Bacon a composée, et dont nous donnons la traduction, mais celle de l'histoire dont il avoit conçu le projet; cependant la plupart des règles qu'il vient de prescrire, sont très exactement observées dans les mélanges qu'on va lire, et dans les histoires suivantes.

divisions plus d'*attention* qu'elles n'en méritent, elles sont purement *arbitraires ;* il importe beaucoup plus de choisir *une division quelconque,* que de *préférer telle division à telle autre ;* et de *s'en tenir à une division passable,* que de *flotter* long-temps *entre plusieurs autres divisions beaucoup meilleures.*

Catalogue des histoires particulières.

1°. Histoire du ciel, ou histoire astronomique.

2°. Histoire de la configuration du ciel et de ses parties, en rapport avec la terre et ses parties, ou histoire cosmographique.

3°. Histoire des comètes.

4°. Histoire des météores ignées.

5°. Histoire des éclairs, des foudres, des tonnerres, et autres météores lumineux.

6°. Histoire des vents, continus ou instantanées, et des ondulations de l'air.

7°. Histoire des iris ou arc-en-ciels.

8°. Histoire des nuages, considérés à

cette élévation où on les voit ordinairement.

9°. Histoire de la couleur bleue de la partie supérieure de l'atmosphère, du crépuscule, des parhélies, des parasélines (1), des différentes couleurs des images de ces deux astres; de toutes les variations apparentes des corps célestes, et occasionnées par les variations du milieu.

10°. Histoire des pluies ordinaires, des pluies d'orages, des pluies extraordinaires, et même de ce qu'on appelle les *cataractes* du ciel, ou de tout autre phénomène de ce genre.

11°. Histoire de la neige, de la grêle, de la gelée, des frimats, des brumes, de la rosée, et d'autres phénomènes analogues.

---

(1) De l'apparente pluralité de soleils et de lunes; phénomènes qui paroissent dépendre d'une ou de plusieurs réfractions occasionuées par les densités inégales des différentes parties d'un nuage.

12°. Histoire de tous les corps qui tombent ou descendent de la région supérieure, et qui s'y sont formés.

13°. Histoire des sons ou bruits venant de la région élevée, en supposant qu'il y en ait d'autres que celui du tonnerre.

14°. Histoire de l'air, considéré par rapport à son tout et à la configuration, ou à l'ensemble de l'univers.

15°. Histoire des saisons et des températures ou constitutions de l'année, considérées par rapport aux variations des lieux ou des temps, et aux périodes d'années; ainsi que des déluges, des chaleurs, des sécheresses, et d'autres semblables phénomènes.

16°. Histoire de la terre et de la mer, de leur figure et de leur contour; de leur configuration respective, et de leur figure allant en s'élargissant ou se rétrécissant et se terminant en pointe; des îles en mer, des golphes, des lacs d'eau salée, situés dans les terres, des isthmes, des promontoires, etc.

17°. Histoire des *mouvemens* du globe

de la terre et de la mer (de l'orbe supérieur, composé en partie de terre et en partie d'eau), s'il en est de tels ; et indication des observations par lesquelles on peut s'en assurer.

18°. Histoire des grands mouvemens et des grandes perturbations de la terre et de la mer ; savoir : des tremblemens de terre, des ouvertures qui se font à sa surface, des nouvelles îles qui s'y forment, des îles flottantes (1) ; des terres

---

(1) En 1774, sur le vaisseau *le Superbe* de l'Orient, qui faisoit route pour Canton en Chine, et qui étoit dans le détroit de la Sonde, le capitaine m'ayant mis en vigie à la tête du grand mât, je criai : *vaisseau* à *trois mâts ;* je reçus pour réponse un rire universel ; en considérant l'objet avec plus d'attention, je reconnus que c'étoit une île flottante portant trois arbres alignés qui avoient l'apparence de trois mâts. Nous étions alors entre Sumatra et Banca, parage où ces îles sont assez communes; on peut conjecturer qu'elles sont composées d'une terre poreuse, spongieuse, et remplie de grandes cavités, à laquelle les racines des arbres qu'elle porte, donnent plus de consistance.

que la mer détache en pénétrant dans les continens; des invasions et des débordemens de la mer, et au contraire, des rivages qu'elle abandonne; des éruptions de feux et d'eaux qui s'élancent du sein de la terre, et d'autres phénomènes de même nature.

19°. Histoire naturelle et géographique, qui comprend la description des montagnes, des vallées, des forêts, des plaines, des sables, des marais, des lacs, fleuves, torrens, fontaines; de toutes les variétés que présentent leurs sources, et d'autres choses semblables; abstraction faite des nations, provinces, villes, et autres relations à l'homme.

20°. Histoire du flux et reflux de la mer, des euripes, des ondulations et autres mouvemens de ses eaux.

21°. Histoire des autres modifications accidentelles de la mer, de sa salure, de ses diverses couleurs, de ses différentes profondeurs, des roches, montagnes et vallées qui se trouvent sous ses eaux.

Viennent ensuite les histoires des grandes masses.

22°. Histoire de la flamme et des corps dont la chaleur est poussée jusqu'au rouge ou jusqu'à l'incandescence.

23°. Histoire de l'air, envisagé par rapport à la nature de sa substance, et abstraction faite du tout dont il fait partie.

24°. Histoire de l'eau, envisagée de la même manière.

25°. Histoire des différentes espèces de terre, de leur substance, dis-je, et non de leur rapport avec le tout.

Suivent les histoires des espèces.

26°. Histoire des métaux parfaits, de l'or et de l'argent, de leurs mines, de leurs veines, de leurs marcassites; et des différentes opérations qu'on fait subir à leurs mines.

27°. Histoire du mercure.

28°. Histoire des fossiles, tels que le vitriol, le soufre, etc.

29°. Histoire des pierres précieuses, comme brillans, rubis, etc.

30°. Histoire des pierres, comme marbre, pierre de touche, caillou, etc.

31°. Histoire de l'aimant.

32°. Histoire de certaines substances de nature équivoque, qui ne sont ni tout-à-fait fossiles, ni tout-à-fait végétales, comme les sels, l'ambre jaune, l'ambre gris, etc.

33°. Histoire chymique des métaux et des minéraux.

34°. Histoire des plantes, arbres, arbrisseaux, arbustes, herbes, etc. et de leurs différentes parties, comme racines, tige, branches, aubier, écorce, feuilles, fleurs, fruits, semences, larmes, etc.

35°. Histoire chymique des végétaux.

36°. Histoire des poissons, de leurs différentes parties, et de leur génération.

37°. Histoire des oiseaux, de leurs différentes parties, et de leur génération.

38°. Histoire des quadrupèdes, de leurs parties, et de leur génération.

39°. Histoire des serpens, vers, mouches, et autres insectes, de leurs parties, et de leur génération.

40°. Histoire chymique de toutes les substances animales.

Viennent ensuite les différentes histoires relatives à l'homme.

41°. Histoire de la forme et des parties extérieures de l'homme, de sa stature, et du tout ensemble ; de son visage, de ses linéamens, des différences et des variations dont toutes ces choses sont susceptibles, et qui peuvent avoir pour causes celles des races, ou celles des climats, ou des différences moins sensibles.

42°. Histoire physiognomique de ces mêmes choses (c'est-à-dire, ayant pour objet les pronostics qu'on en peut tirer.)

43°. Histoire anatomique, ou histoire des parties intérieures de l'homme, et de toutes leurs variétés, telles qu'on les peut observer dans sa structure ou sa conformation naturelle, et non envisagées seulement comme vices de conformation, comme maladies, comme modifications accidentelles et præter-naturelles (1).

44°. Histoire des parties similaires de l'homme, telles que chair, os, membranes, etc.

45°. Histoire des humeurs, et en général des fluides qui se trouvent dans le corps humain, tels que sang, bile, sperme, etc.

46°. Histoire des matières excrémentitielles, de la salive, des urines, sueurs,

---

(1) Nous transportons cette expression de la langue latine des médecins dans la nôtre, n'ayant jamais pu nous résoudre à employer celle-ci, *contre nature*, qui nous paroît très peu *philosophique*. Tout ce qui est *dans la nature* est *naturel; et les* phénomènes *rares* ne sont pas pour cela *contre nature*, mais seulement hors de son cours ordinaire. Si par la suite nous rencontrions dans l'obscurité quelque *miracle*, nous adopterions volontiers cette expression que nous rejetons. Quand l'usage est raisonnable, tout homme de jugement se conforme à ses loix avec une religieuse docilité. Mais lorsqu'il heurte de front la raison et le sens commun, alors la raison et le sens commun consistent à le heurter de front lui-même.

déjections, sédimens, etc. des cheveux, poils, ongles, et autres parties semblables qui se renouvellent.

47°. Histoire des facultés, attractive, digestive, rétentive, expulsive ; de la sanguification, de l'assimilation des alimens aux différens membres, de la conversion du sang, et de sa fleur (1) en esprit, etc.

48°. Histoire des mouvemens naturels et involontaires, tels que ceux du cœur, du pouls ou des artères, de l'éternument, des poumons, celui de l'érection de la verge, etc.

49°. Histoire des mouvemens mixtes, ou en partie naturels et en partie volontaires, tels que la respiration, la toux, l'action d'uriner, de débarrasser le ventre, etc.

50°. Histoire des mouvemens volon-

---

(1) Il veut parler de cette partie qui surnage, quand le sang se décompose ; car il donne ce même nom de *fleur* à cette partie qui surnage dans le lait, et qui répond à celle dont il est ici question.

taires; par exemple, de ceux des instrumens nécessaires pour produire les sons articulés (1), et de ceux des yeux, de la langue, du gosier, des mains, des doigts, de la déglutition, etc.

51°. Histoire du sommeil et des songes.

52°. Histoire des diverses habitudes du corps, de l'embonpoint, de la maigreur, des diverses complexions, etc.

---

(1) Car les mouvemens d'où résultent cette espèce de sons, qu'on peut regarder comme le cri naturel du besoin, des passions, des affections, et qu'on désigne dans la grammaire par le nom d'*interjection*, ne sont rien moins que *volontaires* : c'est une action purement *machinale* qui est commune aux hommes de tous les temps et de tous les lieux, et même à tous les animaux que la nature n'a pas rendus entièrement muets; par exemple, *la voix d'un chien ou d'un chat qui demande qu'on lui ouvre la porte, se module à peu près comme celle d'un enfant qui fait la même demande :* au lieu que la totalité, ou du moins la plus grande partie des mouvemens nécessaires pour produire les sons articulés, est actuellement ou originellement volontaire.

53°. Histoire de la génération de l'homme.

54°. Histoire de la conception, de la vivification, de la gestation dans la matrice, de l'enfantement, etc.

55°. Histoire de l'alimentation et de toutes les espèces d'alimens, tant solides que liquides, des différentes espèces de régime alimentaire, de leurs variétés et variations, selon les nations, les individus, les temps, les lieux, etc.

56°. Histoire de l'accroissement et du décroissement du corps humain, dans son tout et ses parties.

57°. Histoire du cours entier de la vie humaine (1) (de l'enfance, de l'adolescence, de la jeunesse, de la vieillesse), de sa longue ou de sa courte durée, et d'autres choses semblables, suivant les races et autres moindres différences.

---

(1) C'est le sujet de l'ouvrage que nous publierons immédiatement après celui-ci : c'est le plus utile et le plus parfait qui soit sorti d'un cerveau humain.

58°. Histoire de la vie et de la mort.

59°. Histoire médicinale (1) des maladies, de leurs symptômes et de leurs signes.

60°. Histoire médicinale des différentes espèces de cures et de remèdes; en un mot, de tous les moyens de guérison.

61°. Histoire médicinale des substances et des moyens qui peuvent concourir à la conservation du corps et de la santé.

62°. Histoire médicinale de tout ce qui peut contribuer à la beauté et aux agrémens du corps humain.

63°. Histoire médicinale des substances ou des moyens qui peuvent produire quelque altération dans le corps humain, et de tout ce qui appartient au régime *altérant*.

---

(1) Il ajoute cette expression qualificative, pour mettre une différence entre les histoires qui ont pour principal but la guérison des maladies, ou la conservation de la santé, etc. et celles qui ont un but purement philosophique, c'est-à-dire, la découverte des causes formelles et des vrais axiômes.

64°. Histoire de l'art du pharmacien.

65°. Histoire chirurgicale.

66°. Histoire chymique des différentes espèces de médicamens.

67°. Histoire de l'œil, de la vue et des choses visibles, ou histoire optique.

68°. Histoire de la peinture, de la sculpture, de l'art de modeler, etc.

69°. Histoire de l'ouie et des sons.

70°. Histoire de la musique.

71°. Histoire de l'odorat et des odeurs.

72°. Histoire du goût et des saveurs.

73°. Histoire du tact et de ses objets.

74°. Histoire du plaisir de la génération, considéré comme une espèce de tact.

75°. Histoire des douleurs corporelles, envisagées aussi comme différentes espèces de tact.

76°. Histoire du plaisir et de la douleur en général.

77°. Histoire des affections, telles que la colère, l'amour, la honte, etc.

78°. Histoire des facultés intellectuelles; c'est-à-dire, de la faculté de penser.

79°. Histoire des divinations naturelles (1).

80°. Histoire de l'art de découvrir les choses cachées, mais de l'ordre naturel.

81°. Histoire de l'art du cuisinier et des arts qui y sont subordonnés, tels que ceux du boucher, du pêcheur, du chasseur, de l'oiseleur, etc.

82°. Histoire de l'art du boulanger, de toutes les substances et de tous les procédés relatifs à la *panification;* enfin, de tous les arts qui se rapportent à celui-là, tels que celui du meûnier, etc.

83°. Histoire de l'art de faire le vin.

84°. Histoire de l'art de composer les différens genres de boissons.

85°. Histoire de l'art du confiseur, de la confection des sucreries, et autres douceurs de ce genre.

86°. Histoire du miel.

87°. Histoire du sucre.

88°. Histoire des différentes espèces de laitages.

---

(1) De l'art de conjecturer, c'est-à-dire, de perfectionner, et de pointer la lunette de l'analogie.

89°. Histoire des différens genres de bains et d'onctions.

90°. Histoire mélangée de tous les arts qui ont pour objet le soin ou les agrémens du corps, tels que celui du perruquier, du parfumeur, etc.

91°. Histoire de l'orfévrerie, et des arts qui s'y rapportent.

92°. Histoire de l'art de fabriquer les étoffes de laine, et des arts qui en dépendent.

93°. Histoire de l'art de fabriquer les étoffes de soie, et de tous les arts corrélatifs.

94°. Histoire des différentes manipulations et matières nécessaires pour fabriquer toutes les espèces de toiles ou d'étoffes de lin, de chanvre, de coton, de soie, ou poils d'animaux, ou d'autres substances filamenteuses; et de tous les arts qui s'y rapportent.

95°. Histoire de l'art du plumassier.

96°. Histoire de l'art du tisserand, et des autres arts qui y sont subordonnés.

97°. Histoire de l'art du teinturier.

98°. Histoire de l'art de préparer les cuirs, ou de celui du corroyeur, et des arts correspondans.

99°. Histoire de l'art de fabriquer les oreillers, lits de plume, etc.

100°. Histoire de l'art du forgeron, du taillandier, etc.

101°. Histoire de l'art de tailler la pierre.

102°. Histoire de l'art du tuilier, briquier, etc.

103°. Histoire de l'art du potier.

104°. Histoire de l'art de fabriquer le ciment, le stuc; de l'art d'incruster, de celui du plâtrier, etc.

105°. Histoire des arts du charpentier et du menuisier.

106°. Histoire de l'art du plombier.

107°. Histoire du verre, de toutes les matières vitrescibles, et de l'art du verrier, du vitrier, etc.

108°. Histoire de l'architecture en général.

109°. Histoire de l'art de construire les charrettes, chariots, chaises roulantes, litières et voitures de toute espèce.

110°. Histoire de l'*art typographique*; de la librairie, de l'art d'écrire (méchanique), et de tous les arts qui ont pour objet les différens moyens employés pour sceller, cacheter, etc. la fabrique de l'encre, du papier, du parchemin, des membranes; les plumes, etc.

111°. Histoire de la cire et de l'art du cirier.

112°. Histoire de l'art de fabriquer les ouvrages d'osier, de l'art du vannier, etc.

113°. Histoire de l'art du nattier, et en général de l'art de fabriquer tous les ouvrages en paille, en jonc, etc.

114°. Art de fabriquer les balais, les vergettes, brosses, etc.

115°. Histoire de l'agriculture, champs, vignobles, pâturages, bois, etc.

116°. Histoire de l'art du jardinier.

117°. Histoire de l'art du pêcheur.

118°. Histoire de l'art du chasseur, de l'oiseleur, etc.

119°. Histoire de l'art militaire, et des arts qui s'y rapportent, tels que ceux qui ont pour objet la fabrique des armes blanches, des arcs, des flèches, des fusils, des pistolets, des canons; de l'art de construire les balistes, catapultes, scorpions, et les machines de toute espèce (1).

(1) On a peut-être eu tort d'abandonner entièrement cette artillerie des anciens. Si, dans une place assiégée, au moment où l'ennemi fait les approches, on établissoit derrière les remparts, et tout le long des rues droites qui y aboutissent, un grand nombre de ces machines connues chez les anciens sous le nom de *scorpions,* et dont on trouve la description dans Vitruve, dans Juste Lipse, etc. sur-tout de celles qui sont terminées par une grande cuiller de fer, il seroit peut-être impossible d'ouvrir la tranchée ou de s'y tenir quand elle seroit ouverte; elles produiroient une pluie continuelle de pierres. Une telle machine ne vaut certainement pas un canon ni un mortier; mais elle a, sur le premier, l'avantage de faire tomber d'en haut les corps qu'elle lance; et sur le second, celui d'être peu dispendieuse, et de pouvoir être multipliée à l'infini. Il ne faut, pour la construire, que deux grandes pièces de bois, un pivot de fer, une cuiller de même métal, deux caisses de bois, deux piquets, une clavette et une corde; une fois construite, elle ne coûte plus rien. Toute invention ou application tendant à donner à la défense sur l'attaque, un avantage qu'elle n'a certainement pas aujourd'hui, n'est pas déplacée dans cet ouvrage.

120°. Histoire de l'art de la navigation, ainsi que de toutes les pratiques et de tous les arts qui s'y rapportent.

121°. Histoire de l'athlétique, et de tous les exercices du corps.

122°. Histoire de l'équitation.

123°. Histoire des jeux de toute espèce.

124°. Histoire de l'art des faiseurs de tours, de prestiges, etc.

125°. Histoire mélangée, ayant pour objet différentes espèces de matières employées dans les arts ou métiers, telles que l'émail, la porcelaine, différentes espèces de ciment, etc.

126°. Histoire des sels.

127°. Histoire mixte, ayant pour objet les différentes espèces de machines et de mouvemens méchaniques.

128°. Histoire générale et composée de la description et des résultats de toutes les expériences connues, qui ne font encore partie d'aucun art proprement dit, ni d'aucune collection.

On doit aussi composer des histoires relatives aux mathématiques pures, quoique les matériaux d'une telle histoire soient plutôt des *réflexions* que des *observations* ou des *expériences*, et composent plutôt une *science d'idées* qu'une *science de faits* (1).

---

(1) S'il existoit des lignes sans largeur, des surfaces sans épaisseur, des figures parfaitement régulières, et des solides également réguliers, quelles seroient leurs propriétés ? Tel est l'état de la question en géométrie. Ainsi, tout le corps de cette science n'est qu'une vaste hypothèse dont les conséquences s'appliquent d'autant mieux à la pratique, que les lignes, les figures ou les solides réels à construire ou à mesurer, approchent plus de ces suppositions. Mais, quoique les objets que considère la géométrie, les figures, par exemple, soient purement *idéales*, elles sont pourtant *originaires des figures réelles* qui en ont donné l'idée, et auxquelles l'homme a fait, pour sa commodité, quelques changemens, en y supposant l'égalité et la symmétrie qu'il auroit voulu y trouver ; à peu près comme les hommes imaginaires qui sont l'objet de la morale à perte de vue, sont originaires des hommes réels, dans lesquels on n'a pas trouvé les qualités sublimes qu'on y souhaitoit, et qu'on voudroit leur donner, à force de sermons religieux, oratoires ou poétiques, au profit du prédicateur. Ainsi, la géométrie et toutes les autres sciences d'idées sont originairement des sciences de *faits*.

129°. Histoire arithmétique, ou de la nature et de la puissance (des propriétés) des nombres.

130°. Histoire géométrique, ou de la nature et des propriétés des figures (1).

AVERTISSEMENT DE L'AUTEUR.

Il ne sera pas inutile d'avertir qu'un grand nombre d'expériences devant nécessairement tomber sous 2, 3, 4, etc.

---

(1) Nous espérons que nos lecteurs nous sauront gré d'avoir donné ce catalogue ; c'est un répertoire très précieux, qui a souvent servi de guide aux auteurs des deux encyclopédies françaises ; c'est de plus un aiguillon et un stimulant. La maladie la plus commune des esprits, c'est *l'inertie*, et ils ont encore plus besoin d'*impulsion*, que de *direction*. Le plus difficile en chaque genre, n'est pas de résoudre des questions déjà proposées, mais de s'aviser le premier du problème, et d'inventer le sujet même de l'invention. Il est beaucoup d'hommes qui, incapables de s'ouvrir eux-mêmes une nouvelle route, ne laissent pas de marcher rapidement dans une route déjà ouverte, souvent même avec plus de vigueur que celui qui l'a frayée ; le pays qu'ils habitent est fort voisin de l'Angleterre ; ce catalogue leur est dédié.

titres différens, par exemple, que l'histoire des plantes et l'histoire de l'art du jardinier devant avoir un grand nombre d'articles communs, il est à propos, dans les *recherches* qu'on veut faire sur les différentes espèces de corps, de les envisager successivement selon l'*ordre* qui les *distribue* dans les différens *arts* où ils sont *employés;* et dans l'*exposition*, de les envisager par rapport à leurs *natures*, *analogues* ou *différentes*, pour les *classer* plus *méthodiquement;* c'est-à-dire, d'une manière mieux appropriée à notre principal *but*. Car ce qui nous intéresse dans cette histoire des arts, ce sont beaucoup moins ces arts eux-mêmes, que les lumières qu'on en peut tirer pour éclairer les différentes parties de la philosophie auxquelles ils se rapportent. Mais le meilleur *ordre*, dans tous les cas, sera celui qui naîtra des *choses* mêmes, et de la *connoissance* de leur *destination*.

Fin de la préface.

SYLVA SYLVARUM,

OU

Histoire naturelle, expérimentale, et destinée à servir de fondement à la vraie philosophie.

HISTOIRE NATURELLE
DU CHANCELIER BACON,
DIVISÉE EN DIX CENTURIES.

1. Un peu au-dessus de l'endroit où viennent se briser les dernières vagues, creusez un puits, dont l'ouverture se trouve ainsi un peu plus élevée que le niveau de la haute-mer, et dont le fond soit un peu au-dessous du niveau de la mer-basse; dans le temps de la haute-mer, ce puits se remplira peu à peu d'une

eau douce et potable. Ce fait est constaté par la pratique qui s'observe constamment à la côte de Mauritanie, (de Maroc et d'Alger), où l'on supplée, par ce seul moyen, au défaut d'eau douce. Ce fut aussi une dernière ressource pour Jules-César dans le blocus qu'il soutint à Alexandrie. Ayant fait creuser des puits sur le rivage de la mer, il trompa, par ce moyen, tous les efforts des Alexandrins, qui avoient entrepris des travaux immenses pour faire couler l'eau de la mer dans les fontaines du lieu qu'il occupoit; et il sauva ainsi son armée, qui, faute d'eau douce, sembloit perdue. César ignoroit la véritable cause de l'effet dont il profitoit; il s'imaginoit que le sable marin contenoit quelque source d'eau douce; mais il est clair que cette cause n'est autre que l'eau même de la mer, qui remplit un tel puits à mesure qu'elle monte, et en proportion de son accroissement; parce qu'en se filtrant à travers le sable, elle y dépose sa salure.

2. J'ai lu quelque part une expérience

consistant à filtrer l'eau à travers la terre, par le moyen de dix vaisseaux remplis de cette terre, et placés l'un sur l'autre. Cette eau, ajoutoit-on, ne se dépouilloit pas assez complettement de sa salure pour devenir potable. Mais le même auteur ajoute, sur le rapport d'autrui, que de l'eau salée qu'on avoit filtrée à travers vingt vases, étoit enfin devenue tout-à-fait douce. Cette dernière expérience semble être en contradiction avec celle des puits creusés sur le rivage de la mer. On nous dit cependant que la filtration réitérée dix-neuf fois, avoit eu son plein effet. Mais voyez combien toutes nos imitations sont impuissantes, du moins à la manière dont on s'y prend ordinairement pour faire des expériences, sur-tout lorsqu'en les faisant on n'est pas dirigé par un certain jugement, et l'on ne marche pas à la lumière des principes.

En effet, 1°. ce n'est pas une légère différence que celle qui se trouve entre l'épaisseur de vingt vaisseaux à travers lesquels on aura pu faire passer l'eau, et l'espace immense que laisse la mer entre le *flot* et le *jusant* (1).

En second lieu, il faut mettre aussi une grande différence entre le *sable* et la *terre*; car il n'est point de terre qui ne contienne une sorte de *sel nitreux*, au lieu que le plus souvent le sable n'en contient pas un seul grain.

De plus, la terre n'est pas pour l'eau un *filtre* (2) aussi parfait, aussi fin que le sable.

Reste une troisième raison, qui me paroît tout aussi suspecte que les deux autres ; cette raison est que, dans l'expérience de la transmission de l'eau salée, à l'aide des puits, l'eau *monte*, au lieu que dans celle de la filtration à tra-

---

(1) La haute et la basse-mer.

(2) Comme nous ne connoissons plus d'autre *filtre* que *l'amabilité* dans un sexe, et la *santé*, la *jeunesse*, la *vigueur* dans l'autre, ce mot restant sans emploi, je m'en empare au nom de la physique à laquelle il manque, et pour désigner *un corps filtrant* ou *un instrument de filtration*.

vers la terre contenue dans des vases, elle *descend*. Or, l'on conçoit aisément que les parties de l'eau les plus chargées de sel (dès que toute la terre de ces vases en est fortement imprégnée), doivent traverser tout le filtre, sans y déposer ce sel, et arriver ainsi au fond du vaisseau avec toute leur salure. Il n'est donc pas étonnant que la filtration de l'eau, opérée par sa seule *chûte*, ne soit pas suffisante pour la rendre tout-à-fait douce.

Enfin, il me vient un soupçon ; c'est que les chocs réitérés qu'essuie l'eau poussée à travers le sable par une mer agitée, sont beaucoup plus propres pour en détacher les parties salines, que la filtration de la même eau, opérée par son mouvement propre, et en vertu de son seul poids.

3. La *filtration* ou *transmission* paroît être une sorte de *séparation* ou d'*opération*, non-seulement par laquelle les parties *grossières se séparent* d'avec les parties *ténues ;* et les *féces,* d'avec les molécules de toute autre espèce, mais

qui a des effets plus subtils et plus intimes; effets qui varient à raison de la nature même des corps à travers lesquels passent les corps filtrés. Par exemple : si le *filtre* est une *chausse de laine*, la liqueur qu'on y passe y déposera son *onctuosité*, sa *substance graisseuse*; et si cette liqueur traverse une masse de sable, elle y laissera sa salure. On est, dit-on, parvenu à séparer *le vin d'avec l'eau*, par le moyen d'un vaisseau de *lierre*, ou de quelqu'autre corps poreux de cette espèce ; mais le fait n'est rien moins que certain.

4. Les *gommes* des arbres (substances qui ordinairement sont claires et transparentes) ne proviennent que d'une transmission ou filtration délicate de la sève à travers l'aubier et l'écorce.

De même les diamans hérissés d'angles, et les escarboucles tirés des rochers, ne sont que le produit de l'exsudation ; les sucs dont ils sont formés se filtrant peu à peu à travers la pierre.

5. Voulez-vous entendre une explica-

tion assez inepte, demandez à Aristote pourquoi les plumes des oiseaux sont teintes de couleurs plus vives et plus éclatantes que les poils des quadrupèdes (car il est assez vrai qu'on ne voit point de quadrupède dont le poil soit verd, bleu (d'outre-mer) ou couleur de chair). La raison de cette différence, vous répondra-t-il, c'est que les oiseaux sont plus souvent exposés aux rayons du soleil, que les animaux terrestres. Mais rien de plus faux que cette assertion, la vérité est que les derniers vont plus souvent au soleil que les oiseaux, qui la plupart du temps vivent dans les bois ou quelqu'autre lieu ombragé.

La véritable cause de cette différence qu'il veut expliquer, c'est que l'*humor* excrémentitiel dont se forment les plumes, dans les oiseaux ; et les poils, dans les quadrupèdes, trouve, dans les premiers, un *filtre plus fin* et *plus délicat* que dans les derniers ; car le suc dont se forment les *barbes colorées des plumes*, en traverse le *tuyau*; au lieu que celui dont se forment les *poils*, traverse la *peau* (1).

6. La *clarification* des liqueurs, par voie d'*adhésion*, est une sorte de *filtration interne*; elle a lieu, lorsqu'on *agite avec les liqueurs* qu'on veut *clarifier*, une substance *glutineuse* qu'on y a mêlée. L'effet de cette agitation est que les parties *grossières* de la liqueur s'atta-

―――――――――――――――

(1) Cependant le plumage des oiseaux des pays chauds, en général, est teint de couleurs plus vives et plus éclatantes que celui de nos oiseaux; la chaleur est donc ici pour quelque chose, et durant neuf ou dix mois de l'année, il fait plus chaud à l'ombre, dans la zone torride, qu'au soleil, dans les pays froids. L'effet propre de la chaleur est de *dilater*, de *diviser* et d'*atténuer*; or, notre auteur parle de *ténuité*. Les substances colorées, sapides ou odorantes des pays chauds, étant plus *atténuées*, elles doivent *piquer* davantage les organes respectifs sur lesquels elles font impression, ou, ce qui est la même chose, elles doivent avoir des couleurs plus vives, des saveurs plus fortes, des odeurs plus marquées, chacune en son genre. Explication qui concilie tout, et met d'accord les deux grands hommes.

chent au corps *glutineux*; et par ce moyen, les parties *ténues se dégagent* de ces parties *grossières*. C'est ainsi que les pharmaciens clarifient leurs sirops à l'aide du blanc d'œuf. Cette dernière substance ramasse toutes les parties fécales et grossières; puis, quand le sirop est sur le feu, elle se durcit et on l'enlève. C'est encore ainsi que se clarifie l'hypocras; on y mêle du lait, on agite ensemble ces deux liqueurs, et l'on passe le tout par la chausse de laine, appellée *manche d'hippocrate*. Ce qu'il y a de visqueux dans le lait, entraîne avec soi la poudre aromatique et les parties grossières des deux liqueurs.

7. La *clarification de l'eau* est une opération utile à la santé, sans compter qu'une eau limpide et crystalline plaît à la vue. Or, cette limpidité, on l'obtient en plaçant à la source de l'eau de petits cailloux, à travers lesquels elle se filtre et se clarifie.

8. Mais si la filtration donne aux liqueurs de la transparence et de l'éclat,

peut-être leur donne-t-elle aussi de la saveur, ou une saveur plus douce; car cette saveur vient avec la transparence, une fois que les parties grossières sont enlevées.

On a aussi observé que la sueur d'un homme, d'un tempérament chaud, qui fait beaucoup d'exercice, qui a la peau fine, et qui est d'une certaine propreté, rend une odeur suave; c'est ce qu'on rapporte d'Alexandre; et nous voyons aussi que la plupart des gommes exhalent des odeurs très agréables.

Expériences diverses sur les mouvemens résultant de la pression des corps.

9. Prenez un verre plein d'eau, et ayant mouillé votre doigt, promenez-le circulairement sur le bord de ce verre, en appuyant un peu fort; ce mouvement circulaire, avec pression, entretenu pendant quelque temps, fera *crisper* l'eau; vous la verrez sautiller et s'élancer hors du verre, en formant une espèce de petite rosée. C'est le meilleur exemple qu'on

puisse choisir pour montrer la force qu'exerce la compression (1) sur les corps solides. Car, lorsque l'on comprime un corps solide, soit bois, soit pierre, soit métal, il en résulte un mouvement intestin et tumultueux dans ses parties ; mouvement par lequel il tend à se délivrer de cette compression ; et telle est la véritable cause de tout mouvement violent. Mais ce qui nous étonne, c'est que ce mouvement n'ait jamais été observé : c'est pourtant le plus familier de tous, et le principe presque unique de toutes les opérations méchaniques.

Ce mouvement agit d'abord circulairement, comme s'il alloit cherchant un passage pour s'échapper ; ensuite il semble choisir le côté où (la pression étant la moindre) il trouve la plus facile issue (2).

___

(1) Il veut dire la *pression*; ce mot *compression* désignant une *pression* plus étendue et plus générale.

(2) Ce qu'il dit du *mouvement même*, on pourroit tout au plus le dire des *parties*.

Ce même mouvement est très sensible dans les liquides ; car tous les liquides agités forment des ondulations, des cercles, qui s'entre-choquent et se coupent réciproquement. Mais, dans les corps solides (qui ne se brisent pas), il est si foible et si subtil, qu'il échappe à l'observation. Cependant il se décèle alors par différens effets, sur-tout dans le fait que nous avons actuellement sous les yeux. La pression du doigt, facilitée par son humectation, qui le fait adhérer plus fortement au verre ; cette pression, dis-je, pour peu qu'elle dure, met en vibration toutes les particules du verre, qui alors frappent vivement celles de l'eau, percussion qui occasionne le sautillement de la liqueur.

10. Frappez ou percez brusquement un corps solide et fragile, tel qu'un morceau de verre ou de sucre, non-seulement il se brisera dans la partie où vous ferez agir la pointe ou le marteau, mais il se rompra tout autour, et se partagera en un grand nombre de petits

fragmens; le mouvement occasionné par la pression, *tâtant*, pour ainsi dire, de tous les côtés, et brisant le corps dans les parties où il trouve le moins de résistance.

11. La poudre à canon qui, en prenant feu, forme, par sa subite expansion, une flamme d'un si grand volume, et qui résiste victorieusement à la compression, se meut circulairement (du centre à la circonférence, selon tous les rayons de la sphère dont elle occupe le centre) (car la flamme est de nature fort analogue à celle des corps liquides); tantôt produisant un recul, tantôt brisant la pièce d'artillerie, mais ordinairement chassant la balle devant elle, parce que c'est de ce côté-là qu'elle trouve le moins de résistance.

12. Le mouvement de *compression* (qui est diamétralement opposé à celui d'*extension*, et qu'ordinairement, en empruntant une expression populaire, nous appellons mouvement de *liberté*), a lieu lorsqu'un corps, après avoir été

dilaté et étendu au delà de son volume naturel, se rétablit et recouvre ses premières dimensions. C'est ainsi qu'une vessie remplie d'air, après avoir été comprimée, réagit et se relève. C'est ce qu'on observe également dans le drap ou le cuir détiré avec force. On peut donner une infinité d'exemples de ces deux mouvemens ; et c'est ce que nous nous proposons de faire, lorsque nous traiterons ce même sujet en son lieu.

13. Ce mouvement qui naît de la *pression*, se décèle sur-tout dans les *sons* (dans les corps sonores); car lorsque l'on frappe sur un timbre, il rend des sons qui cessent de se faire entendre dès qu'on le touche avec la main. Le son d'un clavecin cesse également, dès qu'on jette sur les cordes la basque de son habit; car ces différens sons dont nous parlons, sont produits par les petits chocs vifs et multipliés que les parties insensibles du timbre ou des cordes impriment à l'air, à peu près comme le sautillement de l'eau est occasionné

par les petits chocs réitérés que les parties insensibles du verre impriment à l'eau (dans la neuvième expérience). Et qu'on ne s'imagine pas que le *mouvement local de trépidation ou de vibration* du timbre ou des cordes soit la véritable *cause* du *son;* nous prouverons bientôt le contraire fort amplement, en traitant ce même sujet (centur. II et III).

Expériences diverses sur la séparation des corps, opérée par leur seul poids.

14. Prenez un vaisseau de verre, dont la panse ait une certaine capacité, et dont le cou soit un peu long. Remplissez en partie d'eau cette capacité ; prenez un autre verre, et versez-y du vin d'un rouge foible et mêlé d'eau ; renversez le premier vaisseau, en mettant le ventre en haut, et bouchez-en le cou avec le doigt, puis introduisez l'orifice du premier vaisseau dans le second, et ôtez le doigt. Cela posé, si vous laissez ces deux vaisseaux pendant quelque temps dans cette situation, le vin se séparera d'a-

vec l'eau ; vous le verrez monter peu à peu, et s'arrêter au sommet du vase supérieur, en s'étendant sur l'eau, dont une partie descendra peu à peu, et ira occuper le fond du vaisseau inférieur (1). Ce double mouvement est sensible à l'œil; on voit le vin former comme une petite veine, qui monte lentement. Pour donner un air de mystère à cette expérience, qui exige un peu de temps, on peut suspendre à un clou le vase supérieur; car, dès qu'il y aura, au fond du vaisseau inférieur, assez d'eau pure pour que l'orifice du vaisseau supérieur soit plongé dans cette eau, le mouvement s'arrêtera.

15. Si vous mettez du vin dans le vase supérieur, et de l'eau dans le vase infé-

---

(1) C'est l'appareil connu dans tous les cabinets de physique expérimentale, *sous le nom de cruche de Cana*, par allusion à ce miracle si intéressant que Jésus-Christ opéra aux noces de Cana en Galilée, sur certaines cruches avec lesquelles il soupoit.

rieur, vous ne verrez aucun mouvement. De même, si vous mettez de l'eau pure dans le vase supérieur ; et de l'eau simplement colorée, dans le vase inférieur (ou au contraire), vous ne verrez pas plus de mouvement. Mais, comme on s'en est assuré par l'expérience, quand même, dans le mélange d'eau et de vin qui remplit en partie le vase inférieur, il y auroit trois parties d'eau contre une de vin, cela n'empêcheroit pas que la séparation n'eût lieu.

Il est visible que la séparation du vin d'avec l'eau a ici *pour cause le poids* (l'excès de pesanteur spécifique) de ce dernier liquide; car cette différence de pesanteur spécifique est une condition absolument nécessaire, *sans cela l'effet n'a pas lieu;* et le liquide le plus pesant spécifiquement doit toujours être placé dans le vase supérieur. Mais observez qu'ici l'eau est suspendue, et qu'une masse très pesante de ce liquide est comme soutenue par la petite colonne d'eau qui occupe le cou de ce même vaisseau. Car, si vous mettez du vin et de l'eau mêlés ensemble dans un seul et même vaisseau, le temps le plus long suffit à peine pour les séparer (1).

16. Cette expérience dont nous venons de parler, pourroit être transportée des liqueurs de différente espèce aux liqueurs de la même espèce, mais telles que les parties de l'une, différentes des parties de l'autre, fussent semblables entr'elles. Par exemple : on pourroit employer, au lieu du vin et de l'eau de notre expérience, de la saumure ou eau salée et de l'eau douce, en mettant dans le vase supérieur l'eau salée, qui seroit la plus pesante, et voir si l'eau douce monteroit. Il faudroit tenter la même expérience avec de l'eau pure et de l'eau sucrée, et voir si l'eau qui monteroit alors, auroit perdu sa saveur douce. Or, pour s'en assurer, il seroit à propos d'ajuster un petit syphon

---

(1) Il seroit peut-être utile de tenter en grand cette expérience sur les vins où la nature a mis beaucoup d'eau.

au ventre du vase supérieur (ou un petit robinet).

Expériences diverses sur la manière de faire des infusions exactes, soit dans les liqueurs, soit dans l'air.

17. Quand vous voulez mettre en infusion des substances, contenant des esprits qui, étant très ténus, se dissipent aisément, n'oubliez pas la règle suivante. A l'aide d'une infusion de courte durée, on peut obtenir l'esprit dans toute sa pureté; mais, si elle dure trop longtemps, on ne l'obtient plus que mêlé avec les parties terrestres qu'alors on extrait en même temps, et par conséquent fort altéré. Ainsi c'est s'abuser, en traitant les substances médicales, de ne faire fonds que sur la longue durée de l'infusion, et de croire qu'elle renforce la vertu des médicamens. Mais voulez-vous obtenir un extrait vigoureux, ayez pour règle de penser moins à faire durer beaucoup une infusion unique, qu'à réitérer souvent cette infusion.

Prenez, par exemple, des violettes; faites-en infuser une bonne poignée dans deux pintes de vinaigre, qu'elles y restent l'espace de trois quarts d'heure, après quoi vous les ôterez; et réitérez jusqu'à sept fois l'infusion, en renouvellant chaque fois les violettes, et en en mettant toujours la même quantité: vous aurez par ce moyen un vinaigre tellement chargé du principe odorant de ces fleurs, que, si, au bout d'un an, vous en faites apporter dans un vinaigrier, vous en sentirez l'odeur avant qu'on vous le serve. Remarquez que ce n'est pas dans les premiers jours que cette odeur se fait le plus sentir, mais qu'après un certain temps elle commence à prendre de la force, et devient ensuite de plus en plus forte.

18. Cette règle, que nous venons de prescrire, est de la plus grande utilité pour la préparation des médicamens, et pour les infusions de toute autre espèce. Par exemple, les feuilles de bourrache contiennent un esprit éminemment

doué de la propriété de dissiper les vapeurs de la mélancholie (1); aussi est-ce un excellent remède pour la folie. Cependant, si ces feuilles restent trop longtemps en infusion, l'on n'en tire plus qu'une substance crue et dénuée de toute vertu. Supposons donc que je fasse macérer, pendant très peu de temps, ces feuilles de bourrache dans le moût ou le marc de cervoise, tandis qu'ils fermentent, et en renouvellant les feuilles assez fréquemment, je présume que je composerai un puissant remède contre l'affection mélancholique. Il en faut dire autant de la fleur d'orange, etc.

19. La rhubarbe contient des principes dont les effets sont diamétralement oppo-

---

(1) La mélancholie n'a point pour cause de prétendues vapeurs, idée purement populaire; mais la foiblesse de l'estomac, la paresse du ventre, l'opilation des vaisseaux du cerveau, telle quantité et telle qualité de la bile, le défaut de fluidité du sang, etc. Le corps humain n'est pas un alambic.

sés; savoir : des parties *purgatives* et des parties *astringentes*. Les premières sont faciles à extraire, mais les dernières sont plus tenaces : ensorte que, si vous avez soin de ne tenir cette drogue en infusion que pendant une heure, après l'avoir bien pilée, elle purgera beaucoup mieux, et resserrera beaucoup moins après la purgation. C'est ce dont on s'est assuré par l'expérience.

Je conçois aussi qu'en réitérant fréquemment l'infusion de la rhubarbe, et en ne la laissant à chaque fois que fort peu de temps, comme nous l'avons recommandé pour les violettes, on aura un purgatif aussi puissant que la scammonée. Et ce ne sera pas faire peu pour la médecine, que de rendre la rhubarbe et autres médicamens de qualité benigne, aussi actifs que ceux qui ont quelque teinte de malignité.

20. La partie des purgatifs qui a le plus d'action, réside dans l'esprit le plus ténu; ce dont on cessera de douter, si l'on considère que la simple ébullition

leur fait perdre une grande partie de leur vertu. Ce seroit donc aussi beaucoup faire en médecine, que de conserver dans les médicamens de ce genre, la vertu purgative, en leur enlevant leur saveur rebutante. Or, cet effet, il paroît qu'on peut l'obtenir en les faisant infuser pendant fort peu de temps, et réitérant un grand nombre de fois l'infusion ; car, selon toute apparence, cette saveur repoussante est inhérente aux parties les plus grossières.

21. En général, cette partie de la pratique, qui a pour objet les infusions, est tout-à-fait vague et aveugle, si l'on n'a soin de distinguer quelles sont, dans chaque espèce de corps, les parties qui se détachent les premières, d'avec celles qui se séparent plus lentement et plus difficilement; afin que, proportionnant le temps de l'infusion au plus ou moins d'adhérence de chaque espèce de principe, on puisse à volonté enlever la qualité qu'on redoute, en y laissant celle dont on a besoin. Or, il est deux méthodes

pour déterminer ces différences; la première, est de s'assurer de ce que peut la longue ou courte durée de l'infusion, comme nous l'avons déja dit; la seconde, est d'observer par ordre les produits de plusieurs infusions successives d'une seule et même substance dans différentes liqueurs ou différentes portions d'une même liqueur. Prenez, par exemple, des écorces d'orange, du romarain, ou de la canelle; faites-les infuser dans de l'eau l'espace d'une demi-heure; enlevez-les et mettez-les dans une autre eau; puis dans une troisième eau, et ainsi de suite. Enfin, examinez, à l'aide de la vue, du goût et de l'odorat, la première, la seconde et la troisième eau, etc. vous trouverez qu'elles ne diffèrent pas seulement par l'espèce ou l'intensité de leur vertu, mais encore par leur couleur, leur odeur et leur saveur. Car, selon toute apparence, la première aura plus d'odeur, comme étant plus chargée du principe odorant, et la seconde, plus de saveur, parce qu'elle est plus chargée de parties amères et mordicantes.

22. Les infusions dans l'air (qu'il nous soit permis d'employer cette dénomination pour désigner les odeurs) sont susceptibles des mêmes différences que les infusions dans l'eau. Car les diverses odeurs résidantes dans les fleurs ou dans toute autre espèce de corps, ne s'exhalent pas toutes en même temps; mais les unes plutôt, les autres plus tard. C'est ainsi que nous nous sommes assurés que la violette, le chevre-feuille et la fraise, qui rendent d'abord une odeur suave, en exhalent ensuite une fort différente, et fort désagréable, qui est moins l'effet de la macération, que de la lenteur avec laquelle se détachent les esprits les plus grossiers (1).

23. S'il est quelquefois utile d'extraire

---

(1) Cette observation suffiroit peut-être pour rendre raison de l'effet pernicieux des fleurs de l'odeur la plus suave, tenues, en grande quantité et pendant plusieurs jours, dans une chambre tout-à-fait close; et il se pourroit que ces fleurs fréquemment renouvellées ne produisissent plus le même effet.

les esprits les plus ténus, il l'est aussi de se débarrasser de ces mêmes esprits, dans d'autres cas où ils seroient pernicieux. Le *vin cuit* (1), par exemple, est *moins inflammatoire* que le vin ordinaire, et on le recommande dans les fièvres; parce que cette cuisson lui enlève les esprits les plus ténus. L'opium perd un peu de sa qualité vénéneuse, lorsqu'on fait évaporer une partie de ses esprits, après l'avoir mêlé avec l'esprit de vin, ou quelque autre substance analogue. Les feuilles de séné, mises en décoction, perdent une partie de leur flatuosité. En général, *la combustion* et l'*évaporation* sont deux moyens pour enlever aux substances leurs *esprits subtils et flatueux*. Aussi en traitant les substances naturellement douées de principes très actifs, vaut-il mieux, après une infusion de courte durée, en jeter le produit, et n'employer que ceux des suivantes.

---

(1) Il veut dire le *vin chauffé*, car la liqueur connue sous le nom de *vin cuit*, a l'effet opposé.

Observation sur la force de cohésion résidante dans les liquides.

24. Les bulles ont une forme hémisphérique; au dedans, ce n'est que de l'air; au dehors, une simple pellicule (vésicule) d'eau; et ce qui est fait pour exciter l'étonnement, c'est que l'air, ainsi emprisonné et comprimé par l'eau, puisse acquérir un si grand volume, et si promptement (1). Mais ce qui n'est

---

(1) Il seroit beaucoup plus étonnant que cette augmentation rapide de volume n'eût pas lieu ; car l'excès de pesanteur spécifique de l'eau force l'air à s'élever: or, à mesure qu'il s'élève, la hauteur des colonnes d'eau qui le pressent en tous sens, va en diminuant; il doit donc se dilater proportionnellement et acquérir plus de volume ; mais à mesure que son volume augmente, sa pesanteur spécifique diminue : il doit donc s'élever encore plus vite ; la hauteur des colonnes d'eau qui le pressent, doit aussi décroître encore plus rapidement; et son volume augmenter encore plus vite ; et ainsi de suite, jusqu'à ce qu'il soit arrivé à la surface, et que la cohérence des parties de la couche d'eau qu'il soulève, l'arrête là.

pas moins surprenant, c'est que, lorsqu'il est arrivé à la surface de l'eau, il puisse être retenu par une enveloppe aussi fragile que l'est celle de cette bulle. Quant à la vîtesse avec laquelle s'élève l'air renfermé dans l'eau, ce n'est qu'une conséquence naturelle du mouvement occasionné par la percussion de l'eau qui, descendant elle-même avec plus de force que l'air, chasse ainsi ce fluide vers la partie supérieure, et non l'effet d'un mouvement occasionné par la légèreté naturelle de l'air. Ce dernier est celui que Démocrite appelle *mouvement de plaie*.

La cause, en vertu de laquelle cette bulle d'air reste ainsi emprisonnée dans la vésicule d'eau qui le comprime en tout sens, n'est autre que cette tendance par laquelle tout corps résiste à la séparation de ses parties, et à la solution de sa continuité (tendance qui est très forte dans les corps solides); mais qu'on ne laisse pas d'observer aussi dans les fluides, quoiqu'elle y soit plus foible et plus languissante, comme le prouve l'exemple même de cette bulle dont nous parlons. C'est ce que prouvent également ces espèces de petits miroirs que forment les enfans avec leur salive, et à l'aide de petits tuyaux de jonc; ainsi que ces *châteaux de bulles* qu'ils forment dans l'eau, en y soufflant fortement et à plusieurs reprises, à l'aide d'un chalumeau; assemblages qui doivent au savon qu'ils ont auparavant fait dissoudre dans cette eau, un certain degré de viscosité et de ténacité. On observe le même phénomène dans l'eau des gouttières; lorsqu'elle s'y trouve en assez grande quantité pour pouvoir fournir à un écoulement continu, elle se resserre et prend la forme d'un filet fort délié, pour éviter sa solution de continuité; mais, s'il n'y a pas assez d'eau, alors ce fluide se contracte, se pelotonne, pour ainsi dire, et tombe par gouttes de forme arrondie, celle de toutes les formes qui peut le mieux empêcher la séparation de ses parties.

La cause de la rondeur de cette bulle est, et dans la vésicule d'eau et dans l'air qu'elle enveloppe, absolument la même. Car l'air, ainsi que l'eau, résiste à la solution de sa continuité ; c'est en vertu de cette tendance qu'il s'enveloppe ainsi et affecte la figure sphérique. Enfin, si l'on voit l'air se soutenir et s'arrêter un instant à la surface de l'eau, cette circonstance prouve assez que ce fluide n'a point ou n'a que très peu de tendance naturelle à s'élever (1).

Une seule expérience sur les fontaines artificielles.

25. Quoique la méthode que je suis, en rejetant certaines expériences, soit peu sensible, elle n'en est pas moins réelle ni moins variée. Quand une expérience me paroît pouvoir fournir quel-

---

(1) Ce fait prouve seulement que la tendance de l'air à s'élever, en vertu de son défaut de pesanteur spécifique (relativement à l'eau), ou de toute autre cause, a moins de force que la cohésion des parties de la vésicule d'eau qui l'enveloppe ; et rien de plus.

que application utile, je lui donne place dans cette collection ; mais si le fait est douteux, je le donne pour ce qu'il est ; le suivant est de ce genre. Un homme peu connu indique ce procédé pour faire une source artificielle. Choisissez, dit-il, un terrain qui ait beaucoup de pente, et où les eaux de pluie aient un écoulement très rapide. Formez-y une espèce de lit, à moitié rempli de pierres de grandeur convenable, et à la profondeur de trois ou quatre pieds dans la même terre. Qu'une extrémité de ce lit soit vers le haut de la montagne, et l'autre vers le bas. Remplissez-le de cailloux en suffisante quantité, jetez du sable par dessus, et vous verrez, ajoute-t-il, après des pluies réitérées, l'eau sortir de la partie de ce lit qui est vers le bas, comme d'une source naturelle (1).

---

(1) La description de ce procédé, dans l'édition in-4°. en langue angloise, n'est pas tout-à-fait la même que dans les éditions latines : mais, quelle est la meilleure ? cette question est de mé-

Que cet effet ait lieu tant que la pluie dure, c'est ce qui n'a rien de fort étonnant ; mais il prétend que cette source continue à fournir de l'eau long-temps après que les pluies ont cessé. Il paroît que cette source est entretenue par l'air même qui se convertit en eau ; conversion qui a pour cause la condensation opérée par le froid de la terre, et l'affinité de l'air avec l'eau déja formée.

Une seule expérience sur la qualité vénéneuse de la chair humaine.

26. Les Français, nation dont la maladie vénérienne a tiré son nom (1), prétendent qu'il y eut, durant le siége de Naples, d'odieux marchands qui vendirent pour du *thon mariné* de la chair

---

me nature que celle-ci : *cette fameuse dent d'or de Bohême étoit-ce une dent molaire, ou une dent canine?*

(1) Les Italiens et les Anglois l'appellent le *mal français;* de manière que notre nation porte la peine du double malheur de l'avoir reçue et de l'avoir donnée.

d'hommes (tués depuis peu sur la côte d'Afrique), chair qu'ils avoient salée et arrangée proprement dans des vases, et qu'on regardoit cet horrible aliment comme la première cause de cette maladie. Ce fait n'est pas tout-à-fait invraisemblable; car on sait que les *cannibales* du nouveau monde se nourrissent de chair humaine, et qu'à l'époque de la découverte de l'Amérique, cette maladie y étoit fort commune (1). De notre

---

(1) Chacun sait que certains courtisans ont été décollés il y a quelques années; et l'on ne sauroit disconvenir qu'ils portoient le chapeau sous le bras ; cependant ce n'est pas précisément parce qu'ils portoient le chapeau sous le bras qu'on leur a coupé la tête. Deux phénomènes peuvent avoir lieu ensemble, sans que l'un soit cause de l'autre. Quelques médecins ont prétendu que la maladie vénérienne existoit en Europe, sous une autre forme ou à un autre degré, avant la découverte de l'Amérique : ils attribuoient cette maladie à *l'excessive irritation* occasionnée par les excès d'une femme qui endure successivement les approches de plusieurs hommes ; si le fait étoit vrai, ce se-

temps même, les poisons qui, aux indes occidentales, sont regardés comme les plus actifs et les plus prompts, paroissent être composés d'un mélange de sang, de graisse et de chair tirés du corps humain. On parle aussi de certaines magiciennes ou sorcières, tant chez les chrétiens que chez les païens, lesquelles se nourrissoient de chair humaine. C'étoit sans doute afin de fortifier leur imagination par les actives et abominables vapeurs de cette substance (1).

---

roit une sorte de *rage vénérienne* : on trouve dans les mémoires de médecine et autres ouvrages analogues, assez de faits qui semblent prouver que, dans les passions très violentes, les humeurs du corps humain prennent une qualité vénéneuse, et deviennent un véritable *virus*. Il y a aussi à la Chine des maladies vénériennes de différentes espèces; et les Chinoises, pour faire ce présent à leurs concitoyens, n'ont pas eu besoin de *Christophe Colomb*, mais seulement de leur lubricité et de la chaleur du climat; sur-tout à Canton, qui est presque sous le tropique du cancer.

(1) Ce qui fortifioit leur imagination, ce n'étoit

Une seule expérience sur la conversion de l'air en eau.

27. De toutes les causes auxquelles on peut attribuer la conversion de l'air en eau, les plus vraisemblables nous paroissent être les suivantes.

La première de ces causes, c'est le *froid*, dont l'effet propre est de *condenser*, comme le prouve très sensiblement la condensation de l'air dans le thermomètre (1). C'est ce dont on voit encore un exemple dans la génération des fontaines, qui a paru aux anciens n'être qu'un effet de la conversion de l'air en eau ; transformation facilitée par le repos dont l'air jouit dans ces parties intérieures de la terre où elles se forment, et qui l'empêche de se dissiper, à quoi

---

pas la substance dont elles s'étoient nourries, mais l'idée même de l'horrible repas qu'elles avoient fait ; car l'audace peut tout en ce monde, et les actes exécrables nourrissent l'audace.

(2) Dans celui de Drebbel, dont la boule est en partie remplie d'air.

il faut ajouter le froid des rochers ; car c'est parmi les rochers que les sources naissent le plus ordinairement. On peut tirer les mêmes conséquences des effets du froid qui règne dans ce qu'on appelle la *moyenne région de l'air* (région où se forment les pluies et les rosées), ainsi que d'une autre expérience connue ; savoir : de la conversion de l'eau en glace, par le moyen d'un mélange de neige, de sel et de nitre, dont nous parlerons ci-après ; expérience qui pourroit être appliquée à cette conversion de l'air en eau.

La seconde cause est la *compression* : telle est celle qui a lieu dans les alambics, où les parties du liquide réduit en vapeurs sont repoussées et serrées les unes contre les autres par les parois du vaisseau qui s'opposent à leur expansion. On peut regarder comme des effets de la même cause cette rosée qui s'attache au couvercle d'une marmite remplie d'eau bouillante, et cette humidité qu'on voit, dans un temps pluvieux, ou simplement nébuleux, sur le marbre et sur les boiseries ; mais toutes ces explications seront insuffisantes, si l'on ne suppose qu'à ces vapeurs se mêle un air grossier, qui est dans un état fort voisin de l'état aqueux.

La troisième cause, qui n'est pas encore assez connue, et qui mérite d'être approfondie, c'est le mélange des vapeurs très humides avec l'air. Il faut tenter quelque expérience pour savoir si, après que la vapeur est revenue à l'état aqueux, la quantité d'eau de la masse d'air dont il s'agit, est réellement augmentée ; car, si cette augmentation a lieu, elle a pour cause la conversion de l'air en eau. Remplissez d'eau un alambic, et bouchez-en le cou ; mais après avoir pesé l'eau exactement, suspendez une éponge au milieu de ce vaisseau, et voyez quelle quantité d'eau vous pourrez en exprimer ; pesez ensuite ce qu'il s'y en trouvera de plus ou de moins qu'auparavant ; enfin, comparez ce poids avec celui de l'eau qui a été absorbée (1). Car il faut savoir que, s'il est possible d'opérer quelque transformation de ce genre, ce sera sur-tout dans les vuides d'un corps extrêmement poreux; et c'est par cette raison que nous avons recommandé d'employer une éponge.

Il est une quatrième cause non moins probable que les trois autres, mais qui n'a pas non plus été assez examinée; c'est celle qui agit lorsque l'air s'insinue dans les pores les plus étroits des corps; car on sait que toute substance est plus aisée à transformer, lorsqu'elle est en petite quantité. Les corps tangibles n'aiment point le voisinage de l'air (2); lors-

---

(1) Comme cette quantité d'air qui, dans sa supposition, se seroit convertie en eau, seroit extrêmement petite, elle seroit très difficile à déterminer.

(2) Reste à prouver cette aversion de tout corps tangible pour l'air, supposition pour laquelle j'avoue que je n'ai pas moi-même un goût fort vif, attendu qu'elle manque de preuves et même de probabilité. Voici quelque chose de plus méchanique et de plus vraisemblable. L'expérience nous

qu'il s'en approche trop, ils le travaillent, et font effort pour le convertir en

---

apprend que tous les corps sont dilatés par la chaleur du soleil ou par celle du feu artificiel; et la raison nous dit qu'ils ne peuvent l'être sans que leurs pores soient agrandis; puisque les parties de ces corps étant écartées les unes des autres par cette dilatation, elles doivent, par cela seul, laisser entr'elles de plus grands vuides. Cela posé, imaginons un corps solide dont les pores soient de tel diamètre, que, lorsqu'il n'est dilaté que par une chaleur de dix degrés (échelle de Réaumur), les particules de l'air ne puissent s'y insinuer; mais que, lorsqu'il l'est par une température de onze degrés, ces particules commencent à s'y introduire; s'il survient une température de quinze à vingt degrés, alors, en vertu de la pesanteur de l'air qui presse ce corps en tout sens, pression qui tend à y introduire toutes les particules de ce fluide qui se trouvent à l'entrée de ses pores, non-seulement ces particules aériennes s'introduiront entre les parties extérieures et superficielles de ce corps, mais elles pourront même y entrer assez avant. Si ensuite la liqueur du thermomètre retombe à huit, sept, six, cinq degrés, et même jusqu'à zéro, alors les parties du corps en question venant à se rapprocher les unes des autres, et ses pores devenant

un corps dense. Dans les corps entiers, cette transmutation ne peut avoir lieu,

beaucoup plus étroits qu'ils n'étoient quand l'air s'y est insinué, les particules aériennes seront comprimées et, en quelque manière, *pincées* par les parties solides de ce corps; et il se peut alors qu'en vertu de ces trois causes concourantes, la *compression*, l'*attraction réciproque* et le *repos* ou l'*inertie* des particules de l'air, ces particules s'aggrègent une à une à celles du corps solide; qu'avec le temps elles y adhèrent assez fortement pour ne pouvoir plus en être détachées, lorsqu'un degré de chaleur supérieur au dixième degré leur ouvrira de nouveau le passage; et qu'elles augmentent ainsi pour toujours, ou du moins pour long-temps, la masse et la solidité de ce corps. Cette explication est d'autant plus probable, que, si l'on divise, par la pensée, un fluide quelconque en ses parties élémentaires, pour les considérer une à une, on est forcé de concevoir chacune de ces parties comme un petit solide. Au contraire, si l'on divise mentalement un corps solide en ses dernières parties actuellement indivisibles, et que l'on suppose anéanti pour un instant le *gluten* ou la force qui les tenoit unies, on n'aura plus qu'un fluide. Ainsi, la solidité étant une qualité inhérente à tous les élémens de la matière, et la fluidité n'étant qu'un

parce que, si l'air s'y transformoit, il n'y resteroit plus rien qui pût remplir le vuide qu'il y auroit laissé par cette transformation. Mais l'expérience réussiroit peut-être dans des corps d'un tissu plus lâche, comme le sable et la poussière : aussi voit-on que lorsqu'on les tient renfermés, ils contractent une certaine humidité (1).

état accidentel, il ne seroit pas fort étonnant que quelques parties d'une masse actuellement fluide s'agrégeassent et adhérassent à celles d'une masse actuellement solide, comme ces dernières s'étoient agrégées et adhéroient les unes aux autres. Toute cette explication n'est peut-être qu'un rêve; mais c'est du moins un rêve *méchanique* et *intelligible*.

(1) Sur-tout le sable marin; mais c'est l'effet du sel *déliquescent* dont il est imprégné : le linge lavé avec de l'eau de mer ne se sèche jamais parfaitement, et au premier temps humide, il devient moite.

Expérience d'où l'on peut tirer des indications pour embellir la forme du corps humain, tant celle du tout, que celle des parties.

28. Au rapport de quelques anciens, si l'on prend des chiens ou d'autres animaux, presque naissans, et qu'on les renferme dans une cage ou dans une boîte qui les tienne resserrés de telle manière qu'ils ne puissent acquérir la taille propre à leur espèce, et ne puissent croître que selon une seule dimension, soit en largeur, soit en hauteur, leur corps prend la forme de cette espèce de moule où on les a jetés, et où on les tient emprisonnés. Pour peu que cette relation des anciens ne nous en impose point, et qu'il soit possible que des animaux encore si tendres, et si fortement comprimés, si étroitement emprisonnés, ne meurent pas, voilà certes un moyen pour avoir des nains d'une forme bizarre, monstrueuse et tout-à-

fait extraordinaire (1). Mais ce qu'une longue expérience a mis hors de doute, c'est que, par l'effet de la seule pression, les parties d'un fœtus déja formé sont encore susceptibles de s'éloigner prodigieusement de leur forme naturelle. C'est ainsi, au rapport des anciens, que, de l'habitude où l'on étoit de presser avec les mains le front des enfans, sont provenus les *macrocéphales,* forme de tête qui, en certains lieux et en certains temps, passoit pour une perfection (2). Un chevalet de hauteur médiocre, placé

---

(1) Il est assez probable que les fœtus monstrueux, et en général les difformités, totales ou partielles, des fœtus, ont pour cause quelque semblable compression qu'ils ont essuyée durant leur séjour dans la matrice; mais alors l'embryon n'étoit qu'une espèce de *pâte;* et plus l'animal vieillit, plus *le pain est cuit,* et plus il est difficile à *pétrir.*

(2) On ne peut douter qu'il ait existé une nation qui pétrissoit ainsi la tête des enfans, et qui parvenoit à en aiguiser la forme. Hippocrate, homme peu crédule, en fait mention : quelques historiens placent cette nation entre le Pont et la Colchide.

sur le nez, empêche qu'il ne devienne camard, ou diminue beaucoup ce genre de difformité (1). Cette même observation fournit des indications pour embellir la taille, ou les traits des individus, encore jeunes, des deux sexes, et leur donner des agrémens qu'ils n'auroient pas eus naturellement. Par exemple, la simple attention de retirer fréquemment les mollets vers le haut de la jambe, fait qu'ils tombent moins, et se soutiennent mieux (2). De même, en retirant fréquemment la peau du front vers la partie supérieure de la tête, on se pro-

---

(1) Ce moyen est aussi inutile qu'incommode. Accoutumez un enfant, né camard, à se pincer et à se tirer fréquemment la partie cartilagineuse du nez, ou à se moucher avec force, ce défaut disparoîtra presque entièrement avant l'âge de puberté: nous ne parlons que d'après l'expérience.

(2) Généralement parlant, les Anglois ont le mollet trop bas, et les Français l'ont trop haut: les Italiens et les Chinois l'ont beaucoup mieux placé.

cure un front spacieux et élevé (1). La coutume où l'on est d'envelopper de langes les enfans, les fait devenir plus sveltes et de plus belle taille. Aussi voyons-nous les jeunes personnes se serrer le corps tant qu'elles peuvent, de peur d'avoir la taille épaisse (2).

Expérience sur la condensation de l'air, tendant à le rendre nutritif et assez dense pour pouvoir être pesé.

29. Des oignons (3) suspendus, germent spontanément; il en est de même

---

(1) Ce qui est un agrément à l'âge de 70 ans.

(2) Si le fait qui a fourni ces indications étoit vrai, il indiqueroit un moyen pour transformer assez promptement certaines espèces d'animaux; car, selon toute apparence, si l'on parvenoit à changer notablement leur forme, on produiroit, par cela même, quelque changement notable dans leur constitution physique.

(3) Sur-tout les oignons de safran; placés à sec sur des tablettes, ils donnent de très belles fleurs à la fin d'octobre et au commencement de novembre.

du *pouliot* (1) et d'une certaine plante herbacée, connue chez les Latins sous le nom d'*orpinagria*, plante qui, à la campagne, sert d'ornement aux édifices, et qui, suspendue à une perche le long d'un mur, présente des effets assez semblables à ceux dont nous venons de parler. C'est ce qu'on observe encore mieux

---

(1) Il est inutile de répéter ici que notre plan est de désigner, par leurs noms populaires, les plantes généralement connues (de peur d'être inintelligibles pour la plupart de nos lecteurs, en leur parlant de choses qu'ils savent mieux que nous); et de recourir à la nomenclature des botanistes, pour désigner les plantes qui, étant beaucoup moins connues, n'ont pas encore de nom dans la langue vulgaire. Les noms que le peuple a donnés aux plantes de la première espèce qu'il cultive et qu'il connoît, sont beaucoup plus nobles que ceux qui leur furent imposés par des écrivains dont toutes les connoissances en ce genre se réduisoient à ces noms : et par la même raison, le peuple doit adopter les noms imposés aux plantes de la seconde espèce, par ceux qui les connoissent mieux que lui. Ce qui ennoblit tout, c'est le désir et le pouvoir d'être utile.

dans l'*immortelle*, de la grande espèce ; qui portera quelquefois des fleurs, pendant deux ou trois ans, même étant hors de terre ; mais à condition qu'on enveloppera sa racine d'un linge huilé, qu'on renouvellera tous les six mois. Si nous en croyons quelques anciens, il en faut dire autant des racines et de la tige du *lys*. La cause de ces végétations si singulières n'est autre qu'une sève très abondante, très dense et très vigoureuse, qui ne se dissipe pas aisément, et qui, même lorsque la plante ne peut plus tirer de la terre aucun nouveau suc, ne laisse pas de la mettre en état de pousser de nouveaux boutons à fleur, à la fin du printemps et au commencement de l'été, les deux temps les plus favorables à la germination et au développement des plantes. Nous voyons aussi que des troncs d'arbres renversés par terre, ne laissent pas de pousser encore des rejetons durant un certain temps.

Mais il est ici une observation à faire, et qui, bien faite, pourroit mener fort loin ; il faudroit, dis-je, tâcher de savoir si, durant le nouveau développement de ces plantes, leur poids augmente. Pour vous en assurer, ayez soin de les peser, et avant de les suspendre, et après qu'elles auront poussé les nouveaux boutons (1). Si leur poids n'augmente pas, tout ce qu'on peut conclure de la nouvelle pousse, c'est que, par l'action nouvelle dont elle est l'effet, certaines parties de la plante gagnent ce que d'autres perdent. Mais si elles augmentent de poids, c'est-là une des grandes opérations, un des grands mystères de la nature. Ce fait prouveroit que l'air peut se condenser au point de se convertir en un corps dense proprement dit (2), quoique

(1) C'est ce qu'on pourroit vérifier sur ces oignons de safran dont nous parlions dans une des notes précédentes, et qui ne demandent ni terre ni eau : on peut les tirer du Gâtinois, comme nous l'avions fait nous-mêmes.

(2) Bacon paroît avoir ignoré et n'avoir pas même soupçonné que les plantes absorbent, sur-tout par leurs parties supérieures, l'*air*, la *lumière*,

cette espèce de cercle où se trouvent circonscrites toutes les transformations alternatives qui ont lieu à la surface du globe, ou dans la région voisine, semble avoir pour terme l'*atténuation* des corps; et que les choses, généralement parlant, tendent plutôt à multiplier les substances *rares* et *aériformes*, qu'à convertir, par une marche rétrograde, les substances aériformes en corps *solides*. Ce même fait prouveroit encore que l'air est doué d'une certaine qualité *nutritive*, ce qui meneroit à une infinité de conséquences importantes.

N. B. Qu'il faut tenter cette expérience sur une immortelle, dont la racine ne soit pas enveloppée d'un linge huilé; autrement on pourroit croire que la plante tire de cette huile quelque nourriture (1).

---

l'*humor aqueux*, le *calor* ou *calorique*; car *ique* n'y fait rien, etc. Ce soupçon étoit pourtant bien digne de lui, et suffisamment provoqué par l'observation.

(1) Voyez la pénultième note.

Observation sur le mélange de la flamme avec l'air, et sur sa force prodigieuse.

La flamme et l'air ne se mêlent pas aisément ensemble; lorsque cette combinaison a lieu, elle n'est que momentanée; ou, si elle est quelquefois d'une certaine durée, c'est tout au plus dans les esprits vitaux et dans les animaux vivans. Cette force prodigieuse qu'elle déploie dans la poudre à canon, on l'attribue ordinairement à la raréfaction de la substance terrestre et à sa conversion en flamme. Jusqu'ici l'explication est bonne; et alors sans doute cette substance *devient un autre élément, dont la forme occupe un plus grand espace* (1), d'où s'ensuit nécessairement la *dilatation*, et d'où (en vertu de l'impénétrabilité de la matière, qui ne permet pas à deux corps d'occuper un même lieu

---

(1) Dont *la forme*, ou *essence*, veut-il dire, est d'occuper un plus grand espace.

individuel) s'ensuit tout aussi nécessairement l'expulsion de la balle (de l'arme à feu), ou l'explosion de la mine. Mais cette explication a je ne sais quoi de brute et de stupide. Car, si aucune autre cause n'agissoit ici, dans les cas où la flamme n'est pas en assez grande quantité pour surmonter tous les obstacles, elle seroit aisément étouffée à sa naissance par des corps aussi durs que le sont la balle et le canon d'une arme à feu ; et loin que la flamme seule suffise pour chasser un corps dur, c'est plutôt le corps dur qui est plus que suffisant pour éteindre la flamme ; il s'oppose naturellement à sa formation et à son expansion. Mais la véritable cause de ce mouvement si violent est dans le *nitre* (connu aussi sous le nom de *salpêtre*), qui contient un esprit *crud* et *flatueux* (1). Ce nitre est d'abord dilaté par la chaleur du feu (car l'on sait que l'air

---

(1) Il qualifie de *crues*, les substances aqueuses et non inflammables.

seul, excessivement raréfié par la chaleur, se fait jour selon toutes les directions ; qu'il a assez de force pour rompre ou chasser devant lui tout ce qui lui fait obstacle); puis de la dilatation du nitre résulte une sorte de *souffle* ou de vent qui chasse la flamme du centre à la circonférence ; c'est une sorte de *soufflet interne* (1). Aussi voyons-nous que

---

(1) Qu'il y ait dans le nitre, qui est un des trois principes constitutifs de la poudre à canon, une certaine quantité d'*eau* (ou d'*humor aqueux*), qui, au premier moment de l'inflammation, se réduit tout à coup en vapeur; vapeur douée d'une grande force expansive (comme le prouve l'exemple très connu de l'*éolipile,* dont on fait, par ce moyen, une espèce de petit canon); que, de l'expansion subite et instantanée de cette vapeur résulte une sorte de *souffle* et de *vent* très violent; enfin, que la flamme ainsi soufflée ait une activité, une force expansive infiniment plus grande que lorsqu'elle est dans un état tranquille, comme on le voit dans les forges et dans les opérations de l'*émailleur,* de l'*orfévre,* du *ferblantier,* etc. ce sont autant de vérités ou de conjectures auxquelles conduit le plus simple raisonnement : mais actuellement d'où

le soufre, la poix, le camphre, le bitume, qui entre dans la composition des feux d'artifices, et une infinité d'autres substances, capables de produire une flamme d'une prodigieuse activité, et presque inextinguible, n'excitent pourtant pas un *souffle ignée* d'un aussi grand volume, ni d'une aussi grande force que celui de la poudre à canon. Au contraire, nous voyons que le mercure (substance *très crue* et très aqueuse), lorsqu'il est fortement chauffé et étroitement emprisonné, déploie une force très analogue à celle de la poudre (1).

---

vient cette force expansive de la poudre qui s'enflamme? c'est ce qu'il faudroit savoir, et ce qu'il ne dit pas, ou ne dit pas assez; mais ce qu'il a expliqué ailleurs. C'est une vraie *répulsion* exercée par la substance inflammable qui chasse du centre à la *circonférence*, et selon *toutes* les directions, la substance aqueuse.

(1) Je soupçonne que, si l'on mêloit avec la poudre à canon quelque substance très pesante et réduite en parties très menues; par exemple, du *mercure*, ou des *limailles métalliques*, elle auroit

Quant à ce qui regarde les animaux, il est certain que les *esprits vitaux* sont composés d'une substance de nature analogue à celle de la flamme. Car, quoique la flamme et l'air ne se mêlent pas aisément par eux-mêmes, ils ne laissent pas de s'unir assez bien, lorsqu'ils sont fixés dans un corps qui a de la consistance. C'est ce dont il est aisé de se convaincre par la considération des deux substances qui leur servent d'alimens; je veux parler de l'*eau* et de l'*huile*. On sait que ces deux substances ne s'unissent pas non plus trop aisément par elles-mêmes; mais, dans le corps d'une plante ou d'un animal, elles se combinent assez exactement. Il n'est donc pas étonnant qu'une petite quantité d'esprit contenue dans les ventricules du cerveau et dans les conduits des nerfs, puisse mouvoir

---

plus de force; qu'au moment de l'inflammation et de l'expansion de la poudre, la limaille, par sa *réaction*, augmenteroit l'*action* : c'est une conjecture facile à vérifier à l'aide d'une *éprouvette*.

une masse aussi grande que celle du corps humain, avec autant de force qu'en supposent les mouvemens qui s'exécutent dans la *course*, dans la *lutte*, etc. et avec la prodigieuse vîtesse qu'exigent ces cadences qu'on fait sur un instrument de musique ; tant l'air et la flamme, bien incorporés ensemble, ont de force et d'activité (1).

---

(1) Suivant cette idée, un animal, un homme, par exemple, ne seroit qu'une espèce de *canon*, que l'explosion presque continuelle d'une *poudre aériforme* et beaucoup plus inflammable, plus *expansile* que la poudre ordinaire, fait presque continuellement *avancer* ou *reculer;* ou il seroit tantôt *canon* et tantôt *boulet*. Le chevalier *Rosa*, physicien de *Modène*, (disions-nous dans une note de l'ouvrage précédent), a prétendu et peut-être prouvé que la véritable cause du *battement des artères* (ou, ce qui est la même chose, de la *diastole* et de la *systole*, alternatives, du *cœur*), ne réside pas dans les *solides* de l'animal, comme l'ont pensé tant de physiologistes (échos de Boërrhave) ; mais qu'elle réside dans un *fluide très subtil, très expansile, très actif*, et analogue au *feu;* fluide qui fait partie du sang et s'en dégage par une infinité

Expérience tendant à dévoiler la nature de la flamme.

Ajustez une bougie dans un petit tube de fer ou de cuivre; fixez-la ensuite dans une écuelle, remplie d'esprit de vin et chauffée. Puis, ayant mis le tout sur le

---

de petites explosions qui se succèdent rapidement ; à chaque explosion, l'artère est distendue ; puis elle se rétablit, ou se contracte, en vertu de son ressort naturel : vient une seconde explosion qui distend encore l'artère, laquelle se contracte une seconde fois, et ainsi de suite : assertion qui n'est rien moins qu'une hypothèse gratuite, et qu'il semble avoir assez bien établie, en faisant voir qu'une certaine quantité de sang (qu'on fait passer de l'artère d'un animal vivant dans un tuyau de matière morte, mais flexible et un peu élastique; par exemple, dans un tuyau de cuir, et fermé aussi-tôt après par les deux bouts) y occasionne un battement semblable à celui d'une artère, et qui dure pendant quelques secondes. Si sa conjecture est fondée, *le soleil est le cœur de notre système planétaire; et le cœur est le soleil du cœur humain;* car, suivant Euler, le *soleil* agit aussi par *explosion*,

feu (1), vous verrez la flamme de la bougie se dilater, et acquérir un volume quatre ou cinq fois plus grand que son volume ordinaire. Elle prendra une figure arrondie, et non la figure pyramidale qu'elle a ordinairement : la flamme de la bougie, qui sera au centre, n'aura aucune teinte de bleu; couleur qui, comme l'on sait, est celle de la flamme de l'esprit de vin, avec laquelle elle est ici en contact.

Cet exemple intéressant fournit deux observations, qui méritent de fixer l'attention. La première est qu'une flamme, quoique environnée, enveloppée d'une autre flamme, ne s'éteint point, mais devient un corps fixe et continu, comme l'air et l'eau. D'où l'on peut conclure que la flamme ordinaire, en s'élevant, conserveroit par-tout la même largeur, si l'air qui la presse latéralement, ne l'éteignoit à mesure qu'elle s'élève ; (et

---

(1) Il dit ailleurs qu'il suffit de mettre le feu à l'esprit de vin.

alors la hauteur de cette flamme est proportionnelle à la largeur de sa base.)

L'autre observation est qu'une flamme ne se mêle point avec une autre flamme, comme l'air se mêle avec d'autre air, ou l'eau avec d'autre eau ; mais qu'elle subsiste à part (toutes ses parties demeurant contiguës), comme les corps qui ont de la consistance.

On voit aussi que cette figure pyramidale, sous laquelle la flamme ordinaire se présente, n'est qu'un effet purement accidentel, et qui vient de ce que l'air extérieur attaquant la flamme par les côtés, la comprime, la resserre de plus en plus, et aiguise ainsi sa forme, sans quoi elle prendroit naturellement une figure sphérique ; c'est par la même raison appliquée en sens contraire, que la fumée prend ordinairement la forme d'une pyramide renversée, ce même air qui éteint la flamme, livrant plus aisément passage à la fumée.

De plus, faites attention que la flamme de la bougie, quoique renfermée dans celle de l'esprit de vin, n'en est pas moins agitée; que non-seulement elle prend beaucoup de volume, et se porte vers le haut, mais que de plus elle va et vient sans cesse, et est dans un état de *fluctuation* (1); ce qui porteroit à penser que si la flamme ordinaire ne s'éteignoit pas à mesure qu'elle se forme, elle prendroit naturellement un mouvement de fluctuation semblable à celui dont nous parlons, et selon toutes sortes de directions, comme elle se porte naturellement de bas en haut.

Toutes ces observations prouvent assez que les corps célestes, du moins pour la plupart, sont de vrais feux, de vraies flammes, comme le pensoient les stoïciens; flammes qui peut-être sont plus ténues et plus rares que celles d'ici bas. Car ces flammes de la région supérieure ont aussi une figure sphérique; elles sont

---

(1) Elle ne fait peut-être que suivre le mouvement de la flamme de l'esprit de vin qui l'environne; et c'est ce qu'il faudroit vérifier.

également circonscrites dans certaines limites ; elles ont aussi un mouvement circulaire ; enfin, elles ont de la couleur et de l'éclat, comme celle de cette bougie : ensorte que, dans la région céleste, la flamme est d'une nature durable, fixe et permanente ; au lieu qu'ici bas elle est étrangère, momentanée, impure : c'est, en quelque manière, *Vulcain boitant après sa chûte* (1).

___

(1) Si le soleil n'est pas environné d'un fluide dense, élastique et analogue à notre air, quoique les rayons de cet astre aient des effets très semblables à ceux du feu artificiel, dans la région où nous sommes et où ils sont environnés d'air, il se pourroit que le feu du soleil, dans le lieu où il est, fût d'une toute autre nature et agît d'une toute autre manière, que les rayons mêmes de cet astre et le feu artificiel, supposés dans le lieu où nous sommes. Mais notre auteur, dans sa conclusion, perd de vue son objet principal ; il auroit dû faire passer rapidement la flèche dont il va parler, à travers la flamme de l'esprit de vin, et la tenir quelque temps plongée dans celle de la bougie, afin de voir si cette dernière, ainsi enveloppée de l'autre, a autant d'activité, que lorsqu'elle est exposée à l'action de l'air extérieur.

Expérience tendant à prouver que les parties latérales de la flamme ont plus de force et d'activité que le milieu.

Plongez une flèche dans la flamme d'une bougie, et tenez-la dans cette situation pendant un temps égal à celui de dix battemens de pouls; puis, l'en ayant tirée, vous verrez que les parties de cette flèche qui étoient plongées dans les parties extérieures et latérales de la flamme, sont plus brûlées, plus noircies que toutes les autres, et presque entièrement réduites en charbon; au lieu que celles qui ont été placées vers le centre de la flamme, sont les moins endommagées de toutes; il semble même que le feu n'ait fait que les *lécher* (1).

―――――――――――――

(1) Toutes choses égales d'ailleurs et entre certaines limites, *l'action* d'une *force* quelconque est proportionnelle à la *réaction*, à la résistance qu'elle éprouve. Or, ici l'air extérieur qui environne la flamme, et qui la presse en tout sens, *réagit* contre ses *parties latérales :* celles-ci doivent donc avoir *plus d'action;* mais cette *réaction* n'a pas,

Cet exemple si simple nous conduit à plusieurs observations qui aident à rendre raison de la figure pyramidale de la flamme ordinaire, et prouve manifestement que ses parties extérieures et latérales brûlent avec plus de force que son centre : mais (ce qui nous importe beaucoup plus) cet exemple prouve que la chaleur ou le feu n'a de violence et d'âpreté que dans les parties où il est resserré par l'action de l'air extérieur qui le comprime. Ainsi, les Péripatéticiens (quoique leur hypothèse d'un *feu élémentaire*, dont la région, selon eux, est placée au-dessus de la région de l'air, ait été rejetée avec raison) ne laissent pas de se tirer assez bien d'affaire dans cette question. Leur objecte-t-on, par exemple, que s'il étoit vrai qu'une sphère immense de feu environnât, enveloppât même le monde entier, comme ils le prétendent, tous les corps, ainsi exposés à

---

ou n'a presque pas lieu dans la *partie centrale* de la flamme.

son action, seroient bientôt consumés, ils répondent que le feu *pur et élémentaire*, placé dans son *lieu naturel*, et n'éprouvant aucune *irritation*, n'a qu'une *chaleur modérée*.

Observation sur la diminution que doit éprouver le mouvement naturel de la gravité, à une grande distance de la terre; et dans son intérieur, à une certaine profondeur.

33. Une opinion constante et appuyée sur des expériences faciles à vérifier, est qu'au fond d'une mine, deux hommes suffisent pour mouvoir et rouler un bloc de métal brut, qui, transporté à la surface de la terre, pourroit à peine être déplacé par les forces réunies de six hommes. Cet exemple est précieux; mais il seroit nécessaire de réitérer cette expérience avec plus d'attention, et de déterminer avec plus d'exactitude les proportions dont nous venons de parler. Car il est très probable que le mouvement de la gravité a moins de force (que la force

de pesanteur a moins d'intensité), soit à une grande distance de la terre, soit dans son intérieur, et un peu loin de sa surface. Cette diminution de force a lieu, dans le premier cas, parce que la tendance des corps denses et compacts à s'unir avec la terre, qui est comme leur tout, doit devenir plus foible à une certaine distance du globe ; et dans le second cas, parce que le corps étant placé à une certaine profondeur au-dessous de la surface, cette même tendance a déja, en partie, obtenu son effet (1). Mais,

---

(1) Il est aisé de démontrer qu'un corps placé dans l'intérieur de la terre, n'est plus attiré par la totalité de la masse du globe ; mais seulement par la sphère qui se trouve encore au-dessous de lui ; les attractions de toutes les autres parties du globe (dont les masses, prises ensemble, sont égales à la totalité de celle du globe, moins celle de cette sphère inférieure dont nous venons de parler) se balançant et se compensant parfaitement. Si donc la pesanteur d'un corps diminue dans l'intérieur de la terre, ce n'est pas parce que sa tendance vers la masse totale des graves a déja obtenu en partie

quant à ce mouvement vers un certain *point*, vers un certain *lieu* (savoir : le centre du globe), qu'ont supposé les anciens, c'est une opinion tout-à-fait dénuée de fondement.

———————————————

son effet; mais parce que certaines parties du globe attirant ce corps d'un côté, tandis que d'autres parties l'attirent de l'autre, sa détermination vers le centre est en partie détruite par sa détermination vers un autre point; et on démontre aisément que sa pesanteur est alors *en raison directe simple de ses distances au centre*. Car, puisqu'il n'est plus attiré que par la sphère qui est au-dessous de lui, l'attraction étant *en raison composée de la directe des masses et de l'inverse des quarrés des distances au centre*, si on le suppose, par exemple, deux fois plus près de ce centre, comme alors la sphère qui reste au-dessous de lui, est huit fois plus petite, il est, *par la loi des masses, huit fois moins attiré* qu'auparavant, et par *la loi des distances*, il l'est *quatre fois plus*; il l'est donc seulement *deux fois moins* : son attraction ou sa pesanteur est donc en raison inverse simple de sa proximité du centre, ou, ce qui est la même chose, *en raison directe* simple de sa distance à ce centre.

Expérience sur la diminution de volume, résultant du mélange de certains fluides avec certains solides.

34. Il est assez étonnant que les anciens, qui adoptoient si aisément des résultats d'expérience sur la foi d'autrui, aient osé établir, sur une telle base, des opinions de la plus grande importance. Par exemple, il est parmi eux tel auteur, très digne de foi, dans tout autre cas, qui soutient hardiment qu'un vaisseau rempli de cendres peut encore recevoir autant d'eau que s'il étoit entièrement vuide; ce qui est absolument faux : la vérité est que la quantité d'eau dont les cendres peuvent s'imbiber, dans le premier cas, n'égale pas la cinquième partie de celle que le vaisseau pourroit contenir, s'il étoit vuide. Or, cette différence (1), je dis qu'elle dépend du volume

---

(1) Il y a ici une équivoque ; car il ne dit pas à quoi se rapporte cette différence dont il parle. S'agit-il de la différence entre le résultat des anciens

des cendres qui peuvent être plus ou moins resserrées par le fluide avec lequel elles se trouvent mêlées. Car, de même que les cendres seules et non mêlées avec un fluide quelconque, occuperoient moins d'espace, si on les compri-

---

et le résultat des modernes, ou de la différence qu'on observe entre la somme du volume de l'eau et de celui des cendres, lorsqu'elles sont séparées, et le volume total qu'elles ont, lorsqu'elles sont mêlées ensemble? Il paroît que le vrai sens est le dernier. Car, puisqu'il dit que le *résultat* supposé par les *anciens* est absolument *faux*, dès-lors il ne comporte plus de *comparaison* avec celui des modernes qu'il suppose *vrai*; et il est clair qu'il veut dire que le volume des cendres est plus diminué, lorsqu'elles se trouvent mêlées avec de l'eau dans le même vaisseau, que lorsqu'elles y sont mêlées avec de l'air, et que cette cinquième partie que reçoit le vase, il la reçoit parce que les cendres resserrées par l'eau ont perdu la cinquième partie de leur volume; mais il nous paroît se tromper lui-même; et, selon toute apparence, cette cinquième partie est la quantité d'eau qui peut se loger dans les vuides ou interstices que les petites parties de la cendre laissent entr'elles.

moit; de même aussi, lorsqu'elles sont mêlées avec de l'eau, elles occupent moins d'espace que lorsqu'elles sont mêlées avec de l'air (1). Mais je ne me suis pas encore assuré si l'eau elle-même, mêlée avec de la cendre ou de la poussière, se resserre dans un moindre espace, et perd une partie de son volume.

Expérience tendant à rendre les vignes d'un plus grand rapport.

35. Des relations non suspectes nous apprennent que si l'on met autour des racines de la vigne une grande quantité de pepins de raisin, elle pousse plus vîte et rapporte davantage. On pourroit varier cette expérience, en appliquant des pepins ou grains, d'un autre genre, aux racines de leurs plantes respectives; par exemple, appliquer des pepins de figues aux racines d'un figuier; des pepins de pomme, aux racines d'un pommier, etc.

_____

(1) Car l'eau, fluide plus dense et plus pesant, les comprime davantage.

Pour rendre raison de l'effet qu'on leur attribue, on pourroit dire que ces pepins ou grains tirent de la terre les sucs propres pour nourrir l'arbre; ce qui est d'autant plus vraisemblable, que ces grains ou pepins, quoique sans racines, deviendroient eux-mêmes des arbres avec le temps. Mais ces racines ayant plus de force, et attirant tout le suc alimentaire, se l'approprient et se l'assimilent, après l'avoir attiré; à peu près comme les grands poissons dévorent les petits (1).

---

(1) Mais alors à quoi servent ces grains ou ces pepins? Pour les faire servir à quelque chose, il faut dire que les grains ou pepins, réunis avec les racines, attirent les sucs en plus grande quantité que ne le feroient les racines seules, et qu'ensuite celles-ci s'approprient le tout: ou que ces pepins fermentant sur les racines y occasionnent une espèce d'*irritation* qui augmente leur force attractive, leur succion; ou enfin, que ces pepins eux-mêmes fournissent aux racines un nouveau suc alimentaire; ou, etc.

Diverses observations ou expériences sur les médicamens purgatifs.

36. L'action des purgatifs et ses causes ont été jusqu'ici regardées comme des secrets, comme des mystères de la nature ; et c'est dans cet esprit que l'ignorance paresseuse a attribué leurs effets à des *propriétés occultes*, à des *vertus spécifiques*, à une *quatrième classe* de *qualités* (1); genre d'explication qu'on n'a imaginé que pour voiler cette ignorance même. Cependant, les causes de cette action des purgatifs sont toutes sensibles, faciles à voir, et très bien établies par l'observation et l'expérience.

---

(1) Les médecins de l'antiquité, et quelques modernes, à leur exemple, divisoient les forces ou qualités générales des médicamens en quatre classes; savoir : en *élémentaires, matérielles, singulières* ou *spécifiques*, et *substantielles* ou *inexplicables*, et connues par la seule expérience : il s'agit ici de ces dernières. Boërrhave, dans son traité *de viribus medicis*, a prouvé l'insuffisance de cette division.

La première est celle-ci : tout ce qui *ne peut être digéré* et converti en aliment par l'estomac, ce viscère le *repousse* et s'en débarrasse, soit par le *vomissement*, soit en le *précipitant* par les *intestins*; ce mouvement *expulsif* de l'*estomac* et des intestins provoquant à l'expulsion (par une *corrélation harmonique* (1), les autres parties du corps, telles que les orifices des veines et autres semblables. Car rien n'est plus ordinaire, plus fréquent, dans le corps humain, que ces corrélations et ces affections ainsi communiquées. Or, l'estomac peut être

---

(1) Par ces mots de *corrélation harmonique*, qu'on retrouvera souvent dans la suite de cette collection, il faut entendre une *communauté d'affections ou de mouvemens* entre certaines parties, résultante de la communication et de l'action réciproque de ces parties, par le moyen des nerfs, des vaisseaux sanguins, lymphatiques, etc. Ces corrélations peuvent avoir deux causes ; car des parties peuvent ou *être affectées en commun par une même cause*, ou *agir réciproquement les unes sur les autres*.

surchargé par deux causes différentes ; savoir : par la *qualité* ou par la *quantité* des alimens. La *qualité* est susceptible de *trois différences* : c'est ou une excessive *amertume*, comme dans l'*aloës* et la *coloquinte* ; ou une *saveur nauséabonde*, comme celle de l'*agaric*, de l'*ellébore noir*, *etc*. ou enfin c'est une certaine *qualité maligne* et pernicieuse au corps humain, laquelle ne se manifeste par aucune saveur particulière, comme dans la *scammonée*, le *méchoacan*, *l'antimoine*, *etc*. Or, il faut observer que tout médicament où ne se manifeste point l'une ou l'autre des deux premières qualités, est, par cela seul, suspect de qualité *vénéneuse* ; car alors il opère, ou par une sorte de *corrosion*, ou par une *secrète malignité*, et en vertu d'une certaine *antipathie*, ou opposition avec la *nature* (1). Aussi doit-on prendre

---

(1) Par ce mot de *nature*, il entend le principe vital, la puissance physique qui anime le corps humain ; c'est-à-dire, qu'il attache à ce mot la

certaines précautions, soit en préparant les médicamens de cette espèce, soit en en faisant usage. Certains *alimens pris en grande quantité* occasionnent une sorte de *purgation;* comme on l'éprouve lorsqu'on boit trop de lait récemment trait: il est aussi des alimens solides qui, pris sans discrétion, produisent le même effet; et même des alimens quelconques de l'une ou de l'autre espèce, pris en trop grande quantité ou avec trop d'avidité, deviennent un *vrai purgatif*, qui opère tant par haut que par bas (1). Aussi voyons-nous

―――――――――――――――

même signification qu'*Hippocrate*, *Galien* et leurs disciples.

(1) Hippocrate conseille même de se purger ainsi de temps en temps, en prenant une quantité un peu excessive d'alimens pour lesquels on ait de la répugnance; ce qui prévient la plénitude, et dispense de faire ensuite usage des purgatifs proprement dits, qui ont trop d'action sur les organes. Mais un purgatif encore meilleur, c'est le moyen opposé, je veux dire, la *diète*, le *jeûne* même poussé un peu loin, qui est, pour ainsi dire, le *balai de l'estomac, de tout le canal intestinal*,

qu'en général l'effet des purgatifs n'a lieu qu'environ deux ou trois heures après qu'on les a pris, parce que l'estomac tente d'abord de les digérer; on éprouve quelque chose de semblable, lorsque l'estomac est surchargé, ou lorsqu'on a bu du lait en trop grande quantité (1); l'estomac, après avoir aussi tenté de digérer ces alimens, les rejette par bas.

37. La seconde cause est l'action de toute substance *âcre* et *mordicante* qui *agace* les orifices des vaisseaux, et principalement ceux des veines mésaraïques. Par exemple, il est constant qu'un sel, ou telle autre substance de même nature agaçante et mordicante, insérée dans l'a-

---

de tout le corps humain, de tout l'homme, physique et moral; ce qu'il ne faut entendre que de la *diète appliquée à propos et modérée*. Dans une des notes suivantes, nous entrerons dans de plus grands détails sur ce sujet.

(1) Ou en buvant deux ou trois verres d'eau froide une heure et demie ou deux heures après le dîner ou le souper; ce qui occasionne une demi-indigestion.

nus, provoque cette partie à l'expulsion; que la moutarde excite l'éternuement, etc. que toute substance qui, par son acrimonie, irrite l'organe de la vue, tire les larmes. Aussi voit-on que tous les purgatifs doivent leur effet à une certaine *irritation*, outre le tiraillement occasionné par les flatuosités. Or, l'effet de cette *irritation*, lorsqu'elle est portée au plus haut degré, ne vaut guère mieux que cette *corrosion*, qui est l'effet des substances vénéneuses; et c'est ce qu'on éprouve quelquefois lorsqu'on fait usage de l'*antimoine*, sur-tout quand on l'administre à des sujets dont le corps n'est pas rempli d'humeurs; car, lorsque les humeurs abondent, elles garantissent les parties (1).

38. La troisième cause est l'*attraction*;

---

(1) Parce qu'alors les parties attaquées par le médicament sont moins à nud, et qu'alors le médicament agit plus sur les fluides visqueux qui revêtent ces parties, que sur ces parties mêmes. C'est une sorte de *tapisserie qui garantit la muraille.*

car nous ne doutons nullement que certains médicamens ne recèlent une certaine *force attractive*, proprement dite, et *directe*. De ce genre sont, en chirurgie, les emplâtres attractifs. On sait aussi que la *sauge* et la *bétoine*, pilées, la *poudre sternutatoire*, et ces autres poudres ou liqueurs que les médecins qualifioient autrefois d'*errines*, prises par les narines, provoquent l'évacuation de la pituite et l'extraction des humeurs de la tête. C'est ce que prouve également l'effet des apophlegmatismes et des gargarismes, qui font évacuer par la bouche les humeurs catarreuses (1). Et telle est

---

(1) Ce qui semble prouver que certains médicamens ou alimens agissent sur les humeurs par une sorte d'attraction, effet de l'analogie de substance, c'est que tel aliment ou médicament, qui a peu d'action, tire telle humeur, par exemple, la *pituite*, plus vite et en plus grande quantité que tel autre aliment ou médicament qui, à tout autre égard, a plus d'action, et qui tire aussi cette espèce d'humeur.

sans doute la véritable cause en vertu de laquelle, suivant l'opinion commune, tel médicament tire telle humeur, et tel autre, une autre; par exemple, la rhubarbe tire la bile jaune; les feuilles de séné, la bile noire; l'agaric, la pituite, etc. Cependant, tous attirent ces humeurs indistinctement; les uns plus, les autres moins. Remarquez aussi qu'outre cette espèce de sympathie (d'affinité, d'analogie), entre le purgatif et l'humeur qu'il attire, il est encore une autre cause en vertu de laquelle chaque médicament attire l'humeur qui lui est propre et analogue, plutôt que toute autre. Cette cause est que, parmi les médicamens, les uns opèrent plus vîte que les autres, et que ceux dont l'action est plus prompte, ne tirent que les humeurs les plus ténues et les plus fluides; au lieu que ceux qui opèrent plus lentement, exercent leur action sur les humeurs plus visqueuses et plus ténaces. Ainsi, quand on fait usage *de la rhubarbe*, et d'autres substances de ce genre, ce ne doit être qu'avec certaines précautions; je veux dire, en ayant égard à la manière dont on les emploie; il no faut pas les employer seules et sans mélange d'autres substances, ou trop fréquemment. Car ces substances emportent d'abord la partie la plus ténue de l'humeur, en laissant derrière la partie la plus épaisse et la plus réfractaire. On en peut dire à peu près autant de l'absynthe, de ce remède si vanté.

39. La quatrième cause est la *flatuosité* des purgatifs. Car les substances ou les moyens qui excitent des flatuosités, provoquent l'expulsion. Et l'on s'est assuré par l'expérience que tous les purgatifs contiennent un certain *esprit crud et flatueux*, qui est la principale cause de ces tranchées qu'ils occasionnent dans le ventre et l'abdomen. Voilà pourquoi la plupart de ces substances, mises en décoction, perdent une partie de leur qualité purgative; et c'est par cette même raison qu'on les administre le plus ordinairement, ou après les avoir fait sim-

plement infuser, ou dans un bouillon, ou en poudre (1).

La cinquième cause est la *compression*, qui a lieu par un effet assez semblable à celui d'une *éponge* dont on exprime l'eau. C'est ainsi que l'*eau froide* occasionne un *cours de ventre*, par l'effet de la *contraction de la peau* (2) et des parties extérieures. C'est à peu près de la même manière que le *froid* occa-

---

(1) En Amérique, les médecins recommandent de prendre la rhubarbe en poudre, dans les deux ou trois premières cuillerées de soupe qu'on avale; non pour se purger, mais pour donner un peu plus d'action à l'estomac et aux intestins, dans un pays où toute la machine est excessivement paresseuse; la dose alors doit être petite.

(2) Ce qui répercute cette eau vers le canal intestinal; ainsi, pour humecter le ventre durant l'été, saison où il est trop sec, lorsqu'il n'est pas noyé par la bile, il faut boire de l'eau fraîche, et se promener ensuite fort lentement à l'ombre, pour la maintenir dans l'estomac et les intestins; sans quoi, repompée par les vaisseaux absorbans, elle sera déterminée à la peau e tse tournera en sueurs.

sionne des *catharres*, des *rhumes* ou des *fluxions*; et que certains emplâtres *astringens expriment* la matière purulente. Il est plusieurs médicamens doués de ce genre d'action; et c'est à cette action que les myrobolans et la peau des pêches doivent leurs effets. Car ce genre d'action dont nous parlons, exige une certaine *astriction*, mais une astriction *désagréable*; l'effet d'une astriction agréable étant plutôt de coaguler et de retenir les humeurs, que de les expulser. Aussi cette espèce d'astriction que nous avons en vue, se manifeste-t-elle dans les substances d'une saveur *âpre* ou *acerbe* (1).

La sixième cause est la *lubrifaction* et le *relâchement* (2), comme on le voit

---

(1) Par exemple, dans la pulpe de certains fruits trop verds: le lecteur observera qu'en fait d'expressions pour désigner les différences et les nuances des saveurs, des odeurs, et même des sons, notre langue est extrêmement pauvre.

(2) Il confond ici deux choses très différentes; car autre est l'action qui *relâche la fibre*, autre

par l'effet des *émolliens*, tels que le *lait*, le *miel*, la *mauve*, la *laitue*, la *pariétaire*, etc. Le *froid* a aussi une force secrette, en vertu de laquelle il *relâche*. Au lieu que la chaleur resserre les solides et les fluides (1) relâchés par le froid, comme on peut l'observer dans l'urine, le sang, les jus de viande et autres semblables liquides, toutes substances qui, en se refroidissant, se dissolvent; c'est

celle qui *lubrifie* les parois des vaisseaux, et les rend plus glissantes : certainement le froid ne lubrifie pas.

(1) Ce qu'il dit ici ne doit s'entendre que de *certains degrés* de froid et de chaleur; car toute l'habitude du corps est plus roide durant l'hiver que durant l'été, et dans la vieillesse que dans la jeunesse. L'effet propre du froid est de rapprocher les parties, soit des solides, soit des fluides, d'augmenter leur densité, leur solidité, et par conséquent, leur roideur. L'effet propre et direct de la chaleur est d'écarter les unes des autres les parties des solides et des fluides, et par conséquent de relâcher les assemblages; elle ne coagule et ne roidit que médiatement.

par une action de cette espèce que la *crainte lâche le ventre;* car alors la chaleur se réfugiant vers le cœur, et se concentrant dans cette partie, fait ainsi que les intestins et les autres parties qu'elle abandonne, se relâchent. C'est encore ainsi que la crainte occasionne un tremblement dans les nerfs(1). Or, dans cette classe de purgatifs, il faut ranger également les médicamens *mercuriels*.

La septième cause est l'*abstersion*, qui n'est autre chose qu'une *dépuration*, ou une espèce d'*incision* (de *division*) des humeurs les plus visqueuses et les plus ténaces; ce qui les rend plus fluides : l'effet propre de ce genre d'action est de séparer les matières d'avec les parties qui en étoient revêtues, de les en détacher; effet dont on voit un exemple dans celui de l'eau de nitre qui blanchit les toiles, et qui, en en balayant, pour ainsi dire, les ordures, leur donne de l'éclat. Or, cette action *incisive* a nécessairement

---

(1) Dans les muscles et les tendons.

pour cause une acrimonie sans *astriction*; propriété que nous observons dans le sel, l'absynthe, l'oxymèle et autres substances de cette nature.

43. Il est des médicamens qui provoquent les *selles* et non les *urines*; et d'autres qui provoquent les *urines* et non les *selles*. Ceux qui évacuent par les selles, sont de telle nature qu'ils n'entrent point ou presque point dans les veines mésentériques; ou encore certaines parties de ces substances n'ayant pu être digérées par l'action de l'estomac, elles se portent immédiatement dans les intestins, et provoquent ainsi l'évacuation par bas : ou bien, après un commencement de digestion, elles sont ensuite rejetées par les veines mésentériques, et reviennent ainsi aux intestins. Or, la plupart des médicamens sont de l'une ou de l'autre de ces deux espèces. Mais ceux qui provoquent les urines, sont de nature à être aisément digérés par l'estomac, et à être reçus par les veines mésentériques; enfin, ils parviennent jus-

qu'au foie, qui transmet à la vessie les urines, qui sont, en quelque manière, la sérosité du sang. Ces médicamens apéritifs et pénétrans renforcent l'opération de la rate, lorsqu'elle détermine vers le bas les parties séreuses du sang, et les pousse vers les reins. Or, les médicamens qui provoquent les urines, n'opèrent point par rejection ou par indigestion, comme ceux qui lâchent le ventre et provoquent les selles.

44. Il est différentes espèces de médicamens, qui, pris en grande quantité, provoquent les selles, et, pris à petite dose, provoquent les urines; il en est d'autres, au contraire, qui, pris à grande dose, provoquent les urines, et, pris à petite dose, provoquent les selles (1). Du premier genre sont la rhubarbe et quel-

---

(1) Toutes choses égales, la quantité des selles et la quantité des urines sont naturellement en raison inverse l'une de l'autre; et il en est de même de toutes les excrétions; ce qui passe par un *émonctoire* étant perdu pour les autres.

ques autres substances analogues. La cause de ces différences est que la rhubarbe, lorsqu'elle n'est prise qu'en petite quantité, est digérée par l'estomac (cette substance n'étant ni flatueuse ni d'une saveur rebutante), puis l'estomac la transmet aux veines mésentériques ; et alors, par sa qualité apéritive, elle facilite la détermination de l'urine vers le bas. Mais, lorsqu'elle est prise en plus grande quantité, l'estomac ne la digère plus, et alors elle passe immédiatement aux intestins. Le poivre, comme l'ont observé quelques anciens, est de la seconde espèce ; pris en petite quantité, il excite des flatuosités dans l'estomac, et en conséquence provoque l'expulsion par les selles ; mais, pris en plus grande quantité, il dissipe ces flatuosités ; puis il se porte jusqu'aux veines mésentériques, d'où il passe au foie et aux reins ; où, en échauffant et en dilatant les couloirs, il détermine par bas l'urine en très grande quantité.

Expériences diverses concernant les alimens les plus nutritifs, soit solides, soit liquides.

45. Dans l'article précédent nous avons traité de l'*évacuation* du corps, parlons actuellement de sa *réplétion* par le moyen des *restaurans*, dans la *consomption* et les maladies *amaigrissantes*. Parmi les *végétaux*, il en est qui l'emportent sur tous les autres par leur faculté *nutritive*. Par exemple, les *graines* et les *racines* ont plus de substance *nutritive* que les *feuilles*. C'est sans doute cette raison qui a déterminé le *pape* à séculariser l'ordre des *feuillans*; il a jugé que les *feuilles* n'étoient pas, pour le corps humain, une nourriture suffisante. Mais la chair des animaux est-elle susceptible des mêmes différences? c'est ce qu'on n'a pas encore suffisamment vérifié. On peut demander, par exemple, s'il est vrai que le *foie* et les autres *viscères* sont plus *nourrissans* que les *parties extérieures*; je n'ignore pas que, chez les Romains, le

foie de l'oie étoit regardé comme un mets délicat, et qu'ils avoient même emprunté de la médecine des méthodes pour s'en procurer de plus grands et d'une saveur plus exquise; mais cette partie de l'animal est-elle plus nourrissante? C'est un point qui n'a pas encore été éclairci. Il est constant que la *moële* a plus de *substance alimentaire* que la *graisse*; et je conçois qu'une décoction d'os et de nerfs, pilés et ensuite bien passés, fourniroit un bouillon très nourrissant. Car le *scoth-schink*, mets très succulent, et composé de pieds et de nerfs de bœufs qui ont subi une longue coction, est éminemment nutritif; il en est de même de cette gelée qu'on fait avec des jarrets de veau, et qu'on emploie comme restaurant. Cette pulpe qu'on trouve dans le corps des crabes et des écrevisses, étant assaisonnée avec du beurre et des épices, est aussi plus nourrissante que cette substance qu'on trouve dans les pattes. Enfin, le jaune d'œuf nourrit plus que le blanc. Ensorte que les parties intérieures des animaux paroissent plus nourrissantes que la chair extérieure ; si l'on en excepte la cervelle, partie sur laquelle l'esprit agit trop fréquemment, pour y laisser beaucoup de substance alimentaire. On pourra employer, à titre de restaurant, pour les vieillards ou les personnes excessivement maigres, les substances dont nous venons de parler, et dont la nature a beaucoup d'affinité avec celle du chyle, même avant qu'elles soient dans l'estomac.

46. Prenez deux grands chapons; faites-les cuire à un feu doux pendant une demi-heure au plus, et seulement jusqu'à ce que le sang soit absorbé. Ajoutez à cette décoction une écorce de limon doux et une écorce de citron presque entière, avec un peu de macis. Coupez les pattes et jetez-les. Ensuite hachez fort menu, avec un couteau, les deux chapons, y compris les os ; et à peu près comme on s'y prend ordinairement pour faire un hachis. Mettez le tout sur un grand tamis bien net. Prenez un barril de gran-

deur convenable pour contenir aisément quatre gallons (quinze à seize pintes de Paris) de bière nouvelle et forte que vous y mettrez. Faites à ce vaisseau une ouverture de grandeur suffisante, et ajustez-y le crible où est le hachis de chapon, que vous étendrez en longueur. Faites-le ainsi macérer pendant trois jours et trois nuits, en laissant débouchée l'ouverture du barril, pour faciliter l'opération. Puis bouchez-le et laissez-le en cet état pendant un jour et demi. Enfin, mettez en bouteille cette liqueur; le troisième jour elle sera bonne à boire, et le sera pendant six semaines, comme on s'en est assuré par l'expérience; elle sera forte et mousseuse; elle aura même du bouquet, et il ne paroîtra pas qu'elle soit nouvellement faite. Cette boisson, ou seule, ou mêlée avec d'autre bière, est excellente pour les personnes attaquées de consomption : elle étanche la soif et ne donne point de vents. Il est difficile de se persuader que du pain, ou tout autre aliment solide, trempé dans du bouillon ou quelque autre boisson, comme on le fait ordinairement, puisse être aussi atténué, s'insinuer aussi promptement dans les vaisseaux absorbans, et passer aussi aisément jusqu'aux extrémités du corps, qu'après avoir été incorporé de cette manière, et converti en une espèce de chyle.

47. On pourroit aussi faire l'essai de bouillons ou de boissons mélangées de cette espèce, mais où l'on mettroit des patades ou autres plantes bulbeuses, ou des racines de bardane, ou des culs d'artichaut. On pourroit de même substituer aux chapons des cochons de lait, des faisans, des perdrix, et en général de la venaison, pourvu qu'elle fût tendre.

48. On pourroit encore faire un *coulis* avec de la chair de chapons, pilée et bien passée au tamis, en y mêlant, lorsqu'il seroit fait, au moins parties égales de beurre d'amandes douces; ce genre d'alimens est singulièrement propre pour nourrir les sujets foibles; et on le préfère à ce qu'on appelle *blanc-manger*,

ou à la gelée de viande. On en peut dire autant des entrailles de coqs, bien cuites et assaisonnées aussi avec le beurre d'amandes douces. Car les entrailles et les coulis ayant par eux-mêmes plus de saveur et de force que les autres substances alimentaires, ne seroient pas très propres pour la nourriture des sujets foibles; mais les amandes douces, qui ont beaucoup moins de saveur que la chair, lui communiquent une excellente qualité.

49. Il n'est pas douteux que le *maïs* ou *bled d'Inde* (de Turquie) renferme un esprit éminemment alimentaire; mais il faut qu'il soit bien cuit, et réduit à l'état de crême, à peu près comme on prépare la *crême d'orge*. J'en dirai autant du riz, dont on fait la crême connue sous ce nom même. Car en Turquie, et dans toutes les autres contrées orientales, le riz est la nourriture la plus commune (1). Mais il faut qu'il soit bien

---

(1) Aliment très supérieur au pain, quoi qu'en disent la plupart des Européens, qui manquent d'expérience à cet égard.

cuit, vu sa dureté naturelle, et par la raison aussi que, sans cette condition, il constipe.

50. Les *pistaches* (pourvu qu'elles soient de bonne qualité, et ne soient point rances), mêlées avec le lait d'amandes douces, ou même seules, et réduites en une espèce de lait semblable à celui d'amandes, mais ayant plus de verdeur, sont un aliment excellent; et, pour le rendre encore meilleur, il faut y ajouter un peu de gingembre pilé, car il ne laisse pas d'exciter quelques petites flatuosités.

51. On s'est assuré que le lait récemment trait est doué d'une grande force nutritive; ainsi, c'est un excellent préservatif ou remède contre l'excessif amaigrissement. Mais il faut mettre au-dessus du vaisseau, tandis qu'on trait la vache, deux sachets, l'un rempli de menthe, l'autre de roses rouges réduites en poudre; deux substances qui empêchent, jusqu'à un certain point, le lait de se coaguler dans l'estomac : ajoutez-y en-

core du sucre dans la même vue, et pour lui donner une saveur plus agréable. Mais il n'en faut boire que la quantité suffisante, de peur qu'il ne séjourne trop long-temps dans l'estomac, et ne s'y coagule. Mettez le vaisseau qui contient le lait dans un autre vaisseau rempli d'eau chaude, afin de le boire chaud. Je regarde le lait de vache ainsi préparé, comme préférable au lait d'ânesse, qui, à la vérité, ne tourne pas si aisément, mais qui a une légère acidité. Le lait de jument est un remède plus efficace à l'acrimonie des urines et à l'ulcération de la vessie, que celui d'ânesse ou de vache, et que toute espèce d'adoucissans. On recommande aussi, pour cette maladie, le lait de femme, lorsqu'on ne peut s'en procurer d'autres. Mais je ne le regarde point comme un bon aliment, parce qu'il a trop d'analogie avec les humeurs du corps humain; si l'on en excepte toutefois les enfans, dont il est l'aliment naturel.

52. L'huile d'amandes douces, récem-

ment extraite, où l'on a mis un peu de sucre et d'épices, et répandue sur un morceau de pain rôti, est un bon aliment. Mais, pour empêcher que cette huile ne se rancisse dans l'estomac, il faut boire ensuite de la bière en certaine quantité; et, de peur qu'elle ne relâche trop l'estomac, y mêler un peu de canelle en poudre.

53. Les jaunes d'œufs ont tant d'analogie naturelle avec la substance qui doit alimenter, et une telle faculté nutritive, qu'ils n'ont besoin d'aucune préparation, et qu'il est inutile d'y rien ajouter, lorsqu'on mange ces œufs ou pochés ou à la coque (1). On peut aussi se nourrir d'œufs cruds; mais il faut les manger frais, et y joindre de la malvoisie fort douce. Le mieux seroit d'y ajouter quelques segmens orbiculaires d'orange, et un peu d'ambre gris. Par ce moyen, ou-

---

(1) C'est un aliment dont le fréquent usage est très nuisible; il constipe, et par conséquent détermine le sang à la tête.

tre la faculté nutritive qu'ils ont par eux-mêmes, une telle boisson sera fortifiante, et elle diminuera la quantité des urines, car des urines trop fréquentes nuisent beaucoup à l'alimentation (1).

54. Le soin de piler ou de hacher la viande et autres alimens (comme on a coutume de le pratiquer pour faire ce qu'on appelle un hachis, ou la fourniture d'un pâté), et d'y ajouter du beurre, épargne de l'ouvrage aux dents, et dispense de la mastication (2). Ainsi, il n'est pas douteux que, par ce genre de pré-

---

(1) Sans doute; mais la bière dont il conseille si souvent l'usage, occasionne ces urines fréquentes, et cependant l'expérience prouve qu'elle est nutritive.

(2) Tant pis; car la salive que cette mastication mêle aux alimens, est un des principaux agens de la digestion; c'est un savon qui *blanchit notre linge sale;* et il vaut mieux s'accoutumer à mâcher avec les gencives, comme les sujets auxquels il manque beaucoup de dents, le font naturellement. D'ailleurs, l'on sait que les *hachis* sont un aliment d'assez difficile digestion.

paration, ces substances ne deviennent plus nutritives, sur-tout pour les vieillards, et en général, pour tous les individus qui n'ont plus assez de dents, ou les dents assez fermes. Or, le beurre n'est pas très convenable aux estomacs foibles, à moins qu'on ne l'humecte avec un peu de vin clairet, en y joignant des écorces de citron et d'orange coupées par tranches fort petites, avec du sucre et un peu de canelle ou de muscade. Quant aux hachis, on doit les ranger dans cette classe d'alimens dont nous parlons ; mais au lieu de les assaisonner avec le beurre ou la graisse, il vaudroit mieux employer en partie pour assaisonnement la crême d'amandes douces, ou le lait de pistaches, ou encore la crême d'orge, ou enfin celle de maïs, en y ajoutant un peu de semence de coriandre et de carvi, avec une très petite quantité de safran. Nous nous proposons de donner dans la suite sur ce même sujet ; savoir : sur le choix et la préparation des alimens, un traité ex-professo que nous placerons dans le lieu convenable.

Nous avons jusqu'ici traité en détail des moyens de se procurer des alimens de la meilleure qualité, faciles à trouver et très substanciels; actuellement nous allons parler des méthodes à observer pour dériver les sucs nourriciers, et les conduire de manière à nourrir les parties autant qu'il est possible, et à convertir cette substance alimentaire en sa propre substance.

55. Le premier moyen c'est d'empêcher que la substance alimentaire *ne se dissipe* et *ne soit dérobée;* but auquel s'applique naturellement une observation que nous avons déja faite; savoir : qu'il faut empêcher, autant qu'il est possible, que les reins ne tirent à eux avec trop de force, et n'évacuent sous forme d'urine, une trop grande portion du sang. A quoi il faut ajouter ce précepte d'*Aristote*, qui défend l'usage du vin, dans toute espèce d'état qui tient de la comsomption; parce que les esprits de cette liqueur se mêlant aux esprits animaux, dérobent les sucs onctueux du corps, et

frustrent ainsi ses parties de la substance qu'elles ont déja ou qu'elles auroient attirée. Ainsi, lorsqu'on permet l'usage du vin dans ce genre de consomption qui a pour cause la foiblesse de l'estomac, on ne doit l'administrer qu'après l'avoir brûlé (chauffé), pour en faire évaporer les esprits les plus mobiles et les plus actifs : ou il faut du moins les éteindre à l'aide de deux petites masses d'or, en réitérant jusqu'à sept fois l'opération (1).

Il faut, par surcroît de précaution, empêcher que la substance alimentaire ne se dissipe trop par les sueurs ou la transpiration insensible. C'est pourquoi, si le malade est trop disposé à suer, on tâchera de diminuer quelque peu cette disposition. Mais on doit sur-tout s'attacher à certain précepte d'Hippocrate, diamétralement opposé à la méthode

---

(1) Je crois qu'il vaudroit encore mieux y mettre un peu de sucre; remède qui ne seroit pas si magnifique, mais plus sûr et mieux éprouvé.

qu'on suit ordinairement. Il veut que, durant l'hiver, les vêtemens qui sont en contact immédiat avec le corps, soient toujours secs, et que, dans cette saison, on en change souvent; mais qu'au contraire, durant l'été, on en change rarement, et qu'on les imbibe d'huile (1). Car il n'est pas douteux que toute substance grasse ne bouche quelque peu les pores

---

(1) Comme les inconvéniens de la suppression des sueurs sont infiniment plus grands que ceux des sueurs excessives, un tel régime, au premier coup d'œil, paroît fort dangereux, et semble ne convenir qu'à des hommes très robustes et adonnés à des exercices très violens, comme les anciens Grecs auxquels Hippocrate le prescrivoit; mais, d'un autre côté, plus on sue, et plus la peau reste à nud, plus aussi on est exposé à une suppression de sueurs et à ses inconvéniens. D'ailleurs, il se peut que la suppression des sueurs ne soit très nuisible que lorsqu'elle est occasionnée par le froid qui les répercute et les détermine à l'intérieur. Ainsi il se peut que l'huile et la substance graisseuse des vêtemens sales forment une espèce de cuirasse qui ait le double avantage de prévenir les sueurs excessives, et d'en empêcher la répercussion.

de la peau, et n'empêche, jusqu'à un certain point, de suer. Mais, afin de se tenir propre, en pourvoyant à sa santé, il vaut mieux se contenter d'imbiber légèrement d'huile d'amandes douces le linge qui touche à la peau, et en changer aussi souvent qu'il est nécessaire.

56. Le second moyen est de *transmettre, avec plus de force, l'aliment* aux parties à nourrir; et, dans cette vue, de s'attacher à renforcer l'*action concoctrice* de l'estomac; mais comme les substances qui le fortifient le plus sont le vin et autres échauffans, ce qui nuiroit ici, il vaut mieux recourir aux *topiques* appliqués sur cette partie. Or, on s'est assuré par l'expérience, que tous les sachets imaginables, remplis de roses, de substances aromatiques, de mastic, d'absynthe, de menthe, etc. ne valent pas une simple mie de pain frais, un peu pêtrie, figurée en gâteau, et arrosée d'un peu de vin sec, ou de vin d'Espagne; mais il faut donner à cette mie de pain le temps de sécher; et après l'avoir un peu grillée,

l'envelopper dans un mouchoir bien net, enfin, l'appliquer sur l'estomac. Car il est constant que toute espèce de fleur sèche est un si puissant astringent, que si l'on met dessus un morceau de viande ou une fleur fraîche, elle dessèche et durcit l'un et l'autre.

57. Le troisième moyen, qui n'est qu'une suite, qu'une branche du précédent, c'est le *sommeil*, considéré comme pouvant faciliter et perfectionner la digestion. Nous voyons en effet que les *ours*, et autres animaux de cette classe, qui dorment durant presque tout l'hiver, engraissent considérablement dans cette saison-là (1). Et il est vrai, comme le dit un proverbe, que le *sommeil nourrit beaucoup;* soit parce que, durant le sommeil, les esprits consument moins la substance alimentaire; soit encore (et c'est

---

(1) Ils engraissent, parce que, durant ce prétendu sommeil, ils mangent des hommes ou autre chose. Les relations les plus sûres combattent son assertion.

ici le point essentiel) parce que le sommeil provoque et facilite la distribution des sucs alimentaires dans les différentes parties. Aussi, dans les vieillards et dans les sujets foibles, chez qui la bile n'est pas fort abondante, un court sommeil après le dîner est-il favorable à la nutrition (1). Car, dans les sujets foibles, on n'a pas lieu de craindre une digestion trop prompte; l'unique inconvénient qui pourroit résulter de ce sommeil, pris après le dîner (2). De même le matin, un léger sommeil, après avoir pris quelque aliment de facile digestion, comme du lait de vache, un bouillon substantiel, etc. accélère la digestion. Mais alors

---

(1) C'est un usage universel en Italie, en Espagne et dans toute la partie méridionale de l'Asie : il paroît que ce sommeil est nécessaire, puisque la nature y invite ; mais il faut que l'endroit où l'on dort soit frais et peu éclairé ; autrement le sommeil seroit nuisible.

(2) Pour prévenir la pesanteur qu'il occasionne, il faut, quand on le peut, prendre du café un peu foible presque immédiatement après.

il faut dormir le corps droit, afin que le lait ou le bouillon puisse descendre plus vite au fond de l'estomac (1).

---

(1) Un régime encore plus salutaire, c'est de ne faire, dans le cours de la journée, que deux repas très légers, et de réserver le plus fort pour le soir, vers cinq heures, conformément à la pratique des anciens Romains et des Anglois d'aujourd'hui. Tant que les autres nations européennes n'adopteront pas cette pratique, elles seront gouvernées par des indigestions ; et leurs codes seront fort indigestes ; *à mesure que le sac intestinal se remplit, l'homme s'emplit d'erreurs et de vices.* Les hommes de cabinet conviennent tous qu'ils ont moins d'aptitude pour les affaires ou l'étude l'après-dîné que le matin. Donc il ne faut dîner qu'après avoir terminé les affaires ; et ne prendre, *dans le temps consacré aux affaires,* que la quantité d'alimens nécessaire et suffisante pour que le *ventre* ne soit *ni trop vuide ni trop plein.* Autrement on *ne digérera bien ni le dîné ni les affaires.* Si nous pouvions persuader généralement cette importante vérité ; oh, quelle heureuse et paisible révolution nous opérerions dans toute l'Europe ! Mais, en imitant cette pratique des Anglois modernes et des anciens Romains, il ne faut pas imiter leur gloutonnerie et leur voracité ; et une sobriété continuelle dispense de tous ces soins.

58. Le quatrième moyen est de faire ensorte que *ces parties à nourrir attirent avec beaucoup de force la substance alimentaire.* Ce qui nous rappelle une autre observation très judicieuse d'Aristote sur ce même sujet : la raison, dit-il, pour laquelle certaines plantes vivent beaucoup plus que les animaux, est que ces plantes poussent chaque année de nouvelles branches et de nouvelles feuilles; au lieu que les animaux, le temps de leur adolescence une fois passé, n'acquièrent plus de nouvelles parties, à l'exception des ongles et des poils, qui sont des espèces d'excrémens, et non de vraies parties. Or, il n'est pas douteux que, dans les deux règnes, les sujets encore tendres ne tirent les sucs alimentaires avec plus de force, et en plus grande quantité, que les sujets adultes; et une autre circonstance qui est de nature à échapper plus aisément à l'observation, mais qui n'en est pas moins réelle, c'est que les nouvelles branches et les nouvelles feuilles, en attirant la sève, font

que cette sève, en passant, nourrit la tige, les branches, et toutes les autres parties de la plante. C'est ce que prouve l'effet de la pratique où l'on est d'élaguer les haies, les arbres et les plantes herbacées; soin qui, comme l'on sait, contribue à leur durée. Ainsi, appliquez cette observation à notre but actuel, je veux dire à celui d'augmenter l'aptitude, à attirer la substance alimentaire, dans les animaux, où la principale et la plus importante fin est *la prolongation de la vie, la restauration*, du moins partielle, *des forces perdues*, et l'*assouplissement* de toute l'habitude du corps. Car il est hors de doute que, dans les animaux, certaines parties sont plus que les autres susceptibles de nutrition et de réparation. Ainsi, il faut tâcher de restaurer et de refaire, pour ainsi dire, les premières, afin que le même suc qui les restaure, puisse en passant restaurer aussi les dernières, et que celles-ci sucent, pompent, en quelque manière, les sucs alimentaires. Nous voyons en effet que les bestiaux, lorsqu'on les met dans de bons pâturages, ont la chair plus tendre et plus délicate, comme s'ils étoient rajeunis ; et que les hommes amaigris par une longue diète, prenant ensuite de l'embonpoint, semblent aussi rajeunir et devenir des hommes *tout neufs* (1). Ensorte que nous serions assez fondés à conclure de toutes ces observations, que c'est sur l'usage fréquent et méthodique du régime amaigrissant (en y joignant peut-être quelques saignées de loin en loin), que roule

---

(1) C'est un des meilleurs effets du carême institué par le christianisme. C'est tout à la fois un exercice pour s'accoutumer aux privations ; une précaution pour ménager les provisions de l'année précédente, déja, en grande partie, consommées; un moyen pour renouveller l'homme tout entier; un préservatif contre la *pléthore* qui a lieu au printemps ; enfin, une méthode facile pour se sanctifier par l'impuissance de pécher, et pour se garantir de ces vices sans nombre qu'enfante dans l'homme le sentiment de sa force, ou de ces vices plus grands encore, qui sont l'effet naturel d'une excessive plénitude.

principalement le dessein de prolonger la vie humaine, et d'opérer une espèce de rajeunissement. Car, comme nous l'avons souvent observé, la manière dont la mort survient aux créatures vivantes, ressemble assez au supplice de Mézence:

Il unissoit le mort au vivant, Appliquant main contre main, face contre face, etc.

Les parties du corps les plus faciles à restaurer, telles que l'esprit, le sang, la chair, mourant, pour ainsi dire, dans leurs embrassemens avec les parties plus difficiles à restaurer, telles que les os, les nerfs et les membranes : de même, certains viscères (qu'on peut mettre au nombre des parties *spermatiques*) se réparent très difficilement, quoique, pour le dire en passant, cette division des parties du corps humain en *spermatiques* et *menstruelles*, soit tout-à-fait dénuée de fondement. Quoi qu'il en soit, cette observation peut être dirigée vers la fin que nous nous proposons ici, et appliquée à la nutrition des corps excessivement amaigris.

Par exemple, de *légères frictions* provoquent l'attraction de la substance alimentaire, en rendant les parties comme *affamées* pendant quelque temps, et en les échauffant; ce moyen fait aussi qu'elles attirent l'aliment avec plus de force. Or, ces frictions, il faut les faire le matin, et afin que le frottement soit plus doux, enduire sa main, ou un morceau d'écarlate, d'un peu d'huile d'amandes douces, en y ajoutant quelque peu de sel commun ou de safran. Nous voyons en effet que les chevaux soigneusement étrillés, prennent plus d'embonpoint et de luisant.

59. Le cinquième moyen est de *faciliter l'acte même de l'assimilation*, but auquel on parvient, en appliquant extérieurement certains *émolliens*, qui donnent aux parties *plus d'aptitude à s'assimiler la substance alimentaire*. C'est dans cette vue que nous avons composé certain onguent, d'une odeur très agréa-

ble, auquel nous donnons ordinairement le nom d'*onguent romain* (1). C'est

---

(1) Prenez graisse de daim, demi-livre.

Huile d'amandes douces, deux onces.

Mettez le tout sur un feu très doux, et remuez avec une petite verge de genèvrier, jusqu'à ce que la graisse soit fondue.

Ajoutez-y ce qui suit :

Racines de fleurs-de-lys pulvérisées, et roses de damas également pulvérisées, un gros pour le tout.

Myrrhe dissoute dans l'eau-rose, un demi-gros ;

Clous de girofles, un scrupule ;

Civette, quatre grains ;

Musc, six grains ;

Huile de macis, une goutte ;

Autant d'eau-rose qu'il en faudra pour empêcher que l'onguent ne devienne trop épais.

Après avoir mêlé tous ces ingrédiens, mettez-les dans un verre, que vous tiendrez sur de la braise pendant une heure, en remuant fréquemment la composition avec la verge de genèvrier *.

N. B. Lorsque nous composâmes cet onguent,

---

* L'original anglois dit : *Let all these be put together in a glass; and set upon the embers, for the space of an hour;* comment faire entrer une demi-livre de graisse et deux onces d'huile dans un verre à boire (in a glass), et tenir ce verre pendant une heure sur de la braise ?

pour le temps du sommeil qu'il faut en faire usage ; car c'est durant le dernier sommeil que les parties s'assimilent le mieux la substance alimentaire.

Expérience relative au fil médicinal (à la méthode à suivre dans le traitement des maladies.)

60. Il est bien des médicamens qui, employés seuls, ne sont nullement curatifs, et peut-être même sont nuisibles ; mais qui, employés l'un après l'autre dans un certain ordre, ne laissent pas d'opérer une grande cure. C'est ce dont

---

nous n'employâmes pas plus d'un quarteron et un dixième de graisse de daim ; et lorsqu'il étoit à moitié fait, nous fûmes obligés de doubler tous les ingrédiens (excepté l'huile d'amandes douces), parce que les substances grasses nous paroissoient trop prédominantes dans la composition.

Mais à ce verre à boire, substituons un vaisseau de verre quelconque ; au lieu de le mettre sur de la braise (upon the embers), mettons-le (upon hot ashes) sur la cendre chaude ; alors le contenu ne sera pas plus grand que le contenant, et nous ne craindrons plus que notre onguent ne serve qu'à allumer le feu.

je me suis assuré par moi-même, par l'expérience, en faisant usage de certain remède pour la goutte, remède qui a rarement trompé mon attente, et qui, à chaque épreuve, l'a enlevée en vingt-quatre heures (1).

---

(1) *Cataplasme.*

Prenez environ trois onces de pain, mais la mie seulement ; et l'ayant hachée fort menu, faites-la cuire dans du lait, jusqu'à ce que le tout ait acquis la consistance d'une bouillie. Sur la fin de la cuisson, ajoutez-y un gros et demi de roses rouges réduites en poudre; dix grains de safran; une once d'huile de rose; enduisez de cette composition un petit linge; appliquez-le tiède sur la partie, et laissez-le dessus pendant trois heures.

Bain ou Fomentation.

Prenez feuilles de sauge, une demi-poignée; racines de ciguë hachées, six gros; racines de brione, une demi-once; feuilles de roses rouges, deux poignées; faites bouillir le tout dans un demi-gallon d'eau (deux pintes de Paris), où vous aurez fait éteindre de l'acier, jusqu'à ce qu'il se soit réduit au quart; puis, après l'avoir passé, ajoutez demi-poignée de sel commun ; trempez dans cette com-

1°. Il faut appliquer certain cataplasme, (dont vous trouverez la composition dans la note ci-dessous), auquel doit succéder un bain ou une fomentation, dont le procédé est décrit dans cette même note; enfin, un emplâtre ou onguent dont vous trouverez la recette au même lieu.

Le *cataplasme relâche la fibre, ouvre les pores*, et donne à l'*humeur morbifique* plus d'aptitude à *s'exhaler*. La *fomentation* tire les humeurs, en les réduisant pour ainsi dire en vapeurs (1);

---

position encore chaude un morceau d'écarlate, et appliquez-le sur la partie; réitérez l'opération jusqu'à sept fois dans un quart d'heure, ou un peu plus.

Emplâtre.

Prenez emplâtre *diacalciteos* en suffisante quantité pour couvrir la partie; faites-le dissoudre dans de l'huile de rose jusqu'à ce qu'il n'ait plus que la consistance nécessaire pour adhérer; enduisez-en un linge fin, et appliquez-le sur la partie.

(1) En les atténuant, à peu près comme la chaleur du soleil atténue l'eau de la mer et des fleu-

mais elle en tire peu, et seulement par le moyen, et à raison du passage qu'a frayé le cataplasme; elle n'en tire point des autres parties à celle-là; car cette fomentation est douce; elle est *stupéfiante*, et son effet tient de l'*engourdissement;* elle diminue la sensibilité de la partie, mais fort peu (1). L'*emplâtre* est médiocrement *astringent*, ce qui opère une sorte de *répulsion*, et empêche que de nouvelle humeur n'aborde à la par-

---

res, la raréfie, la dilate, et, en la soulevant, semble l'attirer; car une *vapeur* n'est autre chose qu'un *fluide atténué.*

(1) Cet effet paroît avoir deux causes. 1°. La *nature* même des *matières* appliquées sur la partie; entr'autres celle de la *ciguë*. En second lieu, l'*humectation* de cette partie; car, point de sensibilité dans une partie, sans un certain degré d'*éréthisme*, de *tension:* or, les matières appliquées sur la partie *relâchent* la *fibre* et la *détendent* un peu. Il paroît que la *ciguë* diminue la *sensibilité* en agissant sur les esprits vitaux; et la matière humide, en agissant sur les fibres. Or, je n'ai pas besoin d'ajouter qu'une partie dont la sensibilité est diminuée, a moins d'action.

tie. Le *cataplasme* seul rendant la partie plus molle, lui donne ainsi plus d'aptitude pour recevoir l'humeur qui s'y rend, et pour obéir à son action. La *fomentation* seule, si elle étoit *très foible*, et n'étoit point *aidée* par ce *cataplasme* qui *ouvre* d'abord le *passage*, ne *tireroit* que *fort peu ;* si elle étoit *très forte*, son effet ne seroit pas seulement de *tirer de la partie au dehors*, mais encore *des autres parties à celle-là* (1). L'*emplâtre seul fixeroit* dans la partie l'*humeur* qui s'y trouveroit déja, et il auroit le double inconvénient d'*exaspérer* cette *humeur* (2),

---

(1) Et comme alors la quantité d'humeur que la fomentation tireroit des autres parties à celle-là, seroit plus grande que celle qu'elle pourroit tirer de cette partie au dehors, cette partie resteroit engorgée; elle le seroit même plus qu'avant l'application du remède.

(2) Il *exaspéreroit* l'humeur déja rendue à la partie; parce que toute *humeur* qui cesse d'être *en mouvement*, acquiert une qualité *alkaline* et *irritante*. Il empêcheroit la partie de tirer de nouvelle humeur, parce qu'étant *astringent*, il *con-*

et *d'empêcher l'abord* d'une *nouvelle* quantité d'*humeur*. Ainsi, il faut appliquer ces trois remèdes successivement, et selon l'ordre même que nous avons prescrit. Le *cataplasme* doit être pendant deux ou trois heures ; la fomentation doit être employée extrêmement chaude durant un quart d'heure, ou un peu plus, et réitérée sept à huit fois. Enfin, l'emplâtre doit être tenu sur la partie jusqu'à ce qu'elle se soit raffermie, et qu'elle ait recouvré toute sa force.

Observation sur les cures qui sont l'effet de la simple habitude.

61. Il est un certain genre de traitement, dont les effets ont des causes difficiles à découvrir, qui n'est pas encore passé en usage, et qui se réduit à compter sur le *pouvoir* immense de l'*habitude*,

---

tracte la *fibre circulaire*, *rétrécit* les *couloirs*, et *ferme* totalement ou en partie leurs *orifices*; sans compter son effet sur les *humeurs* dont il *diminue* la *fluidité*.

qui, à la longue, émousse l'action d'une chose naturellement nuisible. L'histoire atteste que certains individus se sont accoutumés aux poisons mêmes. Ceux dont l'occupation journalière est de secourir les pestiférés, sont rarement infectés de la contagion. L'habitude d'endurer les tourmens, les rend plus faciles à supporter. L'habitude de dévorer une quantité excessive d'alimens solides, préserve des indigestions, et celle de boire à l'excès préserve de l'ivresse. En général, c'est dans les commencemens que les maladies chroniques, comme rhumes, phthisies, certaines espèces de paralysie, l'affection des lunatiques, etc. sont le plus dangereuses. Aussi tout médecin ne manque-t-il point de considérer si un traitement trop à fond est sans danger. Dans le cas où il y auroit du risque à entreprendre une cure radicale, qu'il ait recours aux palliatifs, et se contente d'adoucir les symptômes, sans trop s'occuper de la cure complete. Souvent cette méthode (pourvu que le malade ne manque pas de patience) a de plus heureux effets qu'on n'eût osé se le promettre; effets qu'elle aura encore, si le malade peut endurer la violence des symptômes dans le *paroxisme*, tourner ainsi sa patience au profit de la nature (1), et

---

(1) Le vrai *panacée*, *le remède universel*, *c'est le mépris de tous les maux; et le meilleur de tous les médecins, c'est le desir de bien faire :* la maladie atteint rarement ou abandonne bientôt quiconque n'a pas le temps d'être malade, et sait faire diète à propos. *La plus grande de nos maladies, c'est la crainte même que les maladies nous inspirent, parce qu'elle détend tous nos ressorts.* L'imagination d'un homme que son mal inquiète, pousse les humeurs dans la partie affligée à laquelle il pense continuellement, et l'engorge de plus en plus; au lieu qu'une ame courageuse, en renforçant le principe vital, le rend capable d'exécuter avec vigueur toutes les fonctions, de surmonter tous les obstacles au dedans et au dehors; parce que c'est en nous *le même principe qui veut, qui exécute toutes les fonctions, et qui guérit :* mais ce qui est préservatif et curatif, ce n'est pas la *simple patience; c'est une volonté forte, active et constante.*

se rendre ses souffrances comme naturelles.

62. Souvent *des excès mêmes guérissent certaines maladies chroniques,* entr'autres *la fièvre quarte;* tel est, par exemple, l'effet des alimens solides et liquides, pris en trop grande quantité, des jeûnes réitérés (1), des exercices vio-

---

(1) Des jeûnes excessifs et réitérés peuvent guérir le mal actuel, en y substituant un autre mal beaucoup plus grand ; savoir : l'affoiblissement de la nature et de la constitution physique ; *le vrai remède, dans chaque cas, c'est un jeûne unique et poussé aussi loin qu'il est possible. Dès que vous vous sentirez incommodé, cessez tout-à-fait, non-seulement de manger, mais même de boire, jusqu'à ce que l'appétit renaisse parfaitement pur, et non-seulement vous n'aurez plus de maladies, mais même vous n'en craindrez plus, c'est le cas où nous sommes depuis plusieurs années;* et comme notre corps n'a point de privilège particulier, il est probable que ce remède si simple auroit les mêmes effets sur les autres individus; les gens de l'art sont trop intéressés à persuader le contraire, pour devoir en être crus sur leur parole. Si tous les

lens, de la lassitude et d'autres moyens semblables.

La vraie cause ici est que les maladies continues acquièrent, par l'effet de la seule habitude, un surcroît de force et de violence ; outre l'effet propre et direct de la cause matérielle résidante dans les humeurs ; ensorte que si l'on rompt à propos cette habitude, il ne reste plus que cette dernière cause qui agisse, et que, si elle est foible, elle a bientôt le dessous.

---

individus savoient se guérir par la faim, comme la nature même le leur prescrit en leur ôtant l'appétit, les médecins eux-mêmes seroient affamés, car alors il n'y auroit plus de maladies, et ils deviendroient complettement inutiles ; ils craignent la diète, comme les héros guerriers craignent la paix ; mais les hommes ne seront jamais assez sages pour suivre les ordonnances du médecin que la nature a mis en eux, et qui les avertit toujours à temps ; ainsi les médecins de profession seront toujours nécessaires : le médecin extérieur est le suppléant du médecin intérieur, toujours présent pour les sages, et toujours absent pour les fous.

De plus, un autre effet des excès de cette espèce, est d'*irriter,* d'*éveiller la nature,* et de lui donner ainsi plus de force pour combattre la maladie.

Observation sur les guérisons qui s'opèrent à l'aide des corrélations harmoniques.

63. On observe, dans le corps humain, des relations très étroites, des *corrélations,* en quelque manière, *harmoniques,* entre les mouvemens de ses différentes parties. Nous voyons que, dans certain jeu des enfans, lequel consiste à se frotter la poitrine avec une main, en même temps qu'on se frappe légèrement le front avec l'autre main, ces deux mouvemens conservant toujours leur différence, on frotte, ou frappe involontairement des deux mains à la fois. On sait aussi que, lorsque les émanations de quelque substance fétide frappent les narines, l'estomac éprouve une irritation violente, et est alors excité au vomissement. L'on sait encore qu'au moment où les pou-

mons étant tout-à-fait consumés, il ne se fait plus d'expectoration par la toux, il survient un cours de ventre bientôt suivi de la mort du malade. L'on sait enfin que les maladies contagieuses, lorsqu'elles ne cèdent pas à des sueurs abondantes, se terminent aussi par un cours de ventre qui est presque toujours mortel. Ainsi, tout médecin qui a de la sagacité, tâchera d'exciter, par le moyen des mouvemens sur lesquels il peut quelque chose, ces autres mouvemens sur lesquels il ne peut rien, sinon à l'aide de ces corrélations dont nous parlons (1). C'est ainsi que, par le moyen de la seule odeur des plumes brûlées, ou d'autres substances semblables, on guérit une suffocation de matrice.

---

(1) Durant mon second voyage à Rome, j'ai souvent prévenu l'accès de la fièvre, tierce ou quarte, en provoquant l'éternuement, à l'aide du soleil, mais de grand matin : le principe d'action est dans le cerveau; en guérissant cette partie, on guérit tout le reste, quand il n'y a point de lésion dans les solides.

Observation sur les maladies de nature opposée à la disposition naturelle du corps.

64. L'aphorisme d'Hippocrate, qui commence par ces mots : *in morbis minùs*, etc. renferme une judicieuse et profonde théorie. Il nous apprend que les maladies de nature opposée à celle de la constitution du sujet, de son âge, de son sexe, de son régime, ou de la saison, sont plus dangereuses que celles qui y sont analogues. On seroit porté à penser au contraire que, dans le cas où la maladie et la disposition naturelle du sujet se prêtent, pour ainsi dire, un mutuel secours, la maladie doit être plus grave ; et elle l'est en effet, la quantité de la matière morbifique étant supposée la même dans les deux cas : mais ce qui appuie l'aphorisme, c'est que les maladies de ce genre indiquent l'accumulation d'une excessive quantité de matière; cause dont l'effet peut être de changer la disposition naturelle du sujet en une

toute opposée. Ainsi, dans une telle constitution de maladie, le médecin doit plutôt avoir en vue la *purgation* que l'*altération* (1).

Observation sur les préparations nécessaires avant la purgation, et sur la manière de rétablir complettement la santé.

65. Les médecins ont soin ordinairement de préparer le corps avant de le purger à fond; précaution fort sage, car l'expérience prouve que les purgatifs sont très nuisibles, si l'on néglige certaines précautions, soit avant, soit après la purgation. L'inconvénient principal du défaut de préparation est la ténacité des humeurs, leur défaut de fluidité qui rend l'évacuation plus difficile; ce qui occa-

---

(1) Les médecins ne font point usage de ce substantif verbal; mais comme il existe dans la langue vulgaire, nous tâcherons, en l'employant à propos, de les guérir de la manière d'appauvrir leur langue, en rejetant des mots nécessaires.

sionne dans toute l'habitude du corps de grandes perturbations, et quelquefois des accidens fâcheux, au moment où le purgatif agit. Un autre effet de cette négligence est que ce purgatif n'exerce pas toute sa force, et n'opère pas assez. Ainsi la préparation a deux objets : l'un, de mûrir les humeurs et de les rendre plus fluides; l'autre, de relâcher la fibre, et d'ouvrir les émonctoires : double effet qui facilite l'évacuation. Les sirops sont ce qui va le plus directement au premier but; et les apozêmes, les bouillons préparatoires remplissent le second objet. Les lavemens ont aussi un double avantage; ils font que les médicamens s'attachent moins aux intestins, et qu'ils détachent les matières avec moins de violence ; qu'ils ne les arrachent pas (1). Mais la vérité

---

(1) Un purgatif est presque toujours une espèce de poison, dont il faut, après l'avoir fait agir, noyer les restes dans une grande quantité de liquide dont l'eau soit la base.

est que la constitution des sujets gras et pleins d'humeurs, ainsi qu'un temps sec et serein, sont des préparations naturelles, ces causes rendant les humeurs plus fluides. Mais le médecin doit avoir l'attention de ne pas purger, par un temps de gelée, des sujets maigres et non préparés. Tous ces accidens fâcheux qui ont quelquefois lieu après la purgation, viennent de ce que les humeurs qui avoient trop de viscosité, se sont fixées dans des lieux différens des voies de la purgation. Car il est encore vrai que telles humeurs qui s'attachent à telles parties du corps, peuvent sans inconvénient s'y arrêter ; tandis que d'autres humeurs qui s'arrêteroient dans d'autres parties, et sur-tout dans les couloirs les plus étroits, y seroient très nuisibles. Ainsi, il sera bon, après la purgation, de faire usage d'apozêmes et de bouillons, mais un peu moins apéritifs que ceux dont on usoit avant la purgation, et de finir par des lavemens abstersifs, pour enlever les restes d'humeurs qui auront pu se porter dans la région inférieure du corps, et s'y attacher (1).

Expérience sur les moyens d'arrêter le sang.

66. Il est divers moyens pour arrêter le sang. 1°. Les *astringens* et les *répercussifs*. 2°. En déterminant le sang et les esprits à l'intérieur; effet qu'on obtient à l'aide d'un refroidissement subit; c'est ainsi qu'on arrête un saignement de nez, en appliquant un morceau de fer ou une pierre sur la nuque du cou. On s'est aussi assuré par l'expérience qu'il suffit de plonger ses testicules dans de fort vinaigre, pour repousser vivement les esprits à l'intérieur, et arrêter le sang. Le troisième moyen est le mouvement rétrograde du sang, en vertu de la sympathie; par exemple, on s'est assuré par l'expérience, que la partie qui saigne étant insérée dans le corps d'un chapon

---

(1) La drogue salit le verre, et il faut ensuite le rincer.

ou d'une brebis récemment tués et encore saignans, celui de la partie saignante s'arrête aussi-tôt; effet qu'on peut expliquer en disant que le sang de cette partie suçant, pour ainsi dire, et absorbant celui de l'animal, qui vient à sa rencontre, et en vertu de l'analogie de ces deux substances, rétrograde par ce moyen, et s'arrête ensuite. 4°. L'habitude et le *laps de temps;* ce fut ainsi que la première fois que le prince d'Orange fut assassiné par certain Espagnol, le sang qui sortoit de la plaie ayant surmonté tous les médicamens et toutes les ligatures, on parvint à l'arrêter à l'aide de plusieurs hommes qui tenoient le pouce appliqué sur la plaie, et qui se relayoient. Le cinquième moyen est de *faire révulsion,* en tirant le sang à la partie opposée.

Observation sur l'effet du changement d'alimens et de médicamens.

67. Le changement soit de médicamens, soit d'alimens, est utile, et il ne faut pas faire trop long-temps usage des mê-

mes. Le véritable inconvénient de l'uniformité est que la nature (le principe vital) éprouve alors une sorte de *satiété ;* ce qui émousse son appétit et son *action*. Nous voyons en effet que la seule habitude suffit pour ôter aux substances les plus nuisibles, par exemple, aux poisons mêmes, la faculté de nuire; et il y a des individus qui, pour en avoir fait un fréquent usage, ont un estomac capable de les digérer. Il n'est donc point étonnant que les substances salutaires perdent, par le trop fréquent usage qu'on en fait, toute leur force *auxiliatrice*. Or, nous qui parlons ici, nous ne mettons aucune différence entre le *changement* et l'*interruption;* car ce qu'on *interrompt* redevient *nouveau* au bout d'un certain temps.

Observation sur la diète.

68. L'expérience nous apprend que ce genre de traitement, où l'on administre le gayac, la salse-pareille, et d'autres substances analogues, incommode

plus les malades dans les commencemens, que dans la continuation. Aussi voit-on alors la plupart des personnes susceptibles et délicates s'arrêter à moitié chemin, trompées par ce préjugé : que si les commencemens les font tant souffrir, beaucoup moins encore pourront-elles endurer un tel régime jusqu'à la fin. Mais la cause de ces douleurs ou incommodités qu'elles éprouvent d'abord, est que l'effet de ce genre de régime est d'évacuer les humeurs, les matières catarreuses ou autres semblables; et il ne peut opérer l'évacuation de ces humeurs, s'il ne commence par les atténuer. Or, tant que l'humeur est atténuée, elle est plus fluide, et occasionne ces douleurs ou ces incommodités dont les malades se plaignent, et qui durent jusqu'à ce que l'humeur soit évacuée ou consumée. Ainsi, ils doivent attendre suffisamment, et il ne faut pas que les commencemens leur fassent perdre patience (1).

---

(1) C'est une règle qu'on peut appliquer aux

Expériences et observations diverses sur les moyens de produire le froid.

La *production du froid* est, sous plus d'un rapport, un objet digne de notre attention et de nos recherches, soit à cause des différens genres d'utilité qu'on en peut tirer, soit en vue de la simple connoissance des causes à laquelle peuvent conduire de telles recherches. Car le *chaud* et le *froid* sont les deux grands instrumens de la nature, et comme les *deux mains* avec lesquelles elle fait presque tout. La chaleur est, pour ainsi dire, sous notre main ; vu qu'à l'aide du feu, nous pouvons nous la procurer à volonté. Quant au froid, nous sommes réduits à l'attendre, ou à le chercher, soit dans les souterreins, soit sur les plus hautes montagnes ; et après avoir épuisé tous les genres de moyens que nous connoissons, encore ne pouvons-nous l'obtenir

---

révolutions politiques, aux études pénibles et aux jeux difficiles.

au plus haut degré. Car la chaleur des fournaises les plus ardentes surpasse infiniment celle du soleil ; mais le froid des glacières, ou des lieux les plus élevés, ne l'emporte que de bien peu sur celui d'un temps de gelée durant l'hiver.

69. Le *premier moyen pour produire le froid,* c'est celui que nous fournit la nature même ; je veux dire cette *expiration* (émanation) *froide qui vient de l'intérieur de la terre, durant l'hiver,* et dans les temps où la chaleur du soleil ne peut la surmonter. Car la terre (comme on l'a judicieusement observé) est le *premier froid* (1). C'est un sentiment

---

(1) Cette opinion, qui est si peu d'accord avec l'hypothèse d'un feu central, et qui, au premier coup d'œil, paroît étrange, le paroîtroit un peu moins, si on la réduisoit à celle-ci : tout corps, d'un certain volume et d'une certaine densité, qui n'est pas actuellement échauffé par les rayons du soleil, ou le feu artificiel, ou le frottement, ou la percussion, ou la pression, ou, etc. est naturellement froid; ce qui revient à dire que tout corps qui n'est pas chaud, est froid.

que prennent pour base les philosophes, tant anciens que modernes. Tel étoit du moins celui de *Parménide*, et de l'auteur de cette dissertation sur le *premier froid*, qu'on trouve parmi les œuvres de Plutarque (car nous ne reconnoissons point cet écrivain pour l'auteur de ce traité). Tel étoit aussi le sentiment de Télèze, qui a renouvellé la philosophie de Parménide, et que, dans cette partie de la philosophie, on met au premier rang parmi les modernes.

70. La *seconde cause* de la *production du froid*, c'est le *contact d'un corps actuellement froid;* car le *froid* est *actif*, et passe, ainsi que la chaleur, dans les corps adjacens ; comme le prouve le refroidissement de tout corps qui est en contact avec la neige ou tout autre corps froid. Ainsi, tout homme qui s'est consacré à l'étude de la nature, doit tourner ses regards et son attention vers ces souterreins où l'on conserve de la neige ou de la glace, et dont se prévaut un luxe rafiné, pour se procurer à volonté du ra-

fraîchissement durant l'été; genre d'utilité qui n'est rien moins que précieux, et que nous devons perdre de vue, pour nous attacher uniquement à ces autres usages plus importans et plus philosophiques qu'on peut tirer des *glacières*.

71. La *troisième cause de froid*, c'est *la nature primaire de tout corps tangible*. En effet, une observation qui mérite de fixer l'attention, c'est que *tout corps tangible est naturellement froid*, et que, lorsqu'il devient chaud, il doit cette chaleur, qui lui est étrangère, au feu, à l'action vitale, au mouvement. Car l'esprit de vin même, et les huiles chymiques (les acides minéraux, végétaux et animaux), dont la vertu se manifeste par une action si puissante, ne laissent pas d'être froids au tact. Et l'air comprimé, condensé par le souffle de la bouche, contracte aussi quelque foible degré de froid.

72. La *quatrième cause* est la *densité des corps;* car les corps *denses*, tels que les métaux, les pierres et le verre, sont

plus froids que les corps *rares*, et sont aussi plus lents à s'échauffer que les corps de la dernière espèce. En un mot, il n'est pas douteux que la terre, que tout corps dense et tangible participe naturellement de la nature du froid; et la raison en est que toute matière tangible étant naturellement froide, il s'ensuit nécessairement que toute matière plus compacte doit aussi produire un plus grand froid (1).

73. La *cinquième cause du froid*, ou plutôt une *cause* qui lui donne plus d'intensité, ce sont *des esprits très vifs et très mobiles*, renfermés dans le corps froid; comme tout homme capable de

---

(1) Le fait est vrai; mais l'explication est fausse. Il paroit que cette sensation de froid qu'on éprouve en touchant avec la main, par exemple, un corps beaucoup plus dense, comme un métal, est la sensation de la perte que cette main fait d'une partie de sa chaleur, qu'elle communique au corps touché; perte qui doit être et qui est en effet proportionnelle au nombre de parties que ce corps présente au contact dans un espace déterminé, ou, ce qui est la même chose, à sa densité.

contempler la nature avec des yeux attentifs, peut s'en assurer par une infinité d'exemples. C'est ainsi que le *nitre*, qui est doué d'un *esprit actif et vigoureux*, est *froid*, et produit sur la langue une sensation de froid plus intense que la pierre. L'eau est plus froide que l'huile, parce qu'elle contient des esprits plus mobiles (1). Toutes les huiles, quoiqu'elles aient des parties tangibles *mieux digérées* (2) que celles de l'eau, ont cependant des esprits moins mobiles et moins actifs. La neige est aussi plus froide que l'eau, parce qu'elle contient une plus grande quantité de ces esprits (3).

---

(1) Ou parce qu'elle est plus dense, comme vous venez de le dire.

(2) Nous verrons plus bas qu'il divise tous les corps, soit tangibles, soit aériformes, en substances *crues* et non inflammables, ou difficiles à enflammer, qui tiennent de la nature de l'eau; et en substances *grasses*, *huileuses*, tenant de la nature du feu, et par conséquent inflammables.

(3) La neige est plus froide que l'eau, parce que l'eau ne se convertit en neige que lorsqu'elle est plus froide que dans son état ordinaire.

Il n'est pas moins évident que le sel mêlé avec la glace (comme il l'est dans l'expérience de la congélation artificielle), augmente l'intensité et les effets du froid. De même encore certains insectes qui ont des esprits vitaux fort actifs, tels que les anguilles, les vers à soie, paroissent froids au tact; de même encore le mercure, qui abonde en esprits, est le plus froid de tous les métaux.

74. La *sixième cause du froid* est la *répulsion* et la *fuite des esprits qui ont un certain degré de chaleur;* car la conséquence nécessaire de l'expulsion de la chaleur, est de laisser froid le corps d'où on l'a expulsée (1). Cette conséquence devient sensible à la vue, par l'effet que produisent l'opium et les substances narcotiques, lorsqu'ils agissent sur les esprits animaux. Une autre expérience qu'on pourroit faire à ce sujet, ce seroit de mettre de l'opium sur la partie supérieure

---

(1) Sublime découverte!

d'un thermomètre(1), afin de voir si l'air ne se contracteroit pas; mais je doute fort du succès. Car outre que l'opium ne pénétreroit pas aisément à travers l'épaisseur d'un vaisseau d'une telle matière, mon sentiment est que si l'opium et les autres substances analogues repoussent et chassent les esprits, c'est plutôt en vertu d'un certain caractère de malignité, que par leur extrême froideur.

75. La *septième cause* est l'*évaporation* et l'*extraction des esprits*; effet entièrement semblable à celui qui résulte de leur répulsion. Il est un préjugé fort accrédité qui a fait croire que la lune est douée d'une certaine vertu magnétique qu'elle exerce sur la chaleur, comme le soleil exerce la sienne sur le froid et l'humidité. C'est une conjecture qu'on pourroit vérifier, à l'aide de deux quantités d'eau parfaitement égales et également chaudes, en exposant l'une aux

---

(1) C'est toujours le thermomètre de Drebbel, dont la boule est en haut et en partie remplie d'air.

rayons lunaires, et en plaçant entre l'autre et ces rayons, un corps qui fît ombre, et équivalent à un parasol; puis il faudroit voir laquelle de ces deux eaux se refroidiroit le plus vîte. Enfin, il faut tâcher de découvrir un moyen pour extraire de l'air ce foible degré de chaleur qui s'y trouve naturellement. Ce seroit une découverte admirable, et qui serviroit à refroidir à volonté la température de l'atmosphère.

Expériences et observations diverses sur la conversion de l'air en eau.

Dans les articles précédens (n°. 27), nous avons décrit un procédé pour convertir l'air en eau. Mais, comme il s'agit ici d'un des plus profonds mystères de la nature, et qui, une fois dévoilé, mettroit en état de produire de puissans effets, et seroit susceptible d'une infinité d'applications utiles, nous allons donner quelques exemples qui répandront plus de jour sur cette matière.

76. Au rapport de quelques anciens,

les marins avoient coutume de suspendre chaque nuit, des toisons aux côtés de leurs vaisseaux, en tournant la laine du côté de l'eau, et le matin ils en exprimoient de l'eau douce pour leurs usages (1). Nous nous sommes assurés, par notre propre expérience, que si l'on descend dans un puits un peu profond une certaine quantité de laine médiocrement pressée, et que, pendant une nuit d'hiver, on la tienne suspendue à trois brasses de la surface de l'eau, son poids augmente d'un cinquième, si notre mémoire ne nous trompe point.

77. Un ancien auteur rapporte qu'en Lydie, près de Pergame, certains ouvriers, durant la guerre, s'étant réfugiés dans des grottes, dont l'entrée fut ensuite bouchée par les ennemis, ils y moururent de faim; mais que long-temps après, leurs os et les vases qu'ils avoient

---

(1) J'ai fait sur mer trois voyages de long cours et un plus grand nombre de petits; mais je n'ai jamais vu, ouï dire ou lu rien de semblable.

portés avec eux, se trouvèrent remplis d'eau; enfin, que cette eau étoit plus épaisse que l'eau ordinaire, et avoit plus d'analogie avec la glace. C'est un exemple frappant de condensation, et de ce genre de *durcissement* qu'on peut opérer en tenant des corps dans des souterreins pendant un long espace de temps. C'en est un aussi (du moins selon nous) de la conversion de l'air en eau; en supposant toutefois que ces vaisseaux fussent vuides au moment qu'ils furent apportés dans la grotte (1). Ainsi, pour faire une expérience équivalente à celle-là, suspendez dans la neige une petite vessie, et une autre vessie égale dans le nitre; enfin, une trosième encore égale dans le mercure; et alors si vous trouvez que ces vessies se soient désenflées ou con-

---

(1) Ou que l'eau qu'on trouva dans ces vases, ou dans ces os, n'étoit pas tombée de la voûte; ou encore que ce n'étoient pas les particules aqueuses répandues et d'abord flottantes dans l'air de la grotte, qui, à force de temps, s'étoient déposées là.

tractées, tenez pour certain que l'air y a été condensé par le froid de ces corps, comme il pourroit arriver dans un souterrein (1).

78. Des auteurs dignes de foi prétendent qu'un vase rempli d'eau et sans couvercle, placé dans un endroit où l'on tient des clous de girofle, se trouvera, au bout de ving-quatre heures, entièrement vuide ; en supposant même qu'il soit placé à quelque distance des clous de girofle. Souvent les gens de la campagne suspendent des seaux pleins d'eau parmi des tas de laine récemment tonte, pour augmenter le poids de cette laine, et tromper les acheteurs. Mais il se pourroit que les parties aqueuses fussent attirées par un reste de chaleur venant du corps de la brebis, et qui se seroit con-

---

(1) Pour être en droit de tirer cette conséquence, il faudroit être certain que la chaleur de l'air renfermé dans la vessie n'a pas décrû ; car, si elle a décrû, alors l'air ayant perdu une partie de son volume, les vessies ont dû se contracter.

servée dans la laine; ou encore par ce foible degré de chaleur que l'air contracte lorsqu'il est un peu à l'aise, comme dans cette laine; mais alors cet effet n'auroit plus rien de commun avec la transmutation dont nous parlons.

79. Un autre auteur, également digne de foi, rapporte que de la laine récemment tonte ayant été mise par hazard sur un vaisseau rempli de verjus, en absorba, en fort peu de temps, la plus grande partie, quoiqu'il n'y eût aucune fente au vaisseau, et que son ouverture fût bien fermée. Ce qu'il y a de plus remarquable dans ce dernier exemple, c'est la filtration, la succion du verjus à travers le bois; car de lui-même ce verjus n'auroit pu pénétrer dans ce bois; mais il paroît que, pour pouvoir passer à travers, il falloit qu'il se fût d'abord converti en une espèce de vapeur.

80. Ce qu'il faut principalement chercher, en analysant toutes ces observations, c'est la cause qui opère cette conversion de l'air en eau; vu que l'air ren-

fermé dans les corps tangibles n'y est point dans un état de densité, mais qu'il y est disséminé et distribué par petites parties (comme nous l'avons souvent observé), parce qu'il règne entre l'air et les corps tangibles une telle antipathie, que si ces derniers trouvent à leur portée un autre corps plus dense que ce fluide, ils l'attirent; puis, après l'avoir attiré, le rendent encore plus dense, et enfin se l'incorporent réellement. Nous voyons en effet qu'une éponge, de la laine, un morceau de sucre, une lisière de drap, qu'on plonge par l'une de ses extrémités dans du vin ou de l'eau, pompe une partie de cette liqueur, et élève au-dessus de son niveau cette partie qu'elle a ainsi attirée. Un autre effet non moins sensible, c'est l'augmentation de volume et le renflement du bois, des cordes de luth, et d'autres corps de cette nature, occasionnés par l'humidité (1); comme

---

(1) L'humidité gonfle et raccourcit les cordes végétales, et produit l'effet contraire sur les cordes animales.

le prouve la rupture des cordes, la difficulté de tourner les chevilles, de lever le couvercle de certaines boîtes, d'ouvrir les fenêtres et les portes à coulisses dans les temps humides; tous effets d'une sorte d'*infusion dans l'air* humide; effets très analogues à ceux de l'infusion dans l'eau ; l'eau alors répandue dans l'air faisant renfler le bois, comme nous en sommes assurés en voyant les fentes et les gerçures des boules disparoître, lorsqu'on les tient plongées dans l'eau pendant un certain temps. Mais cette partie de notre expérience se rapporte à l'*altération*, et doit être renvoyée au chapitre où ce sujet sera traité *ex-professo*.

81. La conversion de l'air en eau est encore sensible dans l'exemple des marbres, ou pierres d'une autre espèce, et dans les portes, lambris, parquets, etc. qui suent dans un temps humide.

La vraie cause de ce phénomène paroît être ou l'humidité que fournit le corps même, ou l'air humide et condensé dans un corps solide; mais on doit plutôt l'attribuer à cette dernière cause ; car durant les nuits fort humides, le bois peint à l'huile se couvre plus promptement de gouttes d'eau que le bois ordinaire ; ce qui vient du poli et de la densité de l'enduit, qui n'admet aucune vapeur, et qui, après avoir repoussé les parties aqueuses, les condense sous la forme d'une rosée (1). On sait de plus que

---

(1) Desaguliers, disciple de Newton, raisonnant sur un phénomène fort analogue à celui-ci, l'explique à peu près de la même manière ; l'eau, dit-il, jetée par aspersion sur un corps gras, s'y réunit en gouttes presque sphériques, et semble se rouler dessus ; ce qui dépend d'une attraction et d'une répulsion combinées : l'eau étant repoussée par la surface grasse, et ses parties propres s'attirant réciproquement, d'abord en vertu de la force attractive résidante dans chacune d'elles, puis en vertu de la répulsion même que cette surface exerce sur elles, et qui les pousse avec plus de force les unes vers les autres, elles affectent, en se réunissant, la figure où la distance des extrémités au centre est la moindre, et qui les met ainsi en état de se rapprocher les unes des autres autant qu'il est possible.

l'haleine poussée contre le verre, ou tout autre corps poli, y forme également une espèce de rosée, et que, durant ces gelées du matin, connues sous le nom de *gelées blanches*, de petites gouttes d'une semblable rosée s'attachent au côté intérieur des carreaux de vitre. Et ces frimats mêmes dont la terre est alors couverte, ne sont autre chose qu'une transformation, une condensation par laquelle les vapeurs humides de la nuit se convertissent en une substance aqueuse. De même la pluie et la rosée ne sont qu'une espèce de *transformation inverse*, de *retour des vapeurs humides à l'état aqueux*, par l'effet de la simple condensation. La rosée ne vient que de l'absence du soleil, d'où résulte un froid médiocre; mais la pluie a pour cause ce froid plus âpre qui règne dans ce qu'on appelle *la moyenne région de l'air*.

82. Il est très probable, comme nous l'avons dit, que tout ce qui peut convertir l'eau en glace, peut aussi, jusqu'à un certain point, convertir l'air en

eau, en rapprochant encore davantage les parties de ce fluide. Ainsi cette expérience de la conversion artificielle de l'eau en glace (dont nous avons parlé ailleurs), on peut l'appliquer à l'air, en le substituant à l'eau, et l'environnant aussi de glace. Et quoique la conversion de l'air en eau soit un genre d'altération beaucoup plus grande que la conversion de l'eau en glace, cependant il ne faut pas désespérer qu'à force de temps la première ne puisse aussi être opérée; car cette conversion de l'eau en glace étant l'affaire de quelques heures, on pourroit tenter la conversion de l'air, en y employant un ou plusieurs mois.

Expériences et observations diverses sur le durcissement des corps.

Un autre genre de *consolidation* dont nous devons parler, c'est le *durcissement* et la *pétrification* des substances molles; genre d'altération qui est d'une grande influence dans la nature. Or, cet effet, et les différens moyens de l'accélérer, méritent aussi d'être l'objet de nos recherches. On peut l'opérer par trois genres de moyens. 1°. Par le *froid*, dont l'effet propre et direct est de *condenser*, de *resserrer*, de *contracter*, comme nous l'avons déjà observé. 2°. Par la *chaleur*, dont ce *durcissement* n'est pas l'*effet propre* et *direct*, mais seulement l'effet *médiat* et la simple *conséquence;* car la chaleur *atténue;* après avoir atténué, elle chasse au dehors les esprits et les parties les plus humides du composé : puis les parties les plus tangibles et les plus grossières se rapprochent les unes des autres, *de peur que le vuide n'ait lieu* (pour nous servir de l'expression reçue), et afin de se fortifier, pour ainsi dire, contre la violence du feu qu'elles ont déjà enduré. 3°. Par l'*assimilation*, qui a lieu lorsqu'un corps dur s'assimile un corps mou et contigu. Les exemples de durcissement pris au hazard, sont assez variés : telle est la génération des pierres dans le sein de la terre; pierres qui n'étoient d'abord qu'une terre grasse, qu'une argile grossière. Il en faut dire autant des minéraux qui proviennent d'abord (comme on n'en peut douter) de la concrétion de certains sucs : composé qui ensuite se durcit par degrés ; ainsi que des vases de porcelaine, matière qui n'est autre chose qu'un ciment artificiel, qui a été long-temps enfoui (1). Telles sont aussi les briques, les tuiles, et le verre qui est formé d'un certain sable, de racines concassées et d'autres matières. Tels sont encore les diamans qu'on trouve dans les roches, et qui ne sont que des espèces d'*exsudations,* ainsi que les crystaux qui n'acquièrent cette grande dureté qu'à force de temps ; tel enfin l'ambre jaune, lequel ne fut d'abord qu'une substance molle, qui s'est ensuite durcie, comme on le voit par ces mouches et ces araignées qu'on y trouve renfer-

---

(1) Il dit ailleurs que les Chinois tiennent enfouies, pendant 30 ou 40 ans, de grandes masses de cette espèce de terre qui est la base de leur porcelaine.

mées; et il en est de même d'une infinité d'autres substances. Mais ces cinq points méritent d'être traités plus en détail, et chacun à part.

83. Quant à ce genre de *durcissement*, qui est l'effet du *froid*, on en voit peu d'exemples; car, à la surface de notre globe, continuellement exposée aux rayons du soleil, on ne trouve point de froid qui ait beaucoup d'âpreté et d'intensité. L'expérience qui convient le mieux ici, c'est celle qu'on peut faire à l'aide de la neige et de la glace; deux substances qui, pour peu qu'on renforce leur action, en y mêlant du nitre ou du sel commun, suffisent pour convertir l'eau en glace (1), et cela en peu d'heures. Peut-être même, si l'on y mettoit un peu plus de temps, pourroient-elles convertir en pierre le bois

---

(1) A l'époque où Bacon parloit ainsi, on n'avoit pas encore fait cette belle expérience, où le mercure, exposé au plus grand froid de la Russie, augmenté encore par le moyen de l'esprit de nitre, s'est fixé et est devenu solide.

ou l'argile dure. Ainsi, dans un de ces puits où l'on conserve de la neige et de la glace (dans une glacière), en ajoutant à ces deux matières une certaine quantité de nitre et de sel commun, mettez un petit morceau de bois ou d'argile très visqueuse, et laissez-les dans ce lieu pendant un mois, ou plus (1).

84. Faites un autre essai tendant au même but, à l'aide des eaux métalliques,

---

(1) Il vaudroit peut-être mieux mettre dans cette glacière douze morceaux de chacune de ces deux espèces (mais les douze morceaux de chaque espèce étant pris dans la même masse); y laisser l'un pendant un mois; l'autre, pendant deux mois; et ainsi de suite jusqu'à un an; ou l'un, pendant un an; l'autre, pendant deux ans, et ainsi de suite jusqu'à douze. Et si l'on trouvoit que les morceaux laissés dans cette glacière, par exemple, pendant un an, fussent sensiblement plus durs que ceux qui n'y seroient restés qu'un mois, on pourroit compter sur le résultat qu'il semble promettre ici. Par la même raison, on pourroit mettre en expérience une suite de morceaux de bois ou d'argile, exposés à des degrés de froid inégaux.

qui sont douées d'une sorte de froid *potentiel* (qui ont la faculté de refroidir, ou de produire des effets analogues à ceux du froid). Plongez, par exemple, un morceau de bois ou d'argile dans une eau où vous aurez fait éteindre du fer ou quelque autre métal, et voyez si, après un espace de temps raisonnable, il s'est durci sensiblement. Mais quand je dis des *eaux métalliques*, je ne parle que de celles qu'on peut obtenir par voie de *lotion* ou d'*extinction*, et point du tout de ces eaux beaucoup plus chargées de parties métalliques, qu'on obtient par voie de corrosion ou de dissolution ; ces dernières étant trop corrosives pour avoir la faculté de consolider.

85. C'est un fait désormais bien constaté qu'il existe des sources naturelles qui ont la propriété de *pétrifier le bois*; comme il est aisé de s'en assurer par soi-même, en observant ce qui arrive à une petite verge de bois, en partie plongée dans une telle eau; car on voit alors que la partie qui reste hors de l'eau, conserve

sa nature *ligneuse,* tandis que celle qui est plongée, se convertit en une sorte de pierre sabloneuse : selon toute apparence, les eaux de cette espèce contiennent des particules métalliques (1). Mais, pour faire, sur un tel sujet, une recherche vraiment complette, il faudroit descendre aux plus petits détails, et avoir égard aux plus légères différences (2).

---

(1) Eh! pourquoi pas des particules *pierreuses* et extrêmement divisées, que l'eau qui s'insinue, par les pores du bois, dans son *intérieur*, y charrie d'abord, y dépose ensuite une à une, et qui, réunies avec les fibres ligneuses, forment ainsi un tout plus dur et plus compact qui n'est plus simplement bois ou pierre, mais l'un et l'autre !

(2) On pourroit étendre et varier beaucoup ces expériences, en plongeant des morceaux de bois de différente espèce, dans différentes espèces d'eau, saturées de ces substances ordinairement solides, que l'eau peut dissoudre à force de temps, et les y laisser pendant des temps plus ou moins longs; chauffer même ces bois et ces eaux, pour faciliter la pénétration; enfin substituer à l'eau d'autres liqueurs non corrosives, comme le vin, l'huile,

Au reste, un autre fait suffisamment vérifié, c'est qu'un œuf qui étoit resté au fond d'un fossé, durant plusieurs années, et qu'un peu de terre qu'on avoit jeté dessus par hazard, avoit dérobé à la vue, étoit devenu d'une dureté égale à celle de la pierre; les couleurs distinctes du blanc et du jaune s'y étoient conservées; et la coque, toute éclatante, présentoit une infinité de petits points brillans, comme le sucre ou l'albâtre.

86. Un autre exemple de ce *durcissement* des corps par le moyen du *froid*, mais qui est déja connu, c'est celui de la trempe des métaux, qui consiste à les chauffer d'abord, et à les plonger ensuite dans l'eau froide (1), opération qui augmente considérablement leur dureté, car alors l'action du froid est singulière-

---

l'urine, etc. où l'on auroit mis d'abord les substances qu'elles peuvent dissoudre.

(1) Ou dans l'huile, dans le suif, dans la graisse, dans le vin ou l'esprit de vin, l'urine, etc.

ment renforcée par la chaleur qui l'a précédée (1).

87. Il faut fixer aussi son attention sur ce genre de *durcissement*, qui est produit par la *chaleur*, dont l'effet est ou de durcir le corps, en faisant évaporer ses parties humides, comme on en voit un exemple dans les briques ou les tuiles; ou, si elle est plus forte, de liquéfier même les parties les plus dures, comme on l'observe dans le produit ordinaire du travail des verreries, ainsi que dans la vitrification des parties intérieures des fourneaux; enfin, dans celles des briques et des métaux. Dans la première de ces deux opérations, qui est un *durcissement* par voie de coction, sans liquéfaction, la chaleur produit graduellement trois effets différens; 1°. elle dur-

---

(1) Son *action* est proportionnelle à la *réaction* qui l'a, non *précédée*, mais *accompagnée*; car, lorsque le froid commence à agir, le métal est encore chaud; et lorsque le métal est tout-à-fait refroidi, la trempe n'a plus d'effet.

cit ; 2°. elle rend fragile ; 3°. elle réduit en cendres et calcine.

88. Mais voulez-vous obtenir un *durcissement* joint à un certain degré de *ténacité;* c'est-à-dire, à une moindre fragilité, il faut prendre une sorte de *milieu* entre le *chaud* et le *froid,* voie moyenne qu'Aristote a indiquée, mais sans l'avoir tentée lui-même ; je veux dire qu'il faut faire subir aux corps une sorte de coction dans l'eau bouillante, pendant trois ou quatre jours. Mais il faut choisir pour cela des corps tout-à-fait impénétrables à l'eau, comme les pierres, les métaux, etc. car si l'on prenoit des corps où l'eau pût s'insinuer, l'effet de cette *longue coction* seroit plutôt de les *amollir* que de les *durcir.* C'est pourquoi il faut mettre les corps mous dans des bouteilles de terre, et suspendre ces bouteilles dans l'eau bouillante, en laissant leurs orifices débouchés, et les tenant suffisamment élevés au-dessus de l'eau, de peur que ce fluide ne puisse s'y glisser ; à l'aide de cette précaution, ce qui

entrera dans les bouteilles, ce sera seulement la *chaleur potentielle* de l'eau, chaleur dont l'effet n'est rien moins que d'augmenter la fragilité des corps; mais la substance même de l'eau n'y entrera point.

Or, cette expérience que nous indiquons ici, nous l'avons autrefois tentée nous-mêmes, et tels en furent les résultats. Ayant mis dans une marmite remplie d'eau bouillante, un fragment de pierre de taille et un morceau d'étain, nous trouvâmes que la pierre s'étoit un peu pénétrée d'eau; car elle étoit plus molle et plus aisée à entamer en grattant, qu'un autre morceau de la même pierre qui étoit resté sec; l'étain, qui étoit demeuré impénétrable à l'eau, étoit devenu plus blanc et d'une couleur qui approchoit de celle de l'argent; mais il étoit beaucoup moins flexible qu'auparavant. De même ayant mis dans une bouteille, suspendue comme nous venons de le dire, une boule d'argile de grandeur raisonnable, et un morceau de fromage, avec un petit morceau de craie et un fragment de pierre de taille, nous fîmes les observations suivantes : l'argile égaloit en dureté la pierre même ; le fromage étoit aussi devenu beaucoup plus dur et assez difficile à couper ; et il en étoit de même de la craie et du fragment de pierre de taille. La couleur de l'argile ne ressembloit point du tout à celle de la brique cuite ; elle approchoit plutôt de ce blanc que produit ordinairement l'*insolation*.

N. B. Que toutes ces expériences dont nous parlons furent faites à un feu assez vif et assez grand : lorsque toute l'eau étoit consumée, on remettoit de nouvelle eau, mais déja chaude. La coction fut soutenue pendant douze heures ; et il est assez probable que si on l'eût fait durer deux ou trois jours, on auroit obtenu des effets encore plus marqués, comme nous l'avons dit dans les numéros précédens (1).

---

(1) On pourroit aussi étendre et varier ces expériences en substituant à l'eau d'autres liquides.

89. Quant au *durcissement*, par voie d'*assimilation* (car on observe, même dans les *corps inanimés*, un certain degré d'*assimilation*), on en peut juger par l'exemple de ces pierres qui se trouvent enchâssées dans une terre argileuse, près de la surface du sol; région où l'on trouve quelquefois des cailloux dans lesquels on distingue très bien des assemblages d'autres cailloux séparés seulement par une croûte de ciment ou de substance pierreuse, dont la dureté égale presque celle du caillou. Il seroit bon de faire quelque tentative sur ce sujet, afin de voir si une masse d'argile, de grandeur convenable, et où l'on auroit inséré différens cailloux, deviendroit, après un long espace de temps, plus dure qu'une autre portion d'argile prise dans la même masse, et où l'on n'auroit pas mis de cailloux. Nous voyons aussi, dans les débris des vieux murs et sur-tout dans la partie inférieure, que le ciment devient aussi dur que la pierre. On observe encore que les parois des fu-

tailles et autres vaisseaux de bois qui ont été remplis de vin, sont couverts d'une croûte de tartre qui l'emporte par sa dureté sur le bois même. Enfin, certaines écailles qui se forment sur les dents, paroissent être d'une substance plus dure que la dent même.

90. Mais les sujets où ce genre de *durcissement*, qui résulte de l'assimilation, se manifeste le plus sensiblement, ce sont les *corps animés*. Car aucune des substances dont se nourrissent les arbres et les animaux, n'égale en dureté le bois, les os, la corne, etc. Cependant une partie de ces substances se *durcit* ensuite par le seul effet de l'*assimilation* (1).

---

(1) Il est, dans les animaux et dans les plantes, un fait qui démonte tout l'échaffaudage des explications philosophiques, et qui pulvérise toutes les conjectures; ce sont les *os* des animaux, les *noyaux* de la plupart des fruits, et les pepins du raisin, des groseilles, etc. Comment se peut-il que la partie qui, se trouvant continuellement exposée à l'action de l'air et du soleil, sembleroit devoir se dessécher et se durcir, soit pourtant humide ou

Observation relative à la conversion de l'eau en air.

91. L'œil de l'entendement ressemble, sous plus d'un rapport, à l'œil du corps; et comme, dans un instrument d'optique ou de mathématique, on peut, par une fente très étroite ou un trou fort petit, appercevoir les plus grands objets, ce sont aussi les faits en apparence les plus vils et les plus méprisables, qui rendent le plus sensibles à l'œil de la raison, les principes les plus élevés et les plus profonds mystères de la nature. Parmi les objets visibles, il n'en est point où cette *soudaine déprédation* que l'air exerce sur l'*humor aqueux*, soit aussi sensible qu'elle le devient par la promptitude étonnante avec laquelle se résout et s'é-

---

très molle, tandis que celle qui est renfermée sous cette enveloppe, et quelquefois trempée dans un suc très abondant, devient, en trois ou quatre mois, aussi dure que l'est, par exemple, un noyau de pêche, un noyau d'olive, etc.? Cela ne peut s'expliquer que par la supposition de notre auteur.

vanouit cette espèce de petit nuage qui se forme quand on pousse son haleine, ou toute autre vapeur, contre le verre ou une lame d'épée, ou tout autre corps poli qui n'est pas susceptible de retenir cette vapeur et de s'en pénétrer ; car ce petit nuage, ce brouillard si léger est enlevé rapidement et se dissipe aussi-tôt. Or, si une vapeur de cette espèce, lorsqu'elle est grasse et huileuse, ne se dissipe pas de même, ce n'est pas qu'elle adhère avec plus de force que la vapeur aqueuse, à la surface du corps poli, mais parce que, dans ces *déprédations* dont nous parlons, c'est l'air qui s'empare de l'eau, au lieu que c'est le feu ou la flamme qui s'empare de l'huile. Aussi voyons-nous que, pour lever une tache d'huile ou de graisse, on emploie un charbon enveloppé dans du papier brouillard (1) ;

---

(1) Si l'on faisoit usage de sa recette, le charbon feroit un trou au papier brouillard, puis à l'habit, et la tache seroit levée, sans compter que le dégraisseur se brûleroit les doigts ; encore fau-

car alors le feu agit sur la substance grasse comme l'air agit sur l'eau. Nous voyons aussi que le papier imbibé d'huile, ou le bois qui en est enduit, ou tout autre corps semblable dont la surface est grasse, conserve très long-temps son humidité; au lieu que, s'il est imbibé d'eau, il se sèche ou se putréfie plus promptement. La vraie cause de cette différence est que l'air se mêle difficilement avec l'*humor huileux*.

Observation sur la force de cohésion.

92. Ce qui est vraiment fait pour ex-

---

droit-il marcher bien droit pour faire un si beau coup. Mais si, ayant appliqué le papier brouillard sur l'habit, à l'endroit de la tache, et mis dans une cuiller d'argent ou de fer, un charbon allumé, on passe plusieurs fois cette cuiller sur le papier en appuyant un peu fort à l'endroit où est la tache, la chaleur fera fondre la substance grasse, le papier s'en imbibera, et la tache disparoîtra peu à peu; non parce que la chaleur réduit en vapeur la matière grasse, mais, parce qu'en la rendant fluide, elle fait que le papier brouillard peut s'en imbiber.

citer l'étonnement, c'est que cet exemple, en apparence si peu important, du petit nuage qui se forme sur le verre, sur le diamant, ou sur une lame d'épée, soit suffisant pour démontrer l'énergie de la *force de cohésion*, même dans la plus petite quantité de matière, dans les corps les plus ténus, et pour montrer combien elle contribue à la conservation de la *forme actuelle* dans un corps, et à la résistance qu'il oppose à l'introduction d'une nouvelle. Car, si vous observez avec un peu plus d'attention ce petit nuage dont nous parlons, vous verrez que c'est toujours par les bords qu'il commence à se dissiper, et que la partie qui se dissipe la dernière, est celle du milieu. Nous voyons encore que l'eau, employée en grande quantité dans une infusion, extrait le suc du corps qu'on y fait infuser, mais que ce corps se pénètre et s'imbibe aussi d'une partie de cette eau. Et c'est principalement par cette raison que, dans l'opération où les corps sont *transformés* ou *altérés*, les résultats de l'expérience faite en grand, sont tout autres que ceux de la même expérience faite en petit; ce qui trompe souvent l'attente, ou fait illusion (1). Car un corps d'une plus grande masse, comme nous l'avons dit, résiste davantage à l'altération de sa forme, et exige de la part de l'agent une plus grande force pour surmonter cette réaction.

Expérience tendant à changer la couleur des poils dans les animaux terrestres; et celle des plumes dans les oiseaux.

93. Dans l'expérience, n°. 5, nous avons attribué les couleurs vives du plumage des oiseaux à la *finesse du filtre* à travers lequel passe l'*humeur excrémentitielle* dont ces plumes sont for-

---

(1) C'est une différence dont nous avons rendu raison dans une note de l'ouvrage précédent, en faisant voir que la *subdivision* des corps *agens*, par les cinq nouvelles conditions qui en résultent, favorise de cinq manières la dissolution des composés.

mées; dans celle-ci, nous tâcherons d'appliquer ce principe à la pratique. Car notre *Sylva Sylvarum* n'est point, à proprement parler, une *histoire naturelle*, mais plutôt une sorte de *magie naturelle* d'un genre plus élevé, attendu que, non contente de *décrire* la nature, elle *analyse* ses plus grandes opérations pour mettre l'homme en état de les *imiter* (1). Ainsi,

---

(1) Comme cette histoire naturelle, suivant le plan qu'il a tracé, n'est pas une *masse de faits purement passive*, mais une *collection active*, composée de *faits choisis pour servir de base à la philosophie*, il étoit nécessaire, pour *aider la mémoire* à retrouver ceux dont elle aura successivement besoin, pour *faciliter les inductions* qu'on en pourra tirer par la suite, et répandre un vif intérêt sur son sujet, qu'en *rapportant* et *décrivant ces faits*, il indiquât souvent les *principes* auxquels ils peuvent conduire, les *théories* qu'ils peuvent *établir*, et les *conséquences pratiques* qu'on en peut *tirer*. En un mot, telle est la formule tacite qui semble le diriger à chaque pas : *Ce fait importe à telle théorie, qui, une fois bien établie, montrera la véritable raison de telle grande opération de la nature*, et qui sera sus-

pour revenir à notre sujet, vous oindrez des pigeons ou d'autres oiseaux, quand ils n'auront encore que le duvet, ou des animaux terrestres presque naissans, par exemple de petits chiens, en les tondant autant qu'il sera possible; mais ayez soin d'employer, pour cette onction, une substance qui n'ait aucune qualité nuisible à la chair de l'animal, et qui de plus soit de nature à se durcir et à adhérer fortement; puis voyez si ce moyen suffit pour changer la couleur des plumes ou des poils. C'est un fait désormais constaté que, si l'on arrache aux oiseaux les premières plumes qui paroissent, il en repousse de nouvelles et de couleur blanche. Il est certain aussi que cette *couleur blanche* vient d'un certain *appauvrissement* et *d'un défaut d'humidité*; c'est ainsi que les violettes, dont la couleur naturelle est le

---

ceptible de telles applications dans la pratique. Ainsi, analysez ce fait avec le plus grand soin; comparez-le aux faits de la même classe; variez-le de telle manière; appliquez-le à tels usages, etc.

bleu, pâlissent et deviennent blanches quand elles se fannent. L'âge et des cicatrices font blanchir les plumes des oiseaux et le crin des chevaux; les mêmes causes, dans l'homme, produisent le même effet. Il est donc fort probable que, si les premières plumes des oiseaux sont souvent de couleurs si différentes, cette diversité dépend de celle de leur tempérament et du plus ou moins de porosité de leur peau. Mais lorsque cette peau est plus ferme, alors les plumes deviennent blanches. Cette expérience que nous venons d'indiquer, seroit d'une grande utilité, non-seulement pour *varier* à volonté, et d'une manière très curieuse, *la couleur* des oiseaux et des animaux terrestres, mais encore pour *pénétrer* plus profondément dans *la nature de la couleur en général*, et pour distinguer celles qui exigent des pores plus grands ou plus étroits.

Observation sur les différentes manières dont se nourrissent les animaux avant de naître.

94. En vertu d'une admirable disposition de la divine providence, disposition judicieusement observée par certains auteurs, le jaune de l'œuf contribue peu à la génération de l'oiseau, et est presque uniquement destiné à sa nourriture; car si l'on dissèque un poulet nouvellement éclos, on y trouve une grande partie de ce jaune; de plus, il est de toute nécessité que les oiseaux, qui sont engendrés hors de la matrice, trouvent dans l'œuf et une substance dont leurs corps puissent *se former,* et une autre substance dont ils puissent *se nourrir.* Car une fois que l'œuf est pondu et séparé du corps de la femelle, il n'en tire plus *aucun aliment,* mais seulement une *chaleur vivifiante* qu'elle lui communique par l'*incubation.* Au lieu que l'homme et les autres animaux terrestres n'ont besoin d'aucun *aliment intérieur,* vu qu'ils sont

engendrés dans la matrice même de la femelle, d'où ils tirent, par une action continue, la substance qui les nourrit.

Observations et expériences diverses sur la sympathie et l'antipathie, appliquées aux usages de la médecine.

95. C'est une opinion reçue et fort ancienne, que les *cantharides* appliquées à telle ou telle partie du corps, *affectent la vessie*, et peuvent même l'*ulcérer*, si on les tient trop long-temps dessus. Un fait auquel on ajoute foi aussi, c'est qu'une certaine pierre apportée des *Indes orientales*, en Angleterre, avoit une vertu particulière pour pousser hors des rheins ces *calculs* qui s'y forment, et même pour les dissoudre : ensorte qu'appliquée au *carpe* de la main, elle chassoit par bas ces calculs avec tant de force, que la violence même de cette action obligeoit de l'ôter de temps en temps.

96. Une autre opinion également reçue et confirmée par une expérience jour-

nalière, c'est que les *plantes des pieds* ont une *relation* très étroite avec la *tête* et l'*orifice de l'estomac*. Aussi, lorsque les personnes accoutumées à porter des chaussures, marchent nuds pieds, ces deux autres parties sont-elles affectées (1). Les poudres de nature chaude, appliquées aux plantes des pieds, ont le double effet d'atténuer d'abord la matière d'un rhume, et d'en provoquer ensuite l'évacuation. C'étoit d'après la connoissance de

---

(1) Il n'est pas besoin de supposer des sympathies ou des antipathies pour expliquer tous ces effets; ils peuvent s'opérer soit par la voie des nerfs qui, ayant des troncs communs, et se distribuant à toutes les parties du corps, font ainsi que toutes les parties communiquent entr'elles, plus ou moins, et en raison du nombre des rameaux nerveux qui leur sont communs; soit par la voie du sang : car, l'on conçoit aisément que les différentes portions de ce fluide toujours circulant, passant successivement dans une partie très échauffée ou très refroidie, ou affectée par un topique, toute la masse du sang, au bout d'un certain temps, doit être affectée semblablement, et communiquer cette affection à toutes les autres parties.

cette relation, qu'un médecin, un peu charlatan, qui, par des airs mystérieux, tâchoit de faire valoir les secrets de l'art, recommandoit pour le rhume, de se promener continuellement dans une allée semée de *camomille*, faisant entendre couvertement qu'il falloit mettre de la *camomille* dans ses pantoufles. C'est en vertu de cette même relation, que des pigeons récemment ouverts et encore saignans, étant appliqués à la plante des pieds, guérissent le mal de tête; et que les narcotiques appliqués à la même partie, provoquent le sommeil.

97. Il paroît que cette même sympathie qui existe entre les plantes des pieds et la tête, a lieu également entre les mains (sur-tout les *carpes*) et le cœur, puisque le pouls indique très sensiblement les affections et les maladies du cœur ou des esprits. On s'est également assuré par l'expérience que le suc de *giroflée*, de *rose-campian*, *d'ail*, ou d'autres plantes analogues, appliqué aux carpes des mains, et renouvellé de temps

en temps, peut guérir des maladies chroniques. Nous pensons qu'il seroit encore utile de se laver les mains dans certaines liqueurs; et c'est aussi un assez bon remède pour les fièvres chaudes, que de tenir dans ses mains des œufs d'albâtre ou des boules de crystal. Mais nous entrerons dans de plus grands détails sur ce sujet, lorsque nous traiterons *ex-professo* de la sympathie et de l'antipathie.

Observation sur les procédés les plus secrets de la nature.

98. Les connoissances humaines ont été jusqu'ici bornées aux choses qu'on peut voir et observer; ensorte que tout ce qui échappe à la vue, à cause de la petitesse d'un corps pris entier, ou de ses parties, et de la subtilité des mouvemens, a été mal approfondi. Ces objets imperceptibles sont pourtant ce qui joue le principal rôle dans la nature; si on les néglige, il est impossible de faire l'analyse complette des phénomènes, de con-

noître la vraie marche de la nature, et de l'imiter. Les *esprits*, ou *substances pneumatiques*, qui résident dans tous les corps *tangibles*, sont à peine connus. Tantôt on leur donne le nom de *vuide*, quoiqu'ils soient, dans chaque composé matériel, ce qu'il y a de plus *actif;* tantôt on les prend pour l'*air*, dont ils diffèrent étonnamment, et autant que le vin diffère de l'eau; ou l'eau, de la terre. Quelquefois on s'imagine que c'est le *feu* naturel, ou *une portion du feu élémentaire*, quoique tel de ces esprits soit d'une nature *crue* et *froide*. D'autres fois, enfin, on les qualifie de *vertus* ou de *qualités invisibles* des corps tangibles et visibles, quoique ces *esprits* soient de vraies *substances ;* et lorsqu'il est question des plantes ou des animaux, on leur donne le nom d'*ames* (1). On s'amuse de ces spéculations superficielles, comme d'une perspective qui montre les objets

---

(1) D'ame végétative.

dans l'éloignement, mais seulement en peinture; et cette question ne s'arrête point aux *mots*, mais elle envisage un sujet *très réel, très matériel*, et qui a un fondement très solide dans la nature. Car ces *esprits*, après tout, ne sont autre chose que les *corps naturels* mêmes, mais *plus ou moins raréfiés* et renfermés dans les corps tangibles, qui leur servent comme d'*enveloppe*, de *vêtement*. Ils ne *diffèrent* pas moins les uns des autres que ces *parties* mêmes qui sont *denses* et *tangibles*; ils résident *dans tous les corps tangibles*, et dans la plupart de ces corps ils sont *toujours en action*. Ces *esprits* sont le *principal agent* qui opère la *dessiccation*, la *liquéfaction*, la *concoction*, la *maturation*, la *putréfaction*, et les principaux effets de la nature. Car, comme dans l'ouvrage portant pour titre : *de la Sagesse des anciens*, nous avons figuré allégoriquement ces *esprits* sous la fable de *Proserpine;* vous trouverez que, dans la région infernale, *Pluton ne fait presque rien*, et que c'est *Proserpine qui fait presque tout* (1), attendu que les *parties tangibles* des corps sont *inertes* et comme *stupides*, et que ce sont les *esprits* qui *font tout*. Lorsqu'il a été nécessaire de marquer *les différences des parties tangibles*, l'industrie des chymistes a su répandre quelque jour sur cette matière, en *séparant*, à l'aide des distillations et autres procédés de décomposition, les *parties huileuses*, d'avec les *parties crues*; les *pures*, d'avec les *impures*; les *parties ténues*, d'avec les *plus grossières*; et ainsi des autres *élémens constitutifs*. Les médecins se contentent de savoir que les *simples* et les *drogues* sont composés de parties de différente espèce ; que l'*opium* a des parties qui diminuent la sensibilité, et d'autres qui échauffent; que les dernières provoquent les sueurs, et les premières, le sommeil ; que la rhubarbe est composée de parties purgatives et de parties astringentes. Quant à des recherches

---

(1) *Pluton* représente *les parties grossières et tangibles*.

approfondies et complettes sur ce sujet, c'est ce qu'on a fort négligé ; et ce que nous avons en ce genre se réduit à bien peu de chose. Il en faut dire autant des différences plus délicates des petites parties de chaque composé, et de leur arrangement dans le tout; deux causes qui produisent de si puissans effets ; on n'a observé ni toutes ces parties, ni tous leurs mouvemens, qui ont tant d'influence ; omission qui vient de ce que ces mouvemens et ces parties sont *invisibles* et échappent à l'observation : ce n'est qu'à l'aide d'*expériences imaginées ad hoc*, qu'on peut les rendre *sensibles* par leurs effets : conformément à cette réponse fameuse de Démocrite ; comme on lui reprochoit d'avoir avancé que le monde est composé d'atomes semblables à ceux qu'on voit voltiger au soleil : l'*existence de l'atome*, répondit-il, *est invinciblement démontrée par l'expérience et la raison ; quant à l'atome lui-même, jamais mortel ne le vit.* Ainsi, ce *mouvement tumultueux* qui s'excite dans les parties des solides, lorsqu'on les comprime, et d'où résulte l'expulsion des petites parties, qui ensuite se répandent dans l'air; mouvement qui est aussi la cause des autres mouvemens méchaniques, comme nous l'avons déja fait entendre, et comme nous l'expliquerons plus amplement dans le lieu convenable; ce mouvement intestin, dis-je, n'est pas sensible à la vue. C'est pourtant l'ignorance sur tous ces points, c'est cette insouciance et cet esprit superficiel qu'on porte dans de telles recherches, qui fera que vous ne pourrez jamais découvrir, et beaucoup moins encore produire grand nombre de mouvemens méchaniques. Quant à ce qui regarde ces mouvemens qui ont lieu dans l'intérieur des corps, mouvemens d'où résultent les effets dont nous venons de parler, ainsi que ces actions que les esprits exercent sur les parties tangibles, et d'où résultent la *dessiccation*, la *liquéfaction*, la *concoction*, la *maturation*, etc. c'est un sujet qu'on n'a pas encore traité complettement. Mais on se tire d'affaire ordinairement en les désignant par les noms de *facultés naturelles, d'actions,* de *passions,* ou d'autres semblables, qui ne sont que des termes de *logique,* et l'on en reste là.

Observation sur l'action puissante du feu et de la chaleur.

99. Il est certain que la *chaleur* est *la plus grande de toutes les puissances physiques,* et le *premier de tous les instrumens, soit dans l'immense attelier de la nature, soit dans ceux de l'art.* Il n'est pas moins évident que les cas où la *chaleur* est portée *au plus haut degré,* sont ceux où *elle exerce son action* sur les corps, sans qu'il y ait *aucune dissipation, aucun déchet de substance; déchet* qui rend toutes les *proportions incertaines.* Ainsi, rien n'est plus propre pour manifester son énergie, son action puissante, que *les distillations dans les vaisseaux clos,* et dans les récipiens exactement fermés. Mais cette altération

que nous avons en vue, peut être poussée encore plus loin; car, quoique ces distillations, dont nous venons de parler, retiennent les corps dans une espèce de *prison*, et empêchent ainsi *toute dissipation de leur substance*, elles ne laissent pas de leur laisser encore *un espace suffisant* pour se convertir en vapeurs, revenir à l'état de liqueur, et se séparer de nouveau les unes des autres. Comme, dans de tels vaisseaux, la nature peut encore *se donner carrière*, quoiqu'elle *ne jouisse pas d'une entière liberté*, il arrive de là qu'on ne peut y observer les vrais, les *plus puissans effets* de la chaleur. Mais si les corps pouvoient être altérés par la chaleur, de manière qu'ils ne pussent, *en allant et revenant ainsi d'un état à l'état opposé, se raréfier, se condenser et se dilater encore*, il est probable qu'alors *ce protée de la matière étant bien lié, bien garotté, il seroit forcé de changer de formes et de subir une infinité de métamorphoses*. Pour parvenir à ce but, prenez un vaisseau de fer de forme cubique, dont les côtés soient très épais et très solides; mettez-y un cube de bois qui le remplisse exactement. Ajustez à ce vaisseau un couvercle également de fer et aussi épais que les côtés; pour le boucher encore plus exactement, luttez ce couvercle à la manière des chymistes. Enfin, mettez ce vaisseau sur des charbons ardens, ayant soin de bien entretenir le feu, et laissez le tout en cet état pendant quelques heures. Je présume que, l'inflammation et l'évaporation ne pouvant plus avoir lieu, et le corps ne pouvant plus réagir que sur lui-même, il arrivera de ces deux choses l'une; ou ce cube de bois se convertira en une sorte de *bouillie*, ou les parties les plus ténues se convertiront en air; et les plus grossières, à force de se cuire, de se rôtir, s'attacheront aux parois du vaisseau, où elles formeront une sorte d'incrustation très adhérente, et composeront ainsi une matière plus dense que ne l'étoit le bois même, lorsqu'il étoit crud. Faites aussi cette autre expérience : mettez de l'eau dans un vaisseau semblable à celui que nous venons de décrire, et fermez-le avec le même soin. Mais employez une chaleur plus foible : tirez de temps en temps le vaisseau de dessus le feu ; laissez-lui le temps de se refroidir ; puis renouvellez la chaleur ; alternative de refroidissement et de réchauffement qu'il faut réitérer un certain nombre de fois. Cela posé, comme l'eau est de toutes les substances une des plus simples et des plus homogènes, si, à force de la tourmenter à l'aide de la chaleur, et de réitérer l'opération, vous parvenez à en changer la couleur, l'odeur et le goût, vous pourrez vous flatter d'avoir obtenu un des plus beaux résultats qu'il soit possible d'obtenir ; d'avoir fait un grand pas dans la science qui a pour objet la transformation des corps, ou la production de nouvelles substances ; et d'avoir enfin découvert ce moyen, si long-temps cherché, d'opérer en peu d'heures, à l'aide du feu, ce que le soleil et la nature ne

peuvent faire qu'à force de siècles (1).
Les puissans effets de ces distillations
dans les vaisseaux clos, qui auroient quelqu'analogie avec ce qui se passe dans
la matrice des femelles d'animaux, où
rien ne s'exhale et ne se dissipe, sont
un sujet que nous traiterons plus amplement en son lieu. Mais qu'on n'aille pas
s'imaginer que nous ayons ici en vue les
pigmées de Paracelse, ou autres chimères monstrueuses de cette nature (2);
notre but est seulement qu'on se persuade bien que si les hommes savoient
retenir et concentrer toute l'action de la chaleur, elle auroit des effets, une éner-

---

(1) Cette dernière expérience diffère peu de celles qu'on a faites depuis avec cet appareil qu'on appelle, je ne sais pourquoi, *la marmite de Papin,* et qu'on devroit appeler *la marmite de Bacon,* puisque c'est Bacon qui en a donné la première idée.

(2) Ce Paracelse et Amatus-Lusitanus virent au fond de leur creuset de petits hommes chymiques et chimériques, que leur prolifique imagination y avoit engendrés.

gie dont ils peuvent à peine se former une idée.

Observation sur l'impossibilité de tout véritable anéantissement.

100. Il n'est point de vérité plus certaine que celle-ci : *il est impossible d'anéantir aucun corps ; et comme la puissance infinie de l'Être suprême fut nécessaire pour tirer des corps du néant et pour créer, il ne faut pas moins que cette toute-puissance pour faire rentrer un corps dans le néant.* Certain chymiste, peu connu, a judicieusement observé que, s'il est possible d'opérer quelque transformation extraordinaire, ce ne peut être qu'en tourmentant un corps, et s'efforçant, par toutes sortes de moyens, de l'anéantir. Et dans cette opération même on trouveroit un puissant moyen pour préserver un corps de tout changement. Car si l'on peut empêcher les corps de se convertir en air, en ne laissant autour d'eux aucun vuide où l'air extérieur puisse se loger, ou de pas-

ser dans les corps adjacens, en les environnant de corps de nature toute différente de la leur; enfin, de *faire le cercle dans leurs propres limites* (1), *en agissant et réagissant sur eux-mêmes ;* alors ils deviendroient *immuables*, en supposant même que, de leur nature, ils fussent *périssables et sujets au changement.* Nous voyons, en effet, que des mouches, des araignées ou autres insectes semblables, trouvent dans l'*ambre jaune* une sépulture plus durable que ces monumens où les Égyptiens déposoient les cadavres de leurs rois après les avoir embaumés avec tant de soin. Nous pensons qu'on parviendroit au même but, en tenant les corps plongés dans le *mercure ;* mais alors il faudroit que ces corps fussent aussi minces que des feuilles d'arbre, de papier ou de parchemin. Car

---

(1) *D'aller et venir d'un état à l'état opposé, en se transformant en des substances plus rares et plus denses, alternativement*, comme il a été dit dans le n°. précédent.

s'ils étoient d'une certaine épaisseur, ils pourroient encore s'altérer dans leur propre substance (par cette action et cette réaction alternatives dont nous avons parlé), quoiqu'ils ne se consumassent pas; mais nous entrerons dans de plus grands détails sur ce sujet, au numéro où nous traiterons *ex-professo* de la *conservation des corps*.

CENTURIE II.

Expériences et observations diverses sur les sons et la musique.

La *musique*, quant à l'*exécution* et à la *pratique*, a été jusqu'ici cultivée avec beaucoup de soin, et s'est enrichie d'observations aussi variées que multipliées. Mais il n'en est pas de même de la *théorie*, sur-tout de celle qui a pour objet *cette connoissance des causes qui sert à rendre raison de la pratique*. On l'a envisagée très superficiellement, et réduite à je ne sais quelles subtilités mystérieuses où l'on ne trouve pas plus de vérité que d'utilité. Ainsi, nous allons, suivant notre méthode ordinaire, joindre *la théorie à la pratique.*

101. Tous les *sons* possibles se divisent en deux classes ; savoir : les sons *musicaux*, communément appellés *tons*, dont toute espèce d'*harmonie* est composée (1), et qui sont toujours *égaux* (toujours les mêmes, uniformes), classe où l'on peut ranger les *chants*, les sons, tant des *instrumens à vent* ou *à cordes*, que des *voix modulées;* enfin, ceux des *cloches*, des *timbres*, etc. et les sons *non musicaux*, sons toujours *inégaux*, tels que la *voix d'un homme qui parle*, qui *murmure* ou qui *chuchotte, les voix des animaux terrestres*, et celles des *oiseaux*, (à l'exception des oiseaux chan-

---

(1) L'*harmonie* et la *mélodie*, devoit-il dire, dont l'une est l'effet de *la succession de certains tons;* et l'autre, l'effet de *leur simultanéité*, ou de leur *succession extrêmement rapide;* car la simultanéité rigoureuse n'est rien moins qu'une condition absolument nécessaire dans l'harmonie.

tans); tous les sons que rendent certains corps frappés ou frottés, comme *pierres, bois, peaux* (par exemple, celle d'un tambour), et une infinité d'autres corps analogues.

102. Les *sons* qui constituent les *tons* proprement dits, sont produits par des corps, dont la *texture* est *uniforme* (soit quant aux pores, soit quant aux parties solides), et analogues en cela aux sons mêmes qu'ils rendent ; ils sont l'effet de la *percussion*, soit des *métaux*, comme dans les *cloches* ou les *timbres;* soit du *verre*, comme dans ceux que l'on fait résonner à l'aide d'une chiquenaude ; soit de l'*air*, comme dans les *voix chantantes*, dans les différentes espèces de *flûte*, grandes ou petites, dans les *orgues* et autres instrumens à vent; soit enfin de l'*eau*, comme dans ces espèces de flûtes qui font partie des orgues portatives, et qui imitent le chant du rossignol, ou dans les grandes orgues ; ou enfin dans toutes ces machines hydrauliques et musicales qui furent autrefois en usage, et dont

Néron faisoit si grand cas; mais qui, étant tombées depuis en désuétude, sont aujourd'hui inconnues (1). Si quelqu'un, supposant que les *cordes* d'un instrument, l'*archet* (le *crin*) et l'*instrument* même ne sont pas des corps d'*une texture uniforme*, s'imaginoit que, nonobstant le défaut de cette condition, ils ne laisseroient pas de produire encore des *tons*, il seroit certainement dans l'erreur; car, dans un *violon*, le son ne s'engendre pas plus *entre l'archet et la corde*, qu'il ne s'engendre *entre la corde et le doigt* ou *la plume*, dans d'autres instrumens; mais *entre la corde et l'air* (2). Ensorte que,

---

(1) Il étoit mal informé; car on voit encore un grand nombre de ces machines dans les *villes* de *Frescati*, d'*Albano*, de *Tivoli*, mais sur-tout dans la ville d'*Est*, une de ces dernières et appartenant à la Maison Impériale; on trouve la description de quelques-uns de ces instrumens dans *Kirker*, *De Chales*, *Scoth*, etc. tous faits que nous avons vérifiés par nous-mêmes, ayant vu ces machines et transcrit ces descriptions.

(2) A proprement parler, le son ne s'engendre

tout examiné, il n'est que *trois sortes de percussion* qui puissent produire des *tons;* savoir : celle des *métaux,* nom sous lequel nous comprenons aussi le *verre,* celle de l'*eau* et celle de l'*air.*

103. Le *diapason,* ou *l'octave musicale,* est un accord très agréable, et peut même être regardé comme une sorte d'*unisson;* ce dont il est aisé de s'assurer par soi-même sur un luth ou un violon garni de cordes un peu grosses (1), et en faisant résonner ensemble deux cor-

---

ni entre l'archet et la corde, ni entre la corde et l'air, mais entre certaines parties de l'oreille et celle qui est le siège de cette espèce de sensation; ou plus exactement, le son paroît être *la perception de l'ébranlement,* ou, si l'on veut, *des vibrations excitées dans l'organe de l'ouïe; mouvement oscillatoire communiqué à l'oreille par l'air; et à l'air, par le corps sonore.*

(1) Par exemple, sur le violon, chaque corde à vuide et le troisième doigt sur la précédente, donnent cet accord, si avec l'archet on touche ces deux cordes en même temps ; et on aura ainsi ces trois accords d'octave, *la la, ré ré, sol sol.*

des, dont les tons soient à cet intervalle de l'octave, ce qui ne produira qu'un seul son (plus fort), et il en sera de même de toute autre huitième note en montant; par exemple, de la quinzième, comparée à la huitième; de la vingt-deuxième, comparée à la quinzième, et ainsi de suite à l'infini; ce ne sont que des degrés du diapason (1). La cause de ce phénomène singulier est encore inconnue; et comme on n'a pu jusqu'ici en rendre raison, c'est un point qui mérite d'être approfondi. L'*air*, qui est le *sujet général du son*, ne laisse pas, dans ceux mêmes qui ne doivent pas être regardés comme des tons (et qui, par cette raison, sont *très inégaux*, comme nous l'avons dit plus haut), ne laisse pas, dis-je, d'être susceptible d'un grand nombre de modifications, toutes diffé-

---

(1) Il se trompe : les *degrés de l'octave* sont les *sept intervalles* qui la composent; il veut dire, différons degrés d'un même ton; mais en prenant ce mot *degré* dans le sens *physique*.

rentes, toutes distinctes, comme le prouvent les différentes voix des animaux, et principalement celles des hommes; car on distingue fort bien les uns et les autres, un à un, par la seule différence de leur voix : c'est ce que prouvent également ces différentes combinaisons qu'on peut faire des sons des lettres simples ; combinaisons d'où résultent les sons articulés et composés, qui, de tous les sons connus, paroissent être les plus variés. Dans ces autres sons, appellés *tons*, et toujours *égaux* (*uniformes*), l'air n'est pas susceptible d'un si grand nombre de modifications différentes, mais il est forcé de prendre *une seule et même figure*, qui peut être *plus grande ou plus petite*. C'est ainsi qu'à l'aide de lignes droites ou courbes, perpendiculaires ou obliques, on peut composer une infinité de figures possibles, et toutes différentes, pour peu qu'on suppose que les lignes qui forment ces différens assemblages, sont de différentes espèces, inégales, ou inégalement inclinées ; mais des cercles, des quarrés, des triangles équilatéraux, etc. (toutes figures composées de lignes semblables, égales et également inclinées, ou toutes perpendiculaires), sont tous semblables entr'eux, et ne peuvent différer que par leurs grandeurs (1).

104. Comme on pourroit s'imaginer que nous attribuons *au nombre 8, une vertu particulière,* d'où résulte *la propriété de l'octave,* il est nécessaire d'observer que, si l'on a préféré ce nombre à tout autre, c'est parce que, pour la facilité et la précision du calcul, il a fallu choisir *un nombre qui pût se diviser et se sous-diviser toujours par deux et sans reste, jusqu'à l'unité ;* mais, dans l'échelle des sons, si l'on s'élève

---

(1) Je suis obligé ici de réformer totalement le texte qui n'est pas supportable. On voit, pour le dire en passant, que presque par-tout où il emploie le mot *égaux*, il faut substituer le mot *semblables*. Mais j'ai dû lui donner le temps de s'expliquer, afin que le lecteur sentît mieux la nécessité de cette substitution.

successivement d'un ton quelconque jusqu'à son octave, on rencontre deux *bémols (deux demi-tons)*; car, si vous divisez l'octave en parties égales, vous trouverez qu'elle n'est composée que de sept tons entiers (1), lesquels subdivisés en demi-tons, comme ils le sont sur un *luth*, forment treize sons différens (2).

105. Il est vrai que, lorsqu'on élève ou baisse la voix, dans les cas mêmes où l'on ne pense guère à cette division par tons

---

(1) Elle n'est composée que de cinq tons entiers et de deux sémi-tons : par exemple, l'octave d'*ut* naturel est composée d'abord de *deux tons entiers* formant *la tierce majeure ut, mi*; puis d'un demi-ton, de *mi* à *fa*, et *d'un ton entier*, formant à eux deux la *tierce mineure, mi, sol* (deux tierces qui, prises ensemble, forment la quinte, *ut*, *sol*); enfin de *deux tons pleins* et d'un *demi-ton*, de *si* à *ut, formant à eux trois la quarte, sol, ut*.

(2) Treize *sons différens*, et seulement douze intervalles, dont chacun *n'est que d'un demi-ton*; mais ni les tons entiers, ni les demi-tons ne sont *égaux*; on distingue des tons *majeurs* et des tons *mineurs*; et la même différence s'observe dans les demi-tons.

entiers ou par sémi-tons (ce qu'on appelle ordinairement la *mesure égale*), on ne laisse pas de rencontrer encore deux demi-tons; variation qui dépend de la nature même des sons. En effet, essayez d'élever ou de baisser votre voix d'une octave, en marchant, ou par sémitons, comme on le peut faire avec les doigts sur un luth, à l'aide de ses divisions, ou par tons entiers, vous n'en pourrez venir à bout: par où l'on voit que la nature et la loi de l'harmonie (de la mélodie) exigent, après trois tons entiers, *l'interposition d'un demi-ton* (1).

106. Il faut encore observer (quelque vertu qu'on doive ou qu'on veuille attribuer aux nombres pour déterminer les accords) que cette vertu doit moins être attribuée au nombre entier lui-même qu'à celui qui le précède; je veux dire que, si, après six tons entiers ou douze demi-tons, le même son revient, la septième

---

(1) Après l'intervalle de deux tons entiers, exigent l'intervalle d'un demi-ton.

ou la treizième note n'y fait rien; mais que c'est la sixième ou la douzième qui fait tout; la septième et la treizième n'étant, pour ainsi dire, que les limites et les confins de ce retour (1).

107. Parmi les *accords musicaux*, soit parfaits, soit imparfaits, qui se trouvent entre l'unisson et l'octave, le plus agréable de tous est la *quinte*, puis la tierce (2), ensuite la *sixte*, qui est un peu plus dure (aigre, revêche), ainsi que la *quarte* (du moins, suivant le goût des anciens, et même de beaucoup de modernes, y compris le mien); accord que les Grecs appelloient *diatessaron*. Je ne dis rien de la dixième, de la douzième, ni de la treizième, et ainsi de suite à l'infini;

―――

(1) Cependant une preuve que la *dernière note*, soit qu'on marche par tons entiers ou par semitons, est la vraie cause *du retour*, c'est que si, au lieu de cette *dernière*, on faisoit entendre la *pénultième*, il n'y auroit point de *retour*.

(2) Mais quelle tierce? est-ce la *tierce majeure* composée de *deux tons pleins*, ou la *tierce mineure* composée *d'un demi-ton et d'un ton entier*?

parce que ces accords ne sont que des *retours* ou *répétitions* des précédens; savoir : de la *tierce*, de la *quinte* et de la *sixte*, dont ils sont les *octaves* respectives.

108. De toutes les *dissonances*, les deux plus choquantes sont la *seconde* et la *septième*, dont l'une est immédiatement au-dessus de l'unisson; et l'autre, immédiatement au-dessous de l'octave (1); deux exemples qui prouvent que la loi de l'harmonie exige entre les tons dont on la compose, une certaine distance déterminée.

109. Dans une symphonie, si un ton ne forme point de dissonance avec la basse (quand même il en formeroit une ou plusieurs avec les autres parties), l'harmonie n'est point troublée, pourvu toutefois qu'on excepte la seconde, qui de toutes les dissonances est la moins supportable. Ainsi, les *quatre parties fon-*

---

(1) Dans la gamme d'ut naturel, *ut* et *re* forment *une seconde*; *ut* et *si*, *une septième*.

damentales de toute symphonie sont l'*octave*, la *quinte*, la *tierce* et la *basse*, qui composent ce qu'on appelle l'*accord parfait* (1) ; mais si l'on part du premier dessus, cette quinte alors est une quarte (2), et la tierce est une sixte (3). La raison de cette loi est que la basse étant plus grosse, et frappant une plus grande quantité d'air, couvre, noie, pour ainsi dire, le premier dessus, et efface ainsi un léger défaut ; ce qu'elle ne fait pas, lorsque la dissonance est extrêmement choquante. Nous voyons en effet que telle des dernières cordes d'un luth ne donne aucun des sons de la première corde, ni même aucun des sons intermédiaires, mais seulement le son de la basse (4).

―――――――――

(1) Comme *ut*, *mi*, *sol*, *ut*.
(2) *Ut*, *sol*.
(3) *Ut*, *mi*.
(4) En démanchant fort haut, on lui fait à volonté rendre tous les sons des cordes précédentes, touchées à vuide, ou sans démancher.

110. Nous n'avons point de *symphonie* composée de *quarts de ton*, attendu que ces quarts de ton ne sont susceptibles d'aucune harmonie; car on voit que les demi-tons eux-mêmes ne reviennent que de temps en temps. Cependant il est certains *tremblés* et certains *coulés* qu'on fait sur les instrumens à cordes ou avec la voix, en passant par une gradation non interrompue d'un ton à un autre, et qui ne laissent pas de flatter beaucoup l'oreille (1).

---

(1) Si, pour faire un *port de voix*, ayant posé le doigt du milieu sur la seconde corde du violon, et fait entendre l'*ut*, je fais glisser ce doigt depuis l'endroit de l'*ut*, jusqu'à celui du *ré*, sur lequel je pose ensuite le troisième doigt, dans l'espèce de son plaintif que je ferai entendre, je passerai nécessairement par des quarts de ton. De même, si, ayant posé le doigt annulaire sur la seconde corde, pour donner le *ré*, j'éloigne et je rapproche alternativement et un peu vivement du *sillet* ma main, sans changer toutefois la position de ce doigt annulaire, le son de l'*ut* sera comme *tremblotant* : or, ce doigt, qui est fort

111. Actuellement s'agit-il de savoir pourquoi, parmi les sons, il en est qui flattent l'oreille, et d'autres qui la choquent? Il sera plus facile de rendre raison de cette différence, en comparant les sons de ces deux espèces aux objets qui peuvent flatter ou choquer la vue. Or, abstraction faite de la représentation des formes, qui ne sont que des objets secondaires, et qui ne plaisent ou ne déplaisent qu'autant qu'on se rappelle des formes semblables, il est deux choses qui flattent la vue; savoir : les *couleurs* et l'*ordre*. Le plaisir que procure la vue des couleurs, a de l'analogie avec celui que fait éprouver un ton simple et unique. Mais le plaisir qui naît de la vue de l'*ordre*, est l'image de celui qui naît de l'*harmonie*. Voilà pourquoi ces formes régulières qu'on donne aux arbres dans les jardins, ou aux tapis de ver-

---

large, empiétant alors un peu tantôt sur l'intervalle du *re* à l'*ut*, tantôt sur celui du *re* au *mi*, il en résultera des quarts ou d'autres parties de tons.

dure, ainsi que les sculptures, les moulures, etc. dans les édifices; et généralement toutes les *figures* qui ont de la *proportion* et de la *régularité*, telles que les *globes*, les *pyramides*, les *cônes*, les *cylindres*, etc. *plaisent* à la vue; au lieu que l'*inégalité*, la *confusion* et l'*irrégularité* n'ont rien que de *déplaisant*. Or, ces deux genres de plaisirs qui sont communs à l'*ouie* et à la *vue*, naissent de l'observation constante des *justes proportions*. C'est donc cette *régularité*, cette *symmétrie*, qui enfante l'*harmonie*. Mais *en quoi* précisément consiste cette *proportion* et cette *symmétrie?* c'est un point difficile à déterminer, et enveloppé d'une profonde obscurité. Cependant nous hazarderons quelques tentatives sur ce sujet, quand nous traiterons des *tons*, dans la recherche qui aura pour objet les *sons en général*.

112. Les *sons musicaux*, ou tons, ont moins d'aptitude pour provoquer le *sommeil*, que beaucoup d'autres espèces de sons, tels que celui du vent, le murmure

d'une eau coulante, le bourdonnement des abeilles, une lecture faite par une personne qui a la voix douce (1). La raison de cette différence est que les sons musicaux étant plus déterminés, n'échappent pas aussi aisément à l'oreille, excitent davantage le sentiment, et fixent plus long-temps l'attention. Or, on sait qu'une trop grande attention est un obstacle au sommeil (2).

113. On trouve dans la musique certaines *figurés*, certains *tropes* fort semblables à ceux de la rhétorique, et qui répondent soit aux diverses affections de l'ame, soit aux autres manières de sentir. Par exemple, ces *divisions de la voix*, ces *cadences* qui sont si agréables en

---

(1) La voix d'une personne qui lit *d'une manière monotone*, et sans paroître avoir le sentiment de ce qu'elle lit, endort encore mieux.

(2) Cette attention est un obstacle au sommeil, lorsque le mouvement de l'esprit est vif et turbulent ; mais lisez, *avec une extrême lenteur*, un livre, soit amusant, soit ennuyeux, et vous ne tarderez pas à vous endormir.

musique, ont du rapport avec la scintillation de la lumière, et avec cette impression que font sur l'œil les rayons de la lune, jouant, pour ainsi dire, dans une eau agitée. De plus, la sensation qu'excite en nous le passage d'une dissonance à des consonances, a de l'analogie avec ce qu'on éprouve lorsqu'après de pénibles agitations, cette tempête des passions s'appaisant peu à peu, on se trouve enfin d'accord avec soi-même; et le passage des consonances à une dissonance a de l'analogie avec ces saveurs naturellement déplaisantes, qui ne laissent pas de plaire, lorsque leur effet est de réveiller l'appétit; car on sait que la sensation continue d'une saveur excessivement douce, offense et émousse le goût (1). Cette autre figure musicale, qui consiste à *décliner la finale,* ou la chûte d'un air, ressemble assez à cette figure de rhétorique, qui consiste à *tromper*

―――――――

(1) Les *dissonances*, dans la musique, sont le *citron*, et les *consonances* sont le *sucre*.

l'attente; et la petite surprise qu'elle occasionne, ne laisse pas d'être agréable (1). Les *répétitions* ou les *fugues* ont de l'analogie avec la figure de rhétorique connue sous le nom de *répétition* ou de *traduction.* Enfin, les *triples croches,* ainsi que les changemens subits de mesures et de mouvemens, répondent aux changemens soudains des passions ou des affections, et rappellent assez bien ce qui arrive, lorsqu'au milieu d'une danse, certains gestes et mouvemens universels de gaieté sont excités tout-à-coup (2).

---

(1) Ce sont les organistes qui font le plus souvent usage de cette figure : au moment où un air est sur sa fin, ils le relèvent en revenant par une gradation aux premières phrases; et après avoir fait ce jeu deux ou trois fois, au moment où l'on croit qu'ils vont continuer l'air, ils finissent tout à coup.

(2) A quoi il faut ajouter que le *mode majeur* répond aux *passions expansives*, telles que *l'espérance*, *la joie*, *la colère*, *le courage*, *l'orgueil*, etc. et le *mode mineur,* aux *passions opposées*, telles que la *tristesse*, la *crainte*, la *compassion*, la *honte*, le *découragement*, etc.

114. C'étoit chez les anciens une opinion reçue, et établie sur l'expérience, que les innovations relatives à la modulation et à l'harmonie, peuvent produire les plus grandes altérations dans les mœurs; que l'on peut, par ce seul moyen, donner aux hommes de l'énergie et du courage, ou les amollir et les efféminer, les rendre guerriers ou pacifiques, sérieux ou gais, barbares ou compatissans; la raison de cette puissante influence de la musique, est que les émotions relatives à l'ouie ont pour cause des impressions plus immédiates que celles qui se rapportent aux autres sens, et que les impressions de la première espèce sont plus *incorporelles* que celles qui constituent l'odorat. Car les organes respectifs de la *vue*, du *goût* et du *tact*, n'ouvrent pas aux esprits un accès, un passage aussi facile et aussi immédiat que l'organe de l'*ouie*. Quant à l'*odorat*, qui, ainsi que l'*ouie*, agit immédiatement sur les esprits, et dont les sensations ont un puissant effet, tant

que l'objet est présent, les impressions qui s'y rapportent ne laissent pas d'avoir pour cause une *émission de substance* de la part du corps odorant. Au lieu que l'harmonie, s'insinuant aisément, sans aucune addition de substance, ni aucun mouvement, et opérant sur les esprits par une action souvent réitérée, doit à la longue les affecter puissamment, même lorsque l'objet de la sensation est éloigné; affection qui a nécessairement de l'analogie avec sa cause, parce que les sons produisent dans les esprits une disposition, un arrangement de parties semblable à celui dont ils sont l'effet. Ainsi, il n'est pas douteux que les tons, les chants, les modulations, n'aient une certaine affinité naturelle avec nos affections. Car nous voyons que, parmi ces *tons*, il en est de *gais*, de *tristes*, de *solemnels*, de *tendres*, de *guerriers*, etc. et si l'on considère que ces tons ont la faculté de mettre les esprits en mouvement, on ne sera pas étonné qu'ils y produisent de si grandes altérations. Cependant, quoique les sons musicaux, par leurs variations, puissent varier la disposition des esprits, et, par ce moyen, faire naître des affections analogues à ces dispositions et à eux-mêmes, on a observé que l'effet le plus général de la musique est de fomenter, de nourrir la disposition même où étoient les esprits, avant qu'elle se fît entendre (1). Il est éga-

(1) C'est l'effet commun de tous les stimulans; lorsque le nouvel objet qui nous affecte n'est pas de nature à détourner notre attention de celui qui nous affectoit, ou assez puissant pour nous occuper de lui seul, il ne fait, en excitant et aiguisant notre sensibilité, que nous rendre plus sensibles pour l'objet même dont nous étions occupés auparavant. Aussi *l'effet général de tous les stimulans, est de renforcer la passion dominante :* par exemple, dans *l'ivresse,* on *aime,* on *hait plus vivement* et *plus hardiment ;* mais l'on *aime* ou l'on *hait* plus foiblement et plus timidement, lorsqu'on a un peu plus délayé son vin et son caractère; ensorte que le *vin est, pour le cœur humain,* un *tire-bouchon qui aide à vuider la bouteille;* il en est de même de la musique, des pièces de théâtres, des romans, de la joie, de la colère, du café, etc.

lement certain que, parmi les tons divers et les chants qui en sont composés, les uns plaisent à tels individus ou à telles nations, et les autres à d'autres, selon le plus ou le moins d'affinité que ces tons et ces chants peuvent avoir avec la disposition naturelle des esprits, dans ces nations ou ces individus.

Expériences et observations diverses sur les tons, et premièrement sur les corps et les mouvemens sonores ou non sonores.

La perspective est une science qu'on a jusqu'ici cultivée avec soin; et la nature des sons est un sujet dont on s'est aussi fort occupé, mais seulement par rapport à la musique. Aussi, généralement parlant, n'a-t-on encore, sur ce dernier sujet, que des observations et des théories très superficielles. On le regarde comme un des plus profonds mystères de la nature, et l'on désespère de le pénétrer. Notre plan, comme nous l'avons déja dit, étant de joindre *aux sujets très ma-*

tériels que nous traitons ordinairement, *d'autres sujets plus immatériels,* ou qui participent moins de la matière, nous allons traiter des sons, afin que l'entendement puisse éviter à la fois les *deux extrêmes;* l'un, *de se perdre dans une multitude immense d'objets trop diversifiés;* l'autre, *de s'attacher trop obstinément à une seule espèce d'objets.*

115. En premier lieu, on doit observer qu'il est dans la nature de très grands mouvemens qui s'exécutent sans bruit : le ciel, par exemple, tourne avec la plus grande rapidité ; mouvement qui n'est accompagné d'aucun son, quoique certains philosophes aient rêvé qu'il produisoit la plus suave harmonie. De même les mouvemens des comètes et des météores ignées (tels que les étoiles tombantes), ne produisent aucun son. Si l'on étoit tenté de croire que c'est la grande distance qui empêche le son que rendent ces corps, de parvenir jusqu'à nous, il suffiroit, pour se désabuser, de tourner son attention vers les éclairs et ces

différens genres de lumière qu'on voit briller dans un espace qui n'est pas extrêmement éloigné de nous, et qui ne sont accompagnés d'aucun bruit ; quoique des mouvemens si rapides ne puissent avoir lieu sans que l'air soit frappé et éprouve une sorte de déchirement. Les vents poussent les nuages et les mettent en mouvement dans la région supérieure de l'atmosphère; mouvement presque imperceptible pour nous, vu la grande distance où nous sommes de cette région; et ces nuages passent sans bruit. Ces vents plus bas qui soufflent dans les plaines, et qui ne sont pas d'une extrême violence, ne produisent non plus aucun son ; mais s'ils soufflent entre des arbres, alors ils se font entendre. En général, lorsque les vents produisent quelque son, ce son est fort inégal, tantôt plus fort, tantôt plus foible ; quelquefois, lorsqu'étant portés à leur maximum, ils soufflent avec une sorte de fureur, le bruit sourd ou le sifflement qu'ils produisent, est accompagné d'une sorte de trépidation.

Lorsque la pluie et la grêle tombent, même avec la plus grande force, tant qu'elles traversent l'air, elles ne font aucun bruit, et elles ne se font entendre qu'au moment où elles heurtent contre la terre, l'eau, les maisons, et autres corps semblables. Le mouvement d'un fleuve rapide et coulant dans son lit, pour peu que ses eaux soient profondes, ne frappe point l'oreille; il coule en silence : mais vient-il à heurter contre le fond, dans un endroit guéable, contre des sables ou des cailloux, alors on l'entend. L'eau qui se brise sur le rivage, ou qui est resserrée dans un canal étroit; par exemple, celle qui coule sous les arches d'un pont, ou qui est choquée par les vents, roule à grand bruit, et fait entendre au loin une sorte de mugissement.

Une poutre, ou tout autre corps solide, poussé par un autre corps solide, mais sans qu'il y ait de choc, ne rend aucun son. De même, si l'on met deux corps l'un sur l'autre, quelque forte que puisse être la dépression que le corps supérieur exerce sur le corps inférieur, ni l'un ni l'autre ne font de bruit. De même encore ces mouvemens excités dans les petites parties d'un corps solide, et qui sont la principale cause du *mouvement violent,* cause inconnue jusqu'ici, s'exécutent sans bruit; car ce bruit qu'on entend quelquefois en pareil cas, est produit par le froissement de l'air, et non par l'impulsion que ces parties exercent les unes sur les autres. Il paroît aussi que, dans tous les cas où un corps placé devant un autre, cède à son impulsion, ce dernier le suivant immédiatement, il n'en résulte aucun son, en supposant même que le mouvement soit très grand et très rapide.

116. L'air qui se déploie dans un espace où il est tout-à-fait libre, ne produit aucun son, à moins qu'il ne soit vivement frappé, comme il l'est par une corde qu'on fait résonner; car alors l'air est frappé brusquement par un corps dur et roide; et si cette corde n'est frappée,

pincée ou pressée avec une certaine force, elle ne rendra aucun son : mais lorsque l'air est renfermé, comprimé, resserré dans une cavité, alors la plus légère percussion, occasionnée même par le simple souffle, suffit pour produire un son, comme dans les flûtes et tous les instrumens à vent. Mais il faut observer, par rapport aux flageolets ou aux flûtets, qui ne demandent que bien peu de vent, que leur concavité, sans cette espèce d'*onglet* qui forme le bec, et qui comprime l'air beaucoup plus efficacement que ne pourroit le faire la simple concavité, ne rendroient aucun son. Quant aux autres instrumens à vent, on y souffle avec beaucoup plus de force ; tels sont les trompettes, les cornets, les cors-de-chasse, etc. comme le prouve assez le renflement très marqué des joues de ceux qui les embouchent et les remplissent de l'air qu'ils tirent de leurs poumons. Les *orgues* exigent aussi une grande quantité d'air que des soufflets y poussent avec force. Remarquez de plus que, parmi les instrumens à vent, il en est qu'on embouche par un petit trou placé sur le côté, et qui resserre l'air au moment où il entre; et cela d'autant plus, qu'il y a un bouchon placé transversalement un peu au-dessus de l'embouchure, comme on le peut voir dans les flûtes traversières, les fifres, et autres instrumens de la même espèce, qui ne rendroient aucun son, si on les embouchoit comme les flûtes, par l'une de leurs extrémités. De même, quand on siffle, on contracte la bouche; et pour en rétrécir encore davantage l'ouverture, on y emploie quelquefois les doigts. Mais une pierre ou un trait jetés dans un air libre, n'y produisent aucun son. Il en est de même d'une boule, à moins qu'il ne s'y trouve quelque concavité qui comprime l'air, tandis qu'elle tourne sur elle-même. Il en faut dire autant des flèches, qui ne feroient aucun bruit, si l'air ne se trouvoit resserré dans les petits intervalles que laissent entr'elles les barbes des plumes dont elles sont garnies. Les instrumens à vent, dont le tuyau est fort étroit, comme les chalumeaux des bergers, rendent un son, par cette raison même que leur tuyau est étroit, et que l'air y est beaucoup plus comprimé que dans ceux où la capacité est plus grande, et surtout plus large. La voix de l'homme, ou de tout autre animal, passe par le gosier; espèce de canal étroit où l'air est aussi resserré et comprimé. Quant aux *guimbardes*, le son qu'elles rendent est l'effet de petits coups vifs et réitérés, donnés à l'air, mais à l'air resserré dans l'étroite capacité de la bouche.

117. Les corps solides, frappés très légèrement, ne rendent aucun son; et c'est ce qui arrive, lorsqu'on marche doucement sur un parquet. De même, dans un temps sec, les coffres, les boîtes et les portes, qui alors s'ouvrent aisément, ne font aucun bruit. Les roues humectées d'eau ne crient plus.

118. Quoique la flamme d'une chandelle soit dans un mouvement très rapide, et fende l'air avec vîtesse, cepen-

dant elle n'est pas sonore. L'air ne l'est pas non plus dans un four ou dans une fournaise, quoiqu'il y soit dans un état violent, dans une sorte d'ébullition, et même répercuté par les parois.

119. Lorsque la flamme choque l'air, elle produit un son, comme on l'observe dans un feu animé par le souffle ou par le vent d'un soufflet; et ce son alors est plus fort qu'il ne seroit, si le soufflet agissoit sur l'air même. De même, le choc qu'une flamme qui se déploie en prenant l'air tout-à-coup, donne à ce fluide, produit un son. Enfin, des flammes d'un grand volume qui s'entre-choquent, produisent des vents accompagnés d'un bourdonnement ou d'un sifflement.

120. Si nous en croyons l'opinion populaire, il existe une *poudre blanche*, qui a assez de force pour porter une balle fort loin, mais dont l'explosion se fait sans bruit. Ce seroit une invention fort dangereuse (en supposant qu'elle ait quelque réalité); car, si on assassi-

noît un homme par ce moyen, on ne sauroit d'où est parti le coup. Mais il me paroît impossible qu'un air qui a été comprimé, et qui débouche avec tant de force, puisse faire, sans bruit, son explosion. Quant à cette poudre blanche dont nous parlons (toujours en supposant la possibilité d'un expédient pour éteindre et supprimer le son), je pense que ce pourroit être quelque mélange de salpêtre et de soufre, mais sans charbon (car le salpêtre ne pourroit prendre feu par lui-même). Ce seroit se tromper grossièrement, que de croire qu'on pourroit supprimer tout-à-fait ou amortir le son, en construisant le canon de l'arme à feu de manière que l'air, qui auroit été d'abord emprisonné, pût faire son éruption avant de parvenir à l'embouchure ; car alors le son pourroit tout au plus être divisé par ce moyen. Par exemple, si, dans le canon d'une arme à feu, on pratiquoit transversalement un autre canon, l'effet de cette construction seroit de produire plusieurs sons

des vaisseaux (1). Car la simple percussion de l'air, à l'aide d'un miroir de cette espèce, ne produiroit aucun son, pas plus que n'en produisent de simples éclairs ou autres lumières, sans tonnerre.

122. Le son dépend d'une certaine impression faite dans l'air par le corps sonore; je me crois en droit de supposer que cette impression une fois faite, il faut un certain temps pour qu'elle parvienne au sens; condition également nécessaire aux impressions visuelles; et que, sans cette condition, le son ne pourroit être entendu. Ainsi, comme la rapidité du mouvement d'un boulet fait qu'il échappe à la vue, il est aussi tel mouvement si rapide, qu'il échappe à l'ouie (2). Car il

---

(1) Par exemple, ceux avec lesquels Archimèdes, dit-on, brûla la flotte de Marcellus; et Proclus, celle de Vitalien.

(2) La parité n'est pas exacte; plus un mouvement est rapide, plus il échappe à la vue : au contraire, plus un mouvement est rapide, plus l'air est vivement frappé : or, plus cette percussion est vive, plus le son a de force ; et plus il a de force, plus il se fait entendre.

est certain que la perception de l'œil est plus prompte que celle de l'oreille.

123. Toute éruption d'air, quelque petit que puisse être le volume de l'air qui se dégage, produit un son ; et on le désigne alors par les mots de *décrépitation*, de *souffle*, de *crachement*, etc. Tels sont aussi ceux du sel commun et des feuilles de laurier jetées sur le feu; des châtaignes, qui font explosion et s'élancent du milieu des cendres; du bois verd mis au feu, sur-tout des racines ; des chandelles, sur lesquelles on laisse tomber un peu d'eau, et qui lancent des flammèches; des corps qu'on râpe, qu'on lime, qu'on scie; de l'éternuement ; enfin, celui d'une feuille de rose, figurée en petite bourse, et qu'on rompt sur le front ou sur le revers de la main, comme les enfans s'amusent quelquefois à le faire.

Expériences et observations diverses sur la production, la conservation, la transmission du son, et les fonctions de l'air, dans ces trois cas.

124. On assigne ordinairement pour cause du *son*, le *brisement* ou *froissement* de l'air (ce qui ne signifie rien du tout, ou désigne apparemment la *division* de ce fluide, ou encore son *atténuation*). Mais au fond, ce mot dont on veut nous payer, n'est qu'un expédient à l'aide duquel on tâche de voiler son ignorance; et si l'on se forme une telle idée de ce mouvement, c'est pour avoir envisagé un trop petit nombre de faits, suivant la marche ordinaire de la philosophie reçue; car il n'est que trop naturel aux hommes de se contenter d'une explication à laquelle deux ou trois termes de l'art donnent un air scientifique, quoiqu'elle soit vuide de sens, et se réduise à ces mots. Mais ce qui démontre suffisamment la fausseté de cette supposition du *brisement* et de la *division* de

l'air, c'est ce qu'on observe dans le son d'une cloche ou d'une corde d'instrument, etc. son qui, après la percussion, va en s'affoiblissant de plus en plus, et qui, dès qu'en posant la main sur le corps, on arrête son mouvement, meurt à l'instant. Or, cette subite extinction du son n'auroit pas lieu, s'il étoit l'effet du *froissement* de l'air ; et c'est ce dont on s'assurera encore mieux, en frappant avec un marteau la surface extérieure de la cloche ; car alors le son répondra à l'intérieur, à la concavité de cette cloche, quoique le *froissement* (1) et l'*atténuation* de l'air n'ait lieu qu'entre le marteau et la surface extérieure. De plus, si le *froissement* de l'air étoit la véritable cause du son, les sons

---

(1) Pour bien rendre l'idée qu'il prête aux physiciens qu'il réfute, il faudroit, à ce mot de *brisement*, ou de *froissement*, pouvoir substituer celui de *pilement*; l'air, selon eux, est comme *pilé* et *broyé* sur la cloche par le marteau ; ce marteau servant de *pilon*, et *la cloche de mortier*; mais nos lecteurs ne supporteroient pas une telle expression.

qu'on produiroit en frappant sur le métal, avec un marteau et une alène, alternativement, ne différeroient pas moins, par leur espèce (leurs tons), que par leur force ou intensité. Or, on n'observe point, entre ces deux sons, une différence du premier genre; mais quoique l'un soit plus fort que l'autre, ils se ressemblent par le ton, qui, dans tous deux, est absolument le même. Ajoutez à cela que, dans ces *sons répercutés* (*réfléchis*) auxquels on donne le nom d'*échos*, et parmi lesquels on en distingue de plus clairs et de plus forts; savoir : les premiers, qui diffèrent peu du son primitif et direct; il n'y a point de *nouveau froissement*, de *nouvelle division* de l'air, mais seulement une *répercussion* (une réflexion). D'ailleurs, ce qui prouve sans réplique la fausseté de la supposition dont nous parlons, c'est que le son est quelquefois engendré dans tel lieu où il n'y a point d'air (1). Cette opi-

---

(1) Si, après avoir placé sous le récipient de la ma-

nion, et d'autres semblables se dissiperont comme autant de nuages, sitôt que l'entendement sera éclairé par la lumière de l'expérience.

125. Une vérité incontestable est que, *dans le premier instant*, aucun *son* ne peut être *engendré* sans l'intervention d'un *mouvement local* de l'air, de la flamme, ou de tout autre milieu; mouvement auquel se joint une certaine résistance de la part de l'air ou du corps même. Car, lorsqu'il n'y a d'autre mouvement que celui d'un corps qui cède à l'impulsion d'un autre, mais sans choc, il n'en résulte aucun son, comme nous l'avons déja dit. Et c'est en quoi les

---

chine pneumatique, un timbre auquel soit joint un rouage et un petit marteau qui frappe continuellement sur ce timbre, à mesure que l'air s'évacue, le son s'affoiblit de plus en plus; et lorsque le vuide est aussi exact qu'il est possible, si l'on se tient à la distance de huit à dix pieds de la machine, on n'entend plus rien; il semble donc que l'air soit, sinon le *sujet*, du moins le *véhicule* nécessaire du son.

sons diffèrent de la lumière et des couleurs qui sont transmises par l'air, ou par tout autre milieu, sans qu'il y ait dans l'air aucun mouvement local, soit dans le premier instant, soit dans les suivans. Mais il est une distinction importante à faire entre le mouvement local de l'air (mouvement qui n'est que le *simple véhicule de la cause*), et les sons que l'air transmet (1). Quant au pre-

---

(1) Le son n'est essentiellement qu'un *mouvement de vibration*, comme on l'a assez bien prouvé; mouvement occasionné par une impulsion, une traction ou un choc, etc. Supposons le dernier cas; cela posé, si le son ne peut avoir lieu sans ce mouvement de vibration; ni ce mouvement de vibration, sans un choc; ni ce choc, sans un mouvement local; le son ne peut non plus avoir lieu sans ce mouvement local; mais ce mouvement local n'est pas pour cela la *cause formelle* du son, il n'en est que la *cause efficiente*; il est, dis-je, *cause efficiente* du *choc* dont le *mouvement de vibration* (qui *constitue* le *son*, qui est le *son même*), est *l'effet*. Il en faut dire autant de toutes les autres causes efficientes qui peuvent produire ce mouvement de vibration. Le *son* peut

mier point, il paroît qu'il ne s'engendre aucun son (pas même par le choc de l'air contre d'autre air, comme dans les orgues), qui ne soit accompagné d'un mouvement sensible dans l'air, et d'un certain degré de résistance de la part de l'air frappé; par exemple, la parole humaine, qui n'est qu'un léger mouvement de l'air, est produite par une foible expulsion de celui qu'on tire des poumons. Et l'on voit aussi que les flûtes, et autres semblables instrumens, rendent tout à la fois du son et du vent. Nous voyons encore que les vents favorables transmettent, *voiturent,*

être envisagé de quatre manières; 1°. dans le *corps sonore*; 2°. dans le *milieu* qui le *transmet*, par exemple, dans l'*air*; 3°. dans l'*organe* matériel de l'ouie; 4°. dans l'être ou le *sujet percevant.* Il paroît que, dans les trois premiers sujets, ce n'est qu'un certain mode de mouvement de vibration; je dis *un certain mode*, car je soupçonne que les différentes espèces de sensations considérées dans les différens organes qui en sont les sièges respectifs, ne sont que des *mouvemens de vibration de différente espèce.*

pour ainsi dire, les sons beaucoup plus loin que ne le font les vents contraires; et que ces sons, ainsi voiturés, deviennent alternativement plus forts et plus foibles, selon que le vent se renforce ou s'affoiblit. Quant à l'*impression* même *qui constitue* le *son*, c'est toute autre chose; *elle n'a rien de commun avec le mouvement local de l'air;* et c'est en quoi elle ressemble aux impressions visuelles. Car, après que le cri d'une personne, ou le son d'une cloche, a commencé à se faire entendre, tant que l'un ou l'autre son dure, on ne peut distinguer dans l'air aucun mouvement local, mais seulement dans le premier instant. De plus, à quelque distance que le vent puisse porter la voix, il ne rend confuse aucune de ces configurations délicates, de ces fines articulations de l'air, d'où résulte cette multitude infinie de différences dont les mots sont susceptibles. De même, lorsqu'on parle à haute voix près de la flamme d'une chandelle, on n'y occasionne qu'un très léger mouvement de trépidation ; et si ce mouvement devient quelquefois très sensible, c'est sur-tout quand on prononce ces lettres qui exigent que la bouche se contracte notablement, tels que l'*f*, l'*s* et le *v*, et quelques autres : au lieu qu'en poussant foiblement son haleine, ou en soufflant légèrement, sans parler, on produira dans cette flamme un mouvement beaucoup plus sensible ; exemple qui prouve mieux que tout autre que *le son, proprement dit, est absolument destitué de tout mouvement local*. Car, quoique le son diffère de la lumière et des couleurs, en ce qu'au moment de sa production, il exige un mouvement local dans l'air; d'un autre côté, il a, sous une infinité d'autres rapports, beaucoup d'analogie avec la vision et la radiation des objets visuels, lesquels certainement n'impriment à l'air aucun mouvement de cette espèce, même dans le premier instant, comme nous l'avons déja dit (1).

---

(1) Il ne dit point ce qu'il doit et ce qu'il

126. Il est vrai néanmoins que les vitres des fenêtres sont sensiblement ébranlées par le bruit du tonnerre ou du canon (1). On dit aussi que les poissons mêmes sont effrayés par le mouvement qu'occasionne un bruit de cette espèce, et qui apparemment pénètre dans l'eau jusqu'à une certaine profondeur. Mais ces phénomènes ne sont que de simples *conséquences du mouvement local* produit dans l'air; mouvement qui *accompagne* seulement *le*

---

veut dire : car voici ce qu'il veut et doit dire : les sons diffèrent de la lumière et des couleurs, en ce que, *dans le premier instant, ils exigent un mouvement local dans l'air;* mais ils ont, à d'autres égards, beaucoup d'analogie avec les objets visuels, entr'autres celle-ci : *que, dans les instans suivans, un tel mouvement ne leur est point nécessaire.*

(1) Quelquefois même cassées, comme il arriva à l'*estrapade*, au commencement de la révolution, lorsque La Fayette fit faire une salve avec plusieurs pièces de 48 en bronze, sur la place connue sous ce nom.

son, comme nous le disions plus haut, mais qui n'en est point l'*effet* (1).

127. Quelques anciens ont rapporté, et d'autres ont cru sur leur parole, que les bruyans applaudissemens et les acclamations d'une multitude immense, rassemblée et serrée dans un amphithéâtre, ont quelquefois raréfié et rompu l'air, au point de faire tomber des oiseaux qui voloient au-dessus; cet air, ainsi atténué, n'étant plus capable de les soutenir. Il est aussi assez de gens qui croient que, dans des villes très peuplées, le bruit éclatant des cloches sonnées en volée, suffit pour éloigner le tonnerre et pour dissiper un air pestilentiel; tous phénomènes qui sont l'effet du simple ébranlement de l'air, et non du son.

128. Un bruit très éclatant a quelquefois suffi pour rendre sourds certains in-

---

(1) L'explosion produit et un *mouvement local* dans l'air, et un *mouvement de vibration*; le mouvement local ébranle les vitres, ou fait fuir les poissons; et le mouvement de vibration produit le son.

dividus, qui alors sentoient dans leur oreille quelque chose de semblable à une membrane qui se seroit rompue. C'est un genre d'accident dont j'ai, en quelque manière, l'expérience. Etant auprès d'un homme qui pinçoit avec beaucoup de force les cordes les plus hautes d'une harpe, tout à coup je sentis une lésion dans l'organe de l'ouie ; il me sembla qu'il s'étoit fait dans mes oreilles une sorte de rupture ou de dislocation ; et peu après j'éprouvai un tintement fort sensible ; ce n'étoit rien de semblable au chant ordinaire ou à un sifflement, mais un son beaucoup plus clair et tout-à-fait différent : je craignis même de devenir sourd ; mais au bout d'un quart d'heure ce tintement cessa tout-à-fait. Cet effet doit être attribué au son ; car, comme le dit un principe connu, *tout objet sensible qui agit avec trop de force, détruit le sentiment;* et *les espèces immatérielles* (1), qui sont les objets de l'ouie

---

(1) Par espèces *immatérielles*, il faut ici, et

ou de la vue, exercent leurs actions sur les parties respectives du *sensorium*, quoiqu'elles ne mettent en mouvement aucun autre corps.

129. Les sons transmis par un canal étroit, se font entendre plus loin et plus long-temps. C'est ce dont nous voyons un exemple dans l'effet connu d'un rouleau de parchemin, d'une canne percée, d'un tuyau, etc. car, si une personne ayant mis la bouche à l'une des extrémités, une autre personne place son oreille à l'autre extrémité, elle entendra ainsi le son de beaucoup plus loin que dans un air libre. La raison de cette différence est que, dans un air libre, le son se disperse et se perd en partie; au lieu que dans un canal il est plus concentré et se conserve mieux. De même, si une personne ayant

---

dans les autres endroits de cet ouvrage où ces deux mots sont employés, entendre seulement ou *une matière très raréfiée* et *impalpable*, ou *certains modes de mouvement*, qui, sans aucune addition de substance, produisent ou occasionnent la sensation.

l'oreille appliquée à l'embouchure d'un canon, une autre tenant sa bouche fort près de la lumière, se met à parler, la voix de celle-ci parcourra la longueur du canon, et l'autre l'entendra beaucoup mieux qu'elle ne l'eût fait dans un air libre.

130. Il faudroit voir aussi ce qui arriveroit, si le son, ne demeurant pas toujours renfermé dans le canal, faisoit, à travers l'air, une partie du chemin; par exemple, si la bouche de celui qui parle étoit à une certaine distance de l'une des extrémités du tuyau qui conduit le son, l'oreille de celui qui écoute étant appliquée à l'autre extrémité, ou encore si l'oreille de celui-ci étant un peu éloignée du tuyau, la bouche de celui qui parle étoit appliquée à l'autre extrémité ; ou enfin si l'on tenoit et la bouche et l'oreille à quelque distance de ce tuyau. On s'est en effet assuré qu'un tuyau de huit à dix pieds de long facilite la transmission du son, quoique la bouche et l'oreille soient à une distance

de ses deux extrémités, égale à la largeur de la main; et que la personne qui écoute, entend un peu mieux, lorsqu'elle approche son oreille, la bouche de l'autre restant éloignée, que dans la supposition contraire. Il n'est pas moins certain que la voix d'une personne qui parle dans la rue, se fait mieux entendre de celle qui est dans une chambre, que la voix de la personne qui est dans la chambre, ne se fait entendre de celle qui est dans la rue.

131. Si la totalité d'un tuyau conserve le son, ce même tuyau partagé en deux longitudinalement, ne laisse pas de le conserver aussi, mais moins que le tuyau entier, et seulement à raison de la partie de ce tuyau qui est employée. Par exemple, si vous divisez un tuyau de plumes en deux parties, suivant sa longueur, et qu'une personne en parlant approche sa bouche d'une extrémité de ce tuyau, tandis que l'autre approche son oreille de l'autre extrémité, celle-ci entendra la voix de plus loin que si le

son eût traversé un air tout-à-fait libre. On pourroit faire la même expérience à l'aide d'un corps qui ne fût pas très concave, et même à l'aide d'un simple mât de vaisseau, ou d'une longue perche, ou enfin par le moyen d'un canon ; mais en faisant passer la voix le long de sa surface, et non par la lumière et l'embouchure, comme dans une des expériences précédentes ; l'on s'appercevra que, par ce moyen, la voix est encore portée un peu plus loin que si elle traversoit une masse d'air libre.

132. Il y auroit d'autres expériences à faire pour savoir comment et selon quelle proportion la force de la voix diminueroit, étant propagée, soit par un *cornet* ayant la figure d'un arc, soit par une trompette dont le tuyau reviendroit sur lui-même, ou enfin par un tuyau de figure tortueuse.

133. C'est un fait constaté, quoique contraire à l'opinion reçue, que les sons peuvent être engendrés sans le secours de l'air, quoique l'air soit pour le son

un très commode véhicule. Ayant pris un vaisseau rempli d'eau, plongez-y, à une certaine profondeur, une paire de petites pincettes, et faites choquer ses deux branches l'une contre l'autre, vous entendrez très distinctement le son qui naîtra de ce choc, et il ne sera pas beaucoup plus foible qu'il ne le seroit dans l'air; cependant il n'y a point du tout d'air dans le lieu où ce son est produit (1).

―――――――

(1) Cette assertion nous paroît très hazardée. 1°. Elle suppose qu'il n'y a point d'air dans l'eau; cependant l'expérience prouve qu'il n'est point d'eau qui, dans son état naturel, ne contienne une certaine quantité d'air disséminé entre ses petites parties; mais on pourroit faire son expérience dans de l'eau purgée d'air autant qu'il est possible. 2°. Son assertion suppose que, depuis le corps sonore jusqu'à la partie sensible de l'oreille, il n'y a point du tout d'air; ce qui est faux. Car, l'opinion précise de ceux qui prétendent que l'intervention de l'air est nécessaire pour la production du son, est que le son, dans l'homme, n'est autre chose que la perception de certaines vibrations de l'organe de l'ouie communiquées à l'oreille par l'air, et à l'air, par le corps sonore,

134. Prenez deux petits vases, l'un d'argent, l'autre de bois; remplissez-les d'eau; faites-y choquer l'une contre l'autre les deux branches d'une paire de ciseaux, après les y avoir plongées à une profondeur égale à un travers de main, vous trouverez que le son qui vient du vase d'argent est plus clair que celui qui vient du vaisseau de bois (1). Cependant, lorsque les deux vaisseaux où la collision a lieu, sont tout-à-fait vuides, on n'apperçoit aucune différence entre les deux sons qui en viennent. Et de ce fait, outre cette observation très importante, *que l'air n'est pas nécessaire pour la production du son*, nous pouvons

---

comme nous le disions plus haut. Ainsi il faudroit faire cette expérience sous le récipient de la machine pneumatique : or, les expériences déjà faites annoncent un résultat diamétralement opposé à celui qu'il suppose.

(1) Ce fait même semble prouver que le mouvement du corps sonore se communique de ce corps à l'eau; de l'eau au vase; du vase à l'air; et de l'air à l'oreille.

tirer deux conséquences; l'une, *que le mouvement qui constitue le son, se communique au fond du vaisseau;* l'autre, *que cette communication se fait mieux à travers l'eau qu'à travers l'air.*

135. Faites choquer l'un contre l'autre des corps solides, au milieu d'une flamme, vous trouverez que le son diffère alors un peu de ce qu'il seroit dans l'air.

136. Cet *esprit* qui réside dans tous les corps tangibles, qui fait partie de leur masse totale, et qui a quelque affinité avec l'air, fait jusqu'à un certain point l'office de ce fluide, et en tient la place. C'est ainsi que, lorsqu'on frappe sur un vaisseau vuide, le son est engendré en partie dans l'air extérieur, et en partie dans l'air intérieur; et ce dernier son est d'autant plus fort ou plus foible, plus grave ou plus aigu, que le vaisseau est plus vuide ou plus plein (1), effet pour-

---

(1) Par vuide ou plein, il faut entendre un vaisseau moins ou plus fort de bois, ayant une plus grande ou moindre capacité, puisqu'il vient de

tant auquel participe l'esprit du bois qui passe de la surface extérieure à l'intérieur. C'est ce qu'on observe aussi dans une cloche, dont on frappe la surface extérieure, d'où le son passe à la surface intérieure. Il est, sur ce même sujet, une infinité d'exemples semblables qu'on pourroit donner, mais que nous réservons pour le traité ex-professo sur *la communication du son.*

137. Ce seroit, comme nous l'avons dit, un trait d'ignorance inexcusable, que de s'imaginer que le son est produit entre la corde et la main, la plume ou l'archet; ces différens corps n'étant que *les véhicules du mouvement* qui est le *vrai principe du son, et qui le constitue.* La vérité est que le son naît entre la corde et l'air, et cela non pas en vertu

---

dire que ce vaisseau est vuide. Au reste, il y a ici contradiction entre l'édition angloise et toutes les éditions latines; mais nous nous en rapportons à l'édition angloise, dont la leçon est plus conforme à l'expérience.

de l'impulsion donnée à l'air par le premier mouvement de la corde; mais par la *réaction* de cette corde, et son retour au lieu qu'elle occupoit, et d'où l'avoit tirée le doigt, la plume, l'archet, etc. qui l'avoit tendue. Ce mouvement de *ressaut* est *fin* et *vif*; au lieu que le premier est *lent* et *mou*. L'archet, par exemple, en passant et repassant sur la corde avec pression et frottement, la met ainsi continuellement en vibration.

Expériences et observations sur les causes qui rendent le son plus gros ou plus grêle, et sur celles qui l'éteignent ou l'amortissent (1).

138. Si une personne ayant appliqué

---

(1) Dans les deux articles suivans, l'auteur n'est pas fidèle à sa division; car le premier n°. du second montre que son intention est de traiter, dans celui-ci, des causes qui rendent le son *plus grave* ou *plus aigu*; et dans le suivant, de celles qui le rendent *plus fort* ou *plus foible*, *plus clair* ou *plus sourd*; mais, dans l'un et l'autre article, il mêle et confond ces deux sujets; confusion qui

son oreille à l'extrémité d'un tuyau, une autre personne applique sa bouche à l'autre extrémité, et siffle dans ce tuyau, le son donnera à l'oreille de la première un coup si vif et si aigu, qu'elle aura peine à le supporter. La cause de ce phénomène n'est autre que ce mouvement par lequel le son se répand dans toute la capacité de ce tuyau, dont les parois ensuite le répercutent; s'il eût été produit dans l'air libre, il se seroit dispersé et en partie dissipé; au lieu qu'étant ainsi resserré et concentré dans un canal, il acquiert nécessairement plus de force. Et ce qu'il faut remarquer dans cette expérience, c'est que l'effet de cette concavité formée par le tuyau dont les parois

---

vient de ce qu'il n'avoit pas déterminé avec assez de précision les idées qu'il s'étoit faites des différences dont le son est susceptible, et la nomenclature qui s'y rapporte : comme on dit d'une voix, qu'elle est plus grosse ou plus grêle, je suis obligé, pour le traduire fidèlement, d'étendre cette expression à tous les sons susceptibles de cette même différence.

arrêtent et compriment le son, n'est pas seulement de le conserver, mais encore de le rendre plus fort et plus aigu.

139. Un cor-de-chasse qui a l'une de ses extrémités fort évasée, donne au son plus de force et de volume que si ses deux ouvertures étoient égales. La raison de cette augmentation du son est que l'air et le son se trouvant d'abord resserrés à l'extrémité la plus étroite de l'instrument, mais trouvant ensuite dans la partie la plus large, plus d'espace pour s'étendre, se dilatent alors, et forment ainsi, en sortant, une plus grosse colonne, qui frappe aussi une plus grande masse d'air; ce qui doit rendre le son plus ample, plus volumineux, ou, ce qui est la même chose, le ton plus bas et plus grave. Aussi voit-on que ceux d'entre les instrumens du même genre, dont le corps est droit et non recourbé comme il l'est ordinairement, ont toujours un évasement à l'extrémité la plus éloignée de la bouche. On pourroit aussi faire l'essai de flûtes, dont l'extrémité extérieure eût un évase-

ment, ou encore d'autres flûtes qui eussent au milieu un renflement, une sorte de *ventre*, et qui se terminassent par une partie droite et plus étroite.

140. On voit dans le quartier de Saint-James, un canal en brique, surmonté d'une voûte fort basse, et à l'extrémité duquel est une maison bâtie en pierre, et de forme ronde. Ce canal a une fenêtre; et la maison, une ouverture longue ou fente d'une largeur médiocre; si, appliquant la bouche à cette fente, on pousse un cri dans l'intérieur de la maison, ce cri retentit dans toute la cavité, et produit vers la fente une sorte de rugissement effrayant. La raison de ce phénomène est la même que celle du précédent; et il s'explique par ce même principe : que toute cavité qui, étant d'abord étroite, va ensuite en s'élargissant, donne au son plus de volume et de force.

141. Ces petits trous pratiqués aux grelots des éperviers font que la petite balle qui s'y trouve renfermée, rend un son beaucoup plus clair et plus fort

qu'elle ne feroit si elle heurtoit contre ce cuivre en plein air ; l'augmentation du son dépend ici de la même cause que celle qui est l'effet d'un tuyau, et dont nous avons parlé (n°. 138). Cette cause est que le son, retenu et concentré par les parois du grelot, se dispersant moins, est, lorsqu'il parvient aux trous, plus entier et plus fort.

142. Ce bois qui, en formant la circonférence et la cavité d'un tambour, empêche ainsi la dispersion du son, fait qu'à sa sortie par l'ouverture du tambour, il est plus fort et plus clair qu'il ne seroit si l'on frappoit sur une pareille peau placée dans un air libre des deux côtés. La raison de ce dernier effet coïncide parfaitement avec celle du précédent.

143. Les sons se font entendre beaucoup mieux et de beaucoup plus loin, le soir et durant la nuit, qu'à midi et en général durant le jour. La raison de cette différence est que, durant le jour, l'air étant plus rare et plus ténu, le son

y pénètre plus aisément et souffre ainsi une plus grande dispersion; au lieu que ce fluide, durant la nuit, étant plus dense, le son s'y disperse moins, et souffre par conséquent un moindre déchet; la nuit faisant l'office d'une sorte de cavité (1). Mais ce qui contribue encore à l'effet, c'est ce silence universel qui règne alors.

144. Les *sons* peuvent se *réfléchir* de deux manières; savoir : ou *à une distance notable,* comme ceux qui forment ce qu'on appelle un *écho;* et alors on

---

(1) A peu près comme, pour former une lunette de cent pieds, destinée à observer la nuit, il suffit d'un objectif et d'un oculaire placés à la distance convenable l'un de l'autre, bien parallèles entr'eux et bien centrés, *la nuit servant alors de tuyau;* car le tuyau d'une lunette est, en partie, destiné à empêcher que les rayons venant de l'objet qu'on veut observer, ne se mêlent avec les rayons qui viennent des autres objets, et en partie, à empêcher la dispersion des premiers rayons, comme le corps d'un instrument de musique l'est à empêcher la dispersion des rayons sonores.

entend distinctement et le *son originel* ou *direct*, et le *son réfléchi*; point que nous traiterons ci-après : ou *avec concours*; savoir : lorsque le corps qui réfléchit le son, étant extrêmement proche de celui qui l'a produit, *le son réfléchi se mêle et se confond tellement avec le son direct, qu'au lieu d'entendre deux sons distincts, comme dans l'écho, on n'entend plus qu'un seul son, qui est seulement plus fort qu'il ne seroit sans cette réflexion.* C'est par la même raison que la musique se fait mieux entendre et est plus retentissante sur l'eau que sur la terre; et dans un appartement lambrissé, que dans une chambre tapissée.

145. Les cordes d'un luth, d'une guitare, d'un clavecin, etc. rendent des sons qui, à cause de ce trou orbiculaire et en forme de rose qu'on y a pratiqué, et par lequel le son trouve une issue; de la cavité qui est au-dessous des cordes; et de la tablette qui la recouvre : ces sons, dis-je, ont, par cette raison, beau-

coup plus de volume et de force qu'ils n'en auroient si l'on fixoit et tendoit ces cordes sur une simple tablette, en supprimant le trou orbiculaire et la cavité qui est au-dessous; deux choses dont l'effet est qu'il y a un air supérieur et un air inférieur qui communiquent l'un avec l'autre. Car la véritable cause de l'augmentation du son dans ces instrumens, est la communication de ces deux airs; effet de la cavité qui empêche la dispersion de l'un et de l'autre.

146. Dans la harpe irlandoise, l'air joue librement des deux côtés des cordes, et cet instrument n'a pas de concavité dans sa longueur, mais seulement à l'extrémité de ses cordes; aussi est-il plus sonore que le luth, la guitare et la mandoline; trois sortes d'instrumens qui ont aussi des cordes de métal. La raison de cette différence nous paroît être qu'il est bon que l'air soit libre, et puisse jouer librement des deux côtés des cordes; pourvu toutefois qu'il y ait dans l'instrument une concavité, laquelle par conséquent

doit être placée à l'extrémité de ces cordes.

147. Un clavecin, lorsqu'on abat son couvercle, rend des sons plus grêles que lorsqu'on le tient levé. La raison de cette différence est que l'effet de tout ce qui tient l'air renfermé, lorsqu'on n'y joint pas un souffle ou un vent assez fort, est de rompre et d'amortir les sons; ce qui peut servir à confirmer l'explication de l'exemple précédent; car la concavité d'un luth, d'une guitare ou d'un violon, gêne quelque peu le mouvement de l'air.

148. Dans une église de Glocester (et j'entends dire qu'on a observé dans d'autres lieux quelque chose de semblable), si, étant placé vis-à-vis une certaine muraille, on parle à demi-voix, une personne placée dans un autre endroit assez éloigné, entendra beaucoup mieux votre voix que celles qui se trouveront entre deux, et même fort près de vous. Il faudroit examiner avec plus d'attention la disposition du lieu. Je pose en fait qu'il y a là quelque lieu voûté ou quelque espace vuide, ou enfin quelque galerie ou

cloître derrière la muraille, et un trou quelconque à l'extrémité la plus éloignée de cette partie de la muraille où se place la personne qui parle; de manière que la voix de celle-ci glissant le long de la muraille et entrant par ce trou, communique ainsi avec l'air renfermé dans cette cavité; car alors le son se conserve en entier à cause de la surface unie de cette muraille. Mais cette condition ne seroit rien moins que suffisante pour rendre le son assez sensible, si d'ailleurs elle ne communiquoit avec la masse d'air placée derrière (1).

---

(1) Il est difficile de juger si cette explication est suffisante; car le fait est si peu circonstancié, qu'il ne dit pas même si la personne qui parle et celle qui écoute doivent être dans l'église ou au dehors : voici quelque chose de plus exact. Dans une salle de l'observatoire de Paris, si une personne placée près l'un des coins parle à demi-voix, une autre personne placée près du coin opposé (qui en est très éloigné, la salle étant fort grande), l'entendra beaucoup mieux qu'une troisième personne placée entre deux, et à sept ou huit pieds

149. Si, ayant pincé la corde d'un arc, ou frappé dessus, pour la mettre en vi-

de la première. Il y a aussi à Saint-Martin-des-Champs, une salle où l'on peut faire cette même expérience. Dans l'une et dans l'autre, l'angle rentrant des deux murailles qui forment chacun des deux coins opposés, est très marqué, c'est-à-dire, assez aigu, et se prolonge presque jusqu'au milieu du plafond qui est ceintré ; ensorte que ces deux angles rentrans forment une espèce de canal presque continu, qui conduit la voix, en la renforçant, depuis le coin où est placée la personne qui parle, jusqu'à celui de la personne qui écoute ; explication qui rentre dans celle des premiers n°s. de cet article : nous avons fait nous-mêmes cette expérience dans les deux salles. Mais l'effet que nous expliquons peut dépendre de la forme du vaisseau de cette église de Glocester. Si sa coupe horizontale, ou son plan, est une ellipse, une personne placée à l'un des foyers de cette ellipse, et parlant à demi-voix, sera beaucoup mieux entendue d'une autre personne placée à l'autre foyer, que de toutes celles qui se trouveront entre deux. Il en seroit de même si la coupe horizontale de chacune des deux murailles opposées de l'église, étant un arc de cercle, la personne qui parle étoit placée au foyer de l'un de ces arcs ; et celle qui écoute, au foyer de l'autre.

bration, on approche de son oreille les deux branches de cet arc, le son paroîtra beaucoup plus fort, et aura quelque analogie avec un ton musical. La raison de ce double effet est qu'alors, en vertu de la compression de l'air, le sensorium est frappé avant que le son ne se disperse. On observera le même phénomène si, en faisant résonner la corde, l'on tient dans ses dents une des extrémités de l'arc. Mais ici ce seront les dents qui transmettront le son à l'organe de l'ouie, vu l'étroite communication que la nature a établie entre ces deux parties; communication dont on ne pourra douter, si l'on considère qu'un son rude et âpre agace les dents. On obtient le même effet, en approchant des temples les extrémités de l'arc; mais alors l'effet vient de ce que le son glisse de cette partie dans l'oreille.

150. Si, après avoir approché de son oreille une verge de fer ou de cuivre, on frappe sur son autre extrémité, le son paroîtra beaucoup plus fort et plus grave que si, en tenant la verge fort éloi-

gnée de son oreille, on frappoit dessus avec beaucoup plus de force (1). De ces faits, et d'autres semblables dont nous avons déja parlé, on peut conclure que, non-seulement les sons glissent le long de la surface d'un corps poli, mais que de plus le mouvement qui les constitue se communique aux esprits qui résident dans les pores de ce corps.

151. Je me rappelle qu'il y avoit au collège de la Trinité à Cambridge, une chambre haute, dont le plafond endommagé étoit étayé par une colonne de fer de la grosseur du bras, et établie au milieu de cette chambre; lorsqu'on frappoit sur cette colonne, ce coup ne produisoit dans cette chambre qu'un son obscur; mais, dans la chambre de dessous, il produisoit un bruit très fort et très éclatant.

---

(1) Le son paroîtra encore plus fort et plus grave, si, après avoir suspendu à une jarretierre des pincettes de foyer, et pris cette jarretierre dans ses dents, on frappe sur les pincettes avec une clef; on croira alors entendre une grosse cloche de paroisse.

152. Le son que produisent deux seaux dans un puits, lorsqu'ils heurtent ou contre l'eau, ou contre les côtés du puits, ou enfin l'un contre l'autre, est plus profond et plus grave qu'il ne seroit en plein air. La raison de cette différence est que l'air est renfermé dans cette concavité du puits, et comprimé par ses parois.

153. Des vases placés sous le plancher d'une chambre, font que les sons qu'on y entend paroissent plus pleins et plus retentissans.

Ensorte que, tout considéré, cinq espèces de causes peuvent *grossir* les sons et en *augmenter le volume*; savoir: *des cavités en général*, ou la *simple compression; des cavités avec évasement; le concours des sons réfléchis avec les sons directs; la communication du mouvement* (qui constitue le son) *aux esprits; et la proximité où le corps sonore est du sensorium.*

154. Quant aux causes qui peuvent rendre plus grêles la voix ou toute autre espèce de son, il est certain que la voix

pénètre à travers les corps solides et durs, pourvu qu'ils ne soient pas trop épais; et à travers l'eau, genre de substance assez serré et qui exclut l'air; mais l'effet de ce passage est de rendre la voix plus foible et plus grêle. Par exemple, si l'on bouche les trous d'un grelot d'épervier, il ne rendra plus aucun son; ou s'il en rend encore, ce sera tout au plus un son fort sourd et fort mat. C'est ce qu'on observe aussi dans la *pierre d'aigle*, laquelle, comme on sait, renferme une petite pierre.

155. L'eau peut nous fournir sur ce sujet une expérience dont le résultat est aussi curieux que certain. Entrez dans un bain, en tenant à la main un petit seau; puis ayant renversé ce seau, appliquez son orifice à la surface de l'eau bien horizontalement, et plongez-le doucement jusqu'à ce que cet orifice soit à un travers de main de la surface de l'eau; mais tenez-le toujours bien perpendiculairement, de peur qu'en s'élevant d'un côté, il ne laisse, par l'autre, échapper

de l'air. Puis plongez-vous dans l'eau du bain à une telle profondeur que vous puissiez introduire votre tête sous le seau; et par ce moyen, vous en chasserez, sous la forme de bulles, une quantité d'air dont le volume sera égal à l'espace que votre tête y occupera. Si alors vous prononcez quelques mots, une autre personne placée hors de l'eau vous entendra aisément; mais votre voix lui paroîtra extrêmement grêle et semblable à celle d'une marionette; de manière cependant qu'elle en distinguera très bien toutes les articulations, et n'en perdra pas une syllabe. Remarquez qu'on feroit cette expérience plus commodément, si, ayant d'abord introduit sa tête sous le seau, on se plongeoit dans le bain par degrés, le seau baissant à mesure, et en se tenant à genoux ou assis, afin que la bouche se trouvât plus aisément au-dessous de la surface de l'eau. Il semble que certain poëte sicilien ait eu connoissance de quelque expérience de ce genre; car il dit qu'Hylas, valet d'Hercule, étant allé remplir sa cruche à une fontaine très agréable située près du rivage, les nymphes, qui en étoient devenues amoureuses, l'enlevèrent, et le conservèrent vivant sous les eaux ; qu'ensuite Hercule appellant son valet, d'une voix si forte et si élevée que tout le rivage en retentissoit, Hylas lui répondit de dessous l'eau ; mais avec cette circonstance (et c'est celle qui nous importe le plus ici), que sa voix paroissoit si grêle à Hercule, qu'elle lui sembloit venir d'extrêmement loin, quoique son valet fût tout près de lui.

156. Si, en jouant du violon, vous touchez les cordes fort près du chevalet (comme on le fait lorsqu'on démanche), (ce qui raccourcit beaucoup la partie de la corde qui fait des vibrations), le son qu'elle rend est à la vérité plus aigu, mais en même temps plus foible et plus mourant.

157. Prenez deux de ces gobelets qu'emploient les faiseurs de tours ; et dans un vaisseau rempli d'eau, choquez le sommet de l'un en mettant brusquement l'au-

tre dessus ; et vous pourrez observer que le son qu'ils rendent est d'autant plus grêle et plus foible, qu'ils sont plus profondément plongés, même lorsque la partie supérieure de celui de dessus est encore hors de l'eau ; mais, dans ce dernier cas, en même temps que le son devient plus grêle et plus sourd, il devient aussi plus rude et plus désagréable; second effet qui vient de cette cause même que nous indiquons ; de ce que l'un de ces gobelets est totalement plongé, tandis qu'une partie de l'autre est hors de l'eau. Car, lorsque ce dernier est entièrement plongé, le son est plus clair, mais plus grêle, plus foible, et semble venir de fort loin.

158. Les corps mous éteignent et amortissent plus le son que ne le font les corps solides. Par exemple, si une cloche est couverte de drap ou de soie, cette enveloppe amortit plus le son que ne le feroit une enveloppe de bois. C'est par la même raison que, dans les couvens, on garnit de drap les clefs; et que, dans les collèges, on couvre de toile les piéces d'un jeu de dames ou de trictrac.

159. On a fait sur le son d'une flûte des expériences variées, comme on va voir. On a appliqué le fond (l'extrémité extérieure) contre la paume de la main ; on l'a totalement enduit de cire ; on l'a appuyé sur un coussin de damas ; on l'a plongé dans du sable, dans de la cendre et dans l'eau, à la profondeur d'un demi-pouce ; on l'a appuyé fortement sur le fond d'un bassin d'argent ; dans ces différens cas, le son a toujours subsisté. Mais dès qu'on l'a eu posé sur un tapis de laine, sur de la pluche, sur de la bourre ou sur un flocon de laine, quoiqu'en l'appuyant légèrement, le son de la flûte a cessé à l'instant, et l'on n'a plus entendu que le souffle.

160. Le son d'un même morceau de fer est plus foible lorsque ce fer est rouge, que lorsqu'il est froid ; ce fer, dans le premier cas, étant plus mou et moins résonnant. De même l'eau chaude fait moins de bruit en tombant que l'eau froide, par la raison (du moins selon nous) que la première est plus molle, plus onc-

tueuse, et a plus d'affinité avec l'huile ; ce qui est d'autant moins douteux, qu'on sait qu'elle dégraisse et blanchit mieux.

161. Construisez une flûte qui ait un bec à chacune de ses deux extrémités, dont le corps ait une longueur égale à celle de deux flûtes, et dont chaque moitié ait le même nombre de trous, et disposés de la même manière qu'une flûte ordinaire. Que deux personnes, embouchant les deux extrémités, essaient de jouer en même temps un même air à l'unisson ; et voyez si les sons deviennent confus, ou plus forts, ou plus foibles, ou plus graves, ou plus aigus, etc. De même, construisez une espèce de croix, composée de deux corps également creux ; que deux personnes appliquant la bouche à deux de leurs extrémités, parlent ou chantent ; et que deux autres personnes appliquant l'oreille aux deux autres extrémités, écoutent attentivement et observent si les sons deviennent confus, ou plus forts, ou plus foibles, ou plus graves, etc. Ces deux exemples répandront un grand jour sur

la théorie qui a pour objet *le mélange des sons*, et dont il sera bientôt question.

162. Si, ayant introduit par l'orifice d'un tambour, le tuyau d'un soufflet, vous soufflez avec force dans son intérieur, et qu'ensuite vous frappiez sur la peau, le son paroîtra moins fort et moins éclatant, mais sans autre altération sensible : la raison de cet affoiblissement du son, est que le vent du soufflet l'empêche de sortir, et qu'en comprimant l'air intérieur, il diminue sa mobilité.

Observations et expériences diverses sur les causes qui peuvent rendre les sons plus forts ou plus foibles, et les porter à des distances plus ou moins grandes.

163. Dans la théorie des sons, autre est la considération de leur force et de leur foiblesse; autre, celle de leur différence du grave à l'aigu : par exemple, si vous touchez légèrement la grosse corde d'un violon, elle ne laisse pas de rendre un son plus grave que les trois au-

tres; au lieu que, si vous touchez avec force la chanterelle, quoiqu'elle rende un son plus aigu, elle ne laissera pas de se faire entendre de plus loin. La raison de cette différence est qu'alors la grosse corde frappe une plus grande quantité d'air avec moins de force, et que la chanterelle frappe une moindre quantité d'air avec plus de force.

164. C'est donc le plus ou moins de force de la percussion qui rend le son plus fort ou plus foible : par exemple, il aura plus ou moins d'intensité, si, avec plus ou moins de force, vous frappez sur un timbre, vous embouchez un cor, vous agitez une sonnette, etc. Mais la force de cette percussion ne dépend pas moins de la dureté du corps frappé que de la force du corps frappant. Car différens corps frappés avec la même force rendent des sons plus forts ou plus foibles, et sont plus ou moins *résonnans :* le drap, par exemple, ou une étoffe quelconque, l'est fort peu; le bois l'est davantage; le métal encore plus; et parmi les mé-

taux, l'or, lorsqu'on frappe dessus, rend un son plus obscur (plus sourd) que les autres, parce qu'il est plus flexible; l'argent et l'airain, qui sont plus roides, rendent aussi un son plus clair. Quant à l'air, lorsqu'il est fortement comprimé, il rend un son aussi éclatant qu'un corps dur, comme le prouve assez le bruit terrible de l'explosion d'un canon. Car, soit qu'on le charge avec un boulet, ou avec du papier mouillé, ou même avec la poudre seule (en ayant soin de bien bourrer dans les deux derniers cas), le bruit de l'explosion est à peu près le même dans les trois cas.

165. La vîtesse, la prestesse de la percussion contribue pour le moins autant à la force et à la clarté du son, que la force du coup donné au corps sonore ou à l'air : par exemple, lorsqu'on frappe l'air avec un fouet ou une baguette, le son est d'autant plus clair et plus éclatant, que le coup est plus vif et plus sec. De même, lorsqu'on joue du violon ou du clavecin, une touche vive et sè-

che renforce et anime les sons. La raison de cette différence est qu'un coup vif donné à l'air le *fend* avec plus de vîtesse ; au lieu qu'un coup donné mollement, le *pousse* plutôt qu'il ne le *divise*.

Expériences et observations diverses sur la communication des sons.

La communication des sons, soit dans la concavité d'un luth, d'un violon, etc. soit dans celle d'un vaisseau vuide, est un sujet que nous n'avons fait que toucher légèrement, en traitant des causes qui peuvent donner aux sons plus de volume et de force, mais qui mérite d'être traité sous un titre particulier, vu son importance.

166. L'exemple le plus sensible qu'on puisse choisir pour démontrer la communication du son, c'est celui d'une cloche qui sonne. Car, si l'on frappe avec un marteau, d'abord sur la partie supérieure de cette cloche, puis au milieu, enfin à la partie inférieure, le son qu'elle

rend est de plus en plus grave, et à raison de la grandeur de cette partie de la concavité ou du diamètre de la partie annulaire, qui répond à l'endroit frappé, quoiqu'on ne frappe que sur l'extérieur.

167. Quoique le son d'une flûte soit engendré entre le souffle et l'air renfermé dans sa cavité, cependant il ne laisse pas de se communiquer, jusqu'à un certain point, au bois même qui forme le corps de l'instrument, et aux esprits qui s'y trouvent renfermés; car, autre est le son d'un instrument à vent (soit flûte, soit trompette), dont le corps est de bois; autre, celui d'un instrument dont le corps est de cuivre. De même, si une flûte étoit couverte de drap ou de soie, le son qu'elle rendroit alors seroit fort différent de celui qu'elle rend par elle-même; et une flûte, dont l'intérieur est un peu humide, ne rend pas non plus le même son que lorsqu'il est sec.

168. Le son produit sous l'eau se communique plus aisément à un corps dur,

par le moyen de ce fluide, que le même son produit dans l'air ne se communique à l'air même. (Voyez le n°. 134.)

Expériences diverses concernant l'égalité et l'inégalité des sons.

Dans les numéros précédens, nous avons d'abord parlé des sons musicaux qui, entendus en même temps deux à deux, peuvent former des *accords* ou des *dissonances*, et que nous avons qualifiés de *tons*; puis des sons *non musicaux*; enfin, nous avons rendu raison de cette différence, en assignant pour cause des premiers, l'*égalité*, et pour cause des derniers, l'*inégalité*. Nous avons encore déterminé, au même lieu, quels sont ces corps *égaux* qui produisent des *tons*, et les corps *inégaux* qui ne rendent que de simples *sons* ou *bruits*, n'ayant point le caractère de *tons* (1).

---

(1) Par l'*égalité* des sons, il faut entendre leur *similitude*, comme nous l'avons observé; car l'*ut*, par exemple, donné par un *violon*, et l'*ut* donné

Actuellement nous allons traiter de cette *égalité des sons* de la première espèce; non de celle qui dépend de la *nature* même du *corps sonore*, mais de celle qui n'est qu'*accidentelle*, et qui a pour cause ou l'*aspérité des surfaces*, ou l'*obliquité* (la courbure) *des cavités*, ou la *réitération de la percussion*, ou le *mouvement de trépidation*.

169. Une clochette, ou un timbre qui est fêlé, ce qui rend le passage du son plus difficile (1), ne rend qu'un son faux

---

par une *flûte*, ou par un *orgue*, etc. ont certainement beaucoup d'*analogie*; et par l'*égalité des corps sonores*, il faut entendre l'*uniformité de leur texture*. On sait, par exemple, qu'une *chanterelle* qui a dans sa *texture des inégalités* sensibles à l'œil, est presque toujours *fausse*.

(1) Ne seroit-ce pas parce que les deux bords de la fente ou fêlure se touchant presque, les vibrations d'une partie empêchent et font cesser plutôt les vibrations de l'autre? Ce qui semble le prouver, c'est qu'une cloche fêlée est moins sonore et moins retentissante qu'une cloche qui n'a point ce défaut.

et déplaisant. De même, lorsque la trachée artère ayant été saisie par le froid, et s'étant revêtue d'une substance *muqueuse*, sa surface est pleine d'aspérités et comme *raboteuse*, la voix devient rauque. Or, dans ces deux exemples, si le son est déplaisant, c'est parce qu'il est autant inégal qu'il peut l'être. Mais si à cette *inégalité* se mêle une sorte d'*égalité*, alors le son devient comme tremblotant, et n'est pas sans agrément.

170. Tous les instrumens dont le corps revient sur lui-même, comme la *trompette*, ou n'a qu'une simple courbure, comme le *cornet*, ou va tantôt en s'élevant, tantôt en s'abaissant, comme la *saque-bute*, rendent un son rauque et tremblotant; mais la flûte à bec et la flûte traversière, qui n'ont point de semblables inégalités, et dont le corps est parfaitement droit, rendent un son plus pur et plus coulant. Cependant la flûte elle-même, lorsque son intérieur est humecté, rend aussi un son plus grave, mais accompagné d'une sorte de trépidation ou de sif-

flement. De plus, une corde torse, telle qu'est la plus grosse corde d'une pandore, rend aussi un son du même genre (1).

171. Mais, lorsqu'une corde de violon est d'une texture inégale, elle ne rend qu'un son âpre et déplaisant; elle ne donne aucun ton juste, et alors on dit qu'elle est *fausse*; ce qui vient de ce qu'elle est plus grosse dans certains endroits que dans d'autres. Aussi les cordes de métal, qui sont beaucoup plus égales, ne sont-elles jamais fausses. On sait que la méthode ordinaire pour éprouver une corde, est de la tendre avec force entre les doigts extrêmes, et de lui donner une saccade avec le doigt du milieu; car alors si elle paroît comme double, on la juge bonne : mais si elle paroît triple, quadruple, etc. on la juge fausse.

―――――――――――

(1) Si, appuyant les doigts fort légèrement sur la plus grosse corde d'un violon, on appuie aussi très légèrement l'archet en faisant de fort longues tenues, cette corde rend un son fort aigu et fort aigre, qui, dans certains momens, a de l'analogie avec celui d'un flageolet.

172. Le murmure d'une eau coulante présente aussi à l'oreille une sorte de tremblotement; et dans les orgues portatives, ce tuyau qu'on appelle le *rossignol*, et qui contient de l'eau, rend continuellement un son tremblotant. Les enfans, comme l'on sait, s'amusent avec certains petits tuyaux remplis d'eau, lesquels, lorsqu'ils y soufflent ou y sifflent, rendent un son du même genre, qui a quelque analogie avec celui de la lettre L. Or, toutes les inégalités de sons, résultant de cette trépidation, flattent plutôt l'oreille qu'ils ne l'offensent.

173. Tous les tons *trop graves* ou *trop aigus* ont je ne sais quoi d'*âpre* et de *déplaisant:* la basse, qui donne les premiers, frappant alors une trop grande quantité d'air pour qu'elle puisse imprimer à toutes les parties de ce fluide un mouvement égal; et le premier dessus, qui donne les derniers, fendant l'air avec tant de vîtesse, que la réaction de ce fluide est trop vive pour qu'il en résulte un son égal (uniforme). Aussi est-ce

la voix moyenne, ou *le ténor* (la taille) qu'on regarde comme la plus agréable (1).

174. Les seuls animaux dont la voix puisse produire à volonté des sons musicaux ou non musicaux, sont l'homme et les oiseaux chantans. On doit chercher la raison de cette différence dans la conformation et la disposition actuelle du *larinx*, ou en général de la *trachée artère* et des autres organes de la voix; car, lorsque cette partie est bien tendue, sa surface devient unie, à peu près comme celle d'une vessie qui, étant toute pleine de rides et d'aspérités, lorsque cette vessie est flasque, devient lisse lorsqu'on l'enfle et la développe. Cette tension dont nous parlons, est une condition plus nécessaire pour *chanter* que pour *parler*; ensorte qu'une voix étouffée ou un chuchottement ne peut produire aucun ton. Or, il est visible que, dans une personne qui chante, le gosier travaille plus que dans celle qui parle simplement, comme

---

(1) Elle a aussi ordinairement plus d'*étendue*.

on en peut juger en voyant la première avancer et retirer le menton avec effort.

175. Le bourdonnement des abeilles est encore un son inégal; et il est tel auteur qui prétend que ce bruit ne vient pas de l'ouverture qui leur tient lieu de bouche, mais de l'intérieur du corps. Mais il se pourroit que cette dernière opinion ne fût pas mieux fondée que l'autre, et que ce bourdonnement fût l'effet du mouvement de leurs ailes; ce qui porteroit à le penser, c'est qu'il ne se fait entendre que lorsqu'elles sont en mouvement.

176. Tous les métaux, quand on les éteint dans l'eau, produisent un son semblable à un sifflement, et qui a quelque analogie avec la lettre Z; ce son néanmoins est engendré entre l'air et l'eau, ou ce dernier fluide réduit en vapeur: lorsqu'on fait cuire quelque aliment dans une très petite quantité d'eau, on entend une sorte de sifflement. Mais, si le vaisseau où l'eau bout est tout-à-fait plein, alors on entend un bruit de bouillonnement fort

analogue à celui que produisent les enfans, lorsqu'à l'aide d'un chalumeau, ils soufflent dans l'eau ou dans leur salive.

177. Tentez quelque expérience pour savoir si l'inégalité ou la fréquente interruption du milieu ne rendroit pas le son plus inégal; par exemple, supposons qu'on fît une cloche composée de trois cloches de grandeur inégale, et les unes dans les autres, mais avec des intervalles remplis d'air, et qu'on frappât avec un marteau sur la plus extérieure, il se pourroit que le son d'une telle cloche différât beaucoup de celui d'une cloche simple, soit par sa nature, soit par son intensité. De même, prenez une lame de cuivre et une planchette; puis, les ayant assemblées, frappez sur l'une des deux, afin de voir si de cet assemblage il résulte un son inégal. Construisez un tonneau divisé en trois parties, à l'aide de deux cloisons qui aient des trous, ou qui soient d'un bois rempli de nœuds, et frappez sur ce tonneau, afin de comparer le son qu'il rendra avec celui que rend un tonneau ordinaire.

Expériences et observations sur les sons plus ou moins graves ou aigus, et sur les sons musicaux.

178. Il est évident que le *son* est d'autant plus *grave*, que la *quantité d'air frappée* est plus *grande*; et d'autant plus *aigu*, qu'elle est plus *petite*. La percussion d'une plus grande quantité d'air dépend de la grandeur du corps frappant, ainsi que de la largeur et de la longueur de la cavité que le son est obligé de traverser. Aussi voit-on que la dernière corde d'un violon *est* plus grosse que la chanterelle; qu'une flûte d'un ton grave a des trous plus grands que ceux d'une flûte d'un ton aigu. De plus, le son que rend une flûte est d'autant plus grave, que ses trous sont plus éloignés de son embouchure; et d'autant plus aigu, qu'ils en sont plus proches. Disons plus : si l'on frappe alternativement sur le sommet et sur la base de tel corps solide (par exemple, d'un chenet), on trouve que le sommet rend un son plus aigu que celui de la base.

179. Il n'est pas moins évident que le son est d'autant plus aigu, que le coup donné à l'air est plus vif; et d'autant plus grave, que ce coup est plus lent. C'est ce qu'on observe dans les cordes d'instrumens; plus elles sont tendues et torses (d'où résulte un *ressaut* plus prompt), plus le son qu'elles rendent est aigu. Ainsi, une corde plus grosse, mais plus tendue, et une corde plus menue, mais moins tendue, pourront donner le même ton.

180. Les *enfans*, les *femmes* et les *eunuques*, ont la *voix* plus *aiguë* et plus *grêle* que les *hommes faits*; la raison de cette différence n'est pas que les derniers ayant plus de *chaleur*, ont en conséquence la *voix plus forte*; la *force* plus ou moins grande de la voix pouvant bien contribuer à la rendre plus ou moins *éclatante*, et non à en *changer* le *ton* : mais que, dans les hommes faits, les organes de la voix sont *plus dilatés*, et les *cavités plus grandes*; la *chaleur*, comme on n'en peut douter, contribuant à

cette *dilatation*. Mais la raison pourquoi cette révolution qui a lieu à l'âge de puberté, fait muer la voix, est plus difficile à découvrir. Ce changement paroît venir de ce qu'à cette époque une grande portion de l'humidité du corps, qui auparavant en arrosoit plus abondamment et plus également toutes les parties, étant déterminée vers les vaisseaux spermatiques, la chaleur commence à devenir excessive dans toute l'habitude du corps; et c'est probablement cette *chaleur* qui *dilate* les organes de la voix, et aggrandit les cavités où l'air doit passer pour la former, attendu que les symptômes qu'on observe alors dans l'individu, tels que le poil qui croît en plus grande quantité, la rudesse de la peau, sa consistance, etc. sont tous autant d'effets connus de la chaleur.

181. L'industrie des musiciens a imaginé deux moyens pour augmenter la *tension des cordes*, sans compter la *torsion*. L'un est de *raccourcir les cordes* par la *pression des doigts*, comme on le

fait en jouant du *luth* ou du *violon*; l'autre est d'employer *des cordes plus courtes*, comme dans la *harpe*, le *clavecin*, etc. et l'effet qui a lieu dans ces deux cas, n'a qu'une seule et même cause; il vient de ce que, par ces deux moyens, le *ressaut* (ou la *réaction*) des cordes est plus vif.

182. Plus une corde d'instrument est déja tendue, moins on est obligé de la tendre de nouveau pour la faire monter d'un ton; car il faut d'abord qu'elle soit tendue à un certain point pour pouvoir produire un ton quelconque; et l'on voit que plus les sons qu'on veut former sur le violon sont aigus, et plus, en démanchant, l'on monte vers le chevalet, plus aussi l'on est obligé de rapprocher les doigts pour former les tons.

183. Prenez un verre à boire un peu évasé, remplissez-le d'eau; donnez une chiquenaude sur son bord, et remarquez le ton qui en résulte : vuidez ce verre par degrés et à différentes reprises, en donnant chaque fois une chiquenaude :

vous observerez qu'à mesure que vous le vuiderez, le ton baissera, et deviendra de plus en plus grave.

Expériences sur la proportion d'où dépend la différence du grave à l'aigu dans les sons.

Suivant quelle proportion précise cette percussion de l'air, dont nous avons parlé, doit-elle croître et décroître pour produire tels sons plus graves ou plus aigus ? c'est dans la recherche qui a pour objet la nature des sons, une des plus importantes questions qu'on puisse proposer; car cette proportion une fois bien déterminée, on verroit *pourquoi* et *comment* les sons coïncident dans leurs *octaves*, qui ne sont, au fond, que des *retours* ou des *répétitions* de ces mêmes sons. On verroit aussi la raison de ces *consonances* et de ces *dissonances* qu'on trouve entre les deux limites de l'unisson et de l'octave ; toutes choses dont nous avons parlé dans les n[os]. relatifs à la musique. Mais il est nécessaire d'y revenir ici, vu que c'est la partie la plus essentielle de la recherche qui nous occupe. Or, ces proportions que nous cherchons, pour les trouver, il faut chercher quels doivent être, pour produire les différens tons, les degrés de tension des cordes, les distances entre leurs points fixes, la largeur et la longueur des cavités dans les flûtes et autres instrumens à vent; mais plus commodément par ce dernier moyen, que par le précédent.

184. Ainsi, faites l'expérience suivante : 1°. tendez la corde autant qu'il le faut pour qu'elle puisse produire un ton quelconque; puis tendez-la une seconde fois avec une force égale à la première; une troisième fois avec une force encore égale, et ainsi de suite; et observez dans quelle proportion les sons deviennent de plus en plus aigus, à mesure que vous tournez les chevilles ou montez le doigt. Cela posé, vous déterminerez, par ce moyen; 1°. la proportion des sons aux différens degrés de tension de la corde; 2°. leur proportion avec les différentes

longueurs de cette corde. Mais il est ici une autre précaution à prendre; je veux dire qu'à mesure qu'on tend la corde, en tournant les chevilles, il faut chaque fois appliquer la mesure bien juste sur la ligne droite que forme cette corde (1).

185. Quant à la touche, on pourroit prendre pour mesure les divisions qui se trouvent déja sur l'instrument, et, par ce moyen, déterminer la distance entre le point où le doigt touche la corde quand on lui fait rendre le premier son (ou ton au-dessus de celui de la corde à vuide), et celui où il la touche quand elle donne l'octave de ce son (2), en comparant

---

(1) Si cette corde est tendue entre les chevilles et un point fixe, sa longueur ne doit point varier; et d'ailleurs, ce seroit un plaisant moyen pour déterminer les forces qui tendent la corde, que de compter les tours de cheville.

(2) Et après avoir fait tout cela, en se traînant sur les traces d'un grand homme qui boite, comme tout autre, dans un sujet peu familier, on n'aura pas avancé d'un seul pas vers le but. Voici quelque chose de plus clair et de plus précis : choi-

cette ligne à la longueur de la corde, dans les deux cas.

sissez sur un violon une corde quelconque, par exemple, la chanterelle; divisez sa longueur en deux parties égales; posez le doigt sur le point de division; la partie de cette corde qui restera entre ce doigt et le chevalet, c'est-à-dire, *sa moitié*, donnera l'*octave* (*en dessus*) du ton que donnoit la corde à vuide; les $\frac{2}{3}$ de la corde entière donneront *la quinte* (toujours en dessus); les $\frac{3}{4}$, *la quarte*; les $\frac{4}{5}$, *la tierce majeure*; les $\frac{5}{6}$, *la tierce mineure*; les $\frac{8}{9}$, *le ton majeur*; les $\frac{9}{10}$, *le ton mineur*, etc. Si ensuite ôtant la seconde corde du violon (le *la*), vous y substituez une seconde chanterelle, cette seconde corde, pincée ou raclée en même temps que l'autre, réduite successivement aux différentes longueurs que nous venons d'indiquer, donnera les accords qui répondent à ces longueurs. Actuellement transportez une de ces chanterelles sur un *monocorde* semblable à ceux qu'on trouve dans tous les cabinets de physique: si vous suspendez à cette corde successivement *des poids qui soient entr'eux en raison inverse des quarrés des nombres ci-dessus* (en supposant que le ton donné par la corde tendue par le poids regardé comme l'unité, réponde au ton que donnoit sur le violon

186. Mais ces proportions seroient plus faciles à déterminer à l'aide des trous des instrumens à vent: ainsi prenez six flûtes égales en longueur, et à tout autre égard, dont une n'ait qu'un seul trou, une autre deux trous, une troisième trois trous, et ainsi de suite jusqu'à la sixième : observez attentivement *l'espèce et le degré de son* que rend chacune de ces flûtes. Or, c'est sur-tout d'après les indications de ces trois derniers exemples, qu'il faut déterminer avec la plus grande précision quelle longueur de la corde, quelle distance du point touché au point fixe, quelle largeur ou longueur de la concavité, fait monter le son de telle quantité. Mais le dernier de ces moyens, comme nous l'avons dit, étant le plus commode, c'est à l'aide de celui-là qu'il faut déterminer avec précision quelles dimen-

---

la corde à vuide), vous aurez successivement *l'octave, la quinte, la quarte*, etc. par exemple, le poids$=4$ donnera *l'octave*; le poids$=\frac{9}{4}$, *la quinte*; le poids$=\frac{16}{9}$, *la quarte*, etc. etc. etc.

sions de la concavité sont nécessaires pour
faire monter le son d'un ton entier, de
deux tons, de trois tons, et ainsi de suite
jusqu'à l'octave ; car tel est le vrai moyen
de découvrir la secrette relation qui existe
entre certains nombres ou proportions, et
la mélodie ou l'harmonie. Il est assez probable que ceux qui construisent les flûtes
et autres semblables instrumens, connoissent déja ces proportions ; car on voit que
pour déterminer les distances des touches
dans un luth, ou des trous dans les instrumens à vent, ils se servent de certaines
règles qui portent des divisions : il en est
de même des fondeurs de cloches qui ont
aussi des mesures pour en régler le ton ;
ensorte que les expériences déja faites
peuvent épargner une partie de celles
que nous recommandons ici. Un ancien
a observé qu'un vaisseau vuide, frappé
avec le doigt, donnoit l'octave du son que
rendoit le même vaisseau étant plein.
Mais je ne comprends pas comment cela
se peut faire ; attendu que ce vaisseau,
soit plein, soit vuide, lorsqu'on le frap-

pe, donne à peine un ton quelconque (1).

187. Il doit y avoir une différence sensible entre les proportions qu'on détermine pour produire des tons quelconques qu'on veut comparer au son passif, (à celui dont on part); les trous ne doivent pas être trop près les uns des autres, mais à une distance raisonnable. Car, dans la flûte, par exemple, les trois derniers trous donnent le même son, qui est d'un ton plus bas que celui des trois premiers. Il est sans doute quelque différence de même nature à observer par rapport à la tension et à la touche des cordes.

Expériences et observations relatives aux sons extérieurs et intérieurs.

Il est une autre différence qu'on peut observer entre les sons, et que nous ex-

---

(1) Il ne dit point de quelle matière étoit le vaisseau; l'édition angloise emploie le mot de *barril*: si tel est le vaisseau dont parle l'auteur, son étonnement est très fondé; car, quoique le son du vaisseau plein soit très agréable au musicien, il n'en est pas plus musical.

primons par les mots d'*extérieur* et d'*intérieur*; il ne s'agit point ici de sons forts ou foibles, graves ou aigus, musicaux ou non musicaux, mais de toute autre chose. Il est vrai *qu'aucun son intérieur* ne peut constituer un *ton*; mais, d'un autre côté, un *son extérieur* peut être *musical* ou *non musical*. Ainsi, au lieu de distinguer avec précision les sons de ces deux espèces, nous nous contenterons d'en faire la simple énumération. Cependant, pour donner quelque idée de notre opinion sur ce sujet, nous dirons que, dans le mouvement d'où résulte un son intérieur, l'air est plutôt *poussé* et *foulé*, que *fendu* et *coupé*; ensorte que le genre de percussion d'où naît un son intérieur, est à celui dont le son extérieur est l'effet, comme un *coup* est à une *coupure*.

188. Si nous prenions pour exemple la parole humaine, un *chuchottement*, plus fort ou plus foible, doit être appellé un son *intérieur*; mais *la prononciation à haute voix* est un *son extérieur*. Aussi d'un simple chuchottement ne peut-il ré-

sulter aucun ton ou aucun chant, comme de la prononciation à haute voix. De même le son produit par la respiration, par le souffle de la bouche, par le vent d'un soufflet, ou par le vent naturel, quelque éclatant qu'il puisse être, ne sera jamais qu'un son intérieur; au lieu que le son qu'on produit en soufflant dans une flûte ou toute autre concavité de ce genre, quelque foible qu'il puisse être, ne laisse pas d'être un son extérieur. Il en faut dire autant des vents les plus violens, à moins qu'ils ne soient resserrés dans un canal, ou qu'ils ne *sonnent le creux*. Mais le sifflement, ou un vent qui *sonne le creux*, produisent des tons ou des sons extérieurs; l'air étant, dans le premier cas, comprimé par quelques corps; et dans le dernier cas, resserré par sa propre densité. Aussi, lorsque le vent qui souffle *sonne le creux*, est-ce ordinairement un signe de pluie. La flamme abandonnée à son propre mouvement, ou animée par le vent d'un soufflet, ne produit qu'un murmure ou son intérieur.

189. Tout corps dur, choquant un autre corps dur, produit un son extérieur qui peut être plus fort ou plus foible, plus clair ou plus sourd, etc. ensorte que, si le choc est foible, il pourra n'en résulter aucun son, mais il n'en résultera jamais un son intérieur; et c'est ce qui arrive lorsqu'une personne marche si doucement qu'on ne l'entend pas.

190. L'air, comprimé ou non, frappant un corps dur, ne produit jamais un son extérieur : par exemple, si l'on pousse avec force le vent d'un soufflet contre une muraille, il n'en résultera pas un son de cette espèce.

191. On peut produire également des sons extérieurs et des sons intérieurs, soit par l'aspiration, soit par l'expiration : car l'aspiration et l'expiration naturelles ne produisent qu'un son intérieur; au lieu que, si l'on siffle, soit en poussant, soit en retirant son haleine, on produit un son extérieur.

Expériences et observations diverses sur les sons articulés.

192. Parmi les faits que l'on peut considérer dans cette recherche sur les sons, il en est peu d'aussi étonnans et d'aussi difficiles à expliquer que celui-ci : non-seulement le son se propage et se distribue dans la totalité d'une masse d'air sans souffrir le moindre déchet (quant à son espèce), mais même il subsiste tout entier dans les moindres parties de ce fluide. Ensorte que les articulations les plus délicates et les nuances les plus légères de la voix des hommes ou des oiseaux, passent par la plus petite fente sans se confondre.

193. Quoique ces vents inégaux, qui soufflent par bouffées ou par tourbillons, servent de *véhicules* aux sons, et puissent les porter *à des distances plus ou moins grandes,* cependant ils n'empêchent pas que ces sons ne soient *très distincts,* et ils laissent subsister toutes leurs différences, toutes leurs nuances, dans

la totalité de cet espace où ils peuvent être entendus (1).

194. L'effet d'une trop grande distance est d'effacer les différences des sons articulés, et de les rendre confus; quelquefois, par exemple, on entend assez bien la voix d'un homme qui prononce un discours, ou toute autre voix de cette nature, quoiqu'on ne puisse distinguer les paroles; une parole couvrant l'autre, comme il arrive quand plusieurs personnes parlent à la fois.

195. Dans une expérience dont nous avons parlé plus haut (n°. 155), nous voyons que la voix d'une personne qui parle sous l'eau, paroît *plus grêle* et *plus déliée;* ce qui n'empêche nullement qu'on n'en distingue toutes les articulations, comme nous l'avons aussi observé.

196. Je présume qu'aucun son, ou ex-

---

(1) Ce fait prouve très directement que le son ne dépend point d'un mouvement local qui seroit nécessairement détruit avec son effet, par des mouvemens si variés et si violens.

trêmement grêle, ou extrêmement grave, ne peut être articulé, et que les seuls qui puissent l'être, sont ceux qui tiennent le milieu entre ceux de ces deux espèces ; les sons extrêmes ayant également l'effet de confondre les articulations ; savoir : les sons trop grêles, par l'effet même de la contraction qui les accompagne; et les sons trop graves, par l'extrême dispersion qu'ils supposent. De plus, quoiqu'un son articulé, une fois formé, puisse se contracter au point de passer par la plus petite fente, sans souffrir le moindre déchet, quant à son espèce (comme nous l'avons dit dans les numéros précédens), néanmoins la première articulation de ce son exige de plus grandes dimensions.

197. Il est prouvé, par l'expérience, qu'une personne qui prononce un discours dans une chapelle ou dans une salle voûtée en dessus et en dessous, ne peut être entendue aussi distinctement que dans d'autres lieux; ce qui vient de ce qu'avant que les premières paroles cessent d'être entendues, les suivantes, qui

se font entendre aussi, les couvrent en partie, et se confondent avec elles, quoique chaque son ait plus de force et puisse être entendu de plus loin.

198. Ces mouvemens de la langue, des lèvres, du gosier, du palais, etc. qui sont nécessaires pour former et prononcer les différentes lettres de l'alphabet, sont un sujet qui mérite certainement des recherches particulières, et qui a une étroite relation avec celui dont nous sommes actuellement occupés. Mais ces mouvemens sont très déliés, très difficiles à décrire; et pour les déterminer avec précision, il faudroit entrer dans des détails qui nous meneroient trop loin. Ainsi, nous n'en parlerons point ici, et nous les renvoyons au livre qui aura pour objet les expériences et les observations relatives à la parole. Les *Hébreux* avoient fait preuve d'exactitude et de sagacité sur ce sujet, en distinguant avec soin les différentes espèces de lettres dont leur alphabet étoit composé, et les divisant en *labiales*, *dentales*, *gutturales*, etc.

Quant aux *Grecs* et aux *Latins*, ils ont eu soin de faire une distinction entre les *semi-voyelles* et les *muettes* : parmi ces muettes, ils en distinguoient de *grêles*, de *moyennes*, d'*aspirées*, etc. distinctions utiles sans doute, mais qui ne sont pas encore assez exactes. Ils n'ont pas distingué avec assez de justesse et de précision ces mouvemens déliés, ces petits chocs d'où dépend la formation de ces différentes lettres : par exemple, ils n'ont pas observé qu'on ne peut prononcer les lettres B, P, F et M, qu'en contractant ou en fermant la bouche; qu'on ne peut prononcer de suite les lettres M et B, et qu'alors on est obligé de substituer à l'M, une N; comme dans le mot *hécatombe*, qui, dans la prononciation, devient *hécatonbe* : que l'M et le T ne peuvent être prononcés de suite, si l'on ne met un P entre deux, comme dans le mot *rédemteur*, qu'on a été forcé de changer en celui-ci : *rédempteur*, etc. Ensorte que, si l'on appuie assez sur ce sujet pour le bien approfondir, on reconnoîtra que les mouvemens simples et nécessaires pour former toutes les lettres de l'alphabet, sont en plus petit nombre que ces lettres (1).

199. De toutes les parties du corps humain, les plus spongieuses ce sont celles dont les poumons sont composés; et par cette même raison, ce sont aussi celles qui ont le plus d'aptitude à se dilater et à se contracter. En se contractant, ils

---

(1) Par exemple, il n'y a point de différence spécifique, mais seulement une différence de quantité ou de force, entre les mouvemens et la disposition d'organes nécessaires pour prononcer les syllabes suivantes, prises deux à deux : *ba* et *pa; ca* et *ga; fa* et *va; da* et *ta; ja* et *cha; za* et *sa*. Cette différence consiste en général en une expiration plus ou moins forte; ainsi un tachygraphe peut réduire à onze toutes les consonnes de notre alphabet; et s'il supprimoit les voyelles et les diphtongues, comme le fait *Taylor*, il n'auroit besoin que de onze signes, qui pourroient être, la ligne droite en quatre positions; le demi-cercle en quatre positions aussi; et la boucle, dans les trois positions les plus commodes : ce qui seroit le *maximum* de simplicité en ce genre.

chassent l'air au dehors; et cet air, en passant par la trachée artère, par le gosier et par la bouche, forme la voix. Mais l'articulation de la voix exige de plus le concours de la *langue*, du *palais*, des *dents*, des *lèvres*, et de toutes ces parties qu'on nomme *les instrumens de la parole*.

200. On observe une certaine analogie entre les sons que rendent les corps inanimés, ou les animaux dont la voix n'est pas articulée, et les différentes lettres de la voix articulée. On désigne même ordinairement les sons de la première espèce, par des noms qui retracent leur analogie avec ces lettres. Par exemple, le murmure, le son tremblotant que fait entendre une eau coulante, a de l'analogie avec la lettre L; le bruit que font les métaux, quand on les éteint dans l'eau, a du rapport avec les lettres Z et S; la voix d'un chien qui gronde, avec la lettre R; le bruit d'une étrille, avec la double consonne CH; le miaulement d'un chat, avec la triphtongue *iou*; la voix du

coucou, avec la diphtongue *ou;* le son d'une corde d'instrument, avec la terminaison *ingue* (en prononçant l'*n* à la manière des Latins ou des Italiens). Si quelqu'un, par simple curiosité, ou pour étonner, vouloit construire une marionette ou un automate quelconque qui prononçât des paroles, il devroit envisager d'une part ces mouvemens, ces chocs, etc. des instrumens naturels de la parole, d'où résultent les sons qu'il voudroit imiter; et de l'autre, les mouvemens, les chocs, etc. qui, dans les corps inanimés, produisent des sons semblables; car, c'est de cette double considération qu'il faut tirer les raisons ou les moyens nécessaires pour expliquer ou imiter les sons de la voix articulée (1).

―――――

(1) Nous avons été obligés de réformer un peu ce texte, en profitant pour cela des recherches que nous avons faites nous-mêmes sur ce sujet. Voyez la *Méchanique morale*, Liv. VI.

Centurie III.

Expériences et observations concernant les mouvemens des sons, du centre à la circonférence, selon toutes les directions possibles, dans des lignes droites, courbes, etc. de bas en haut, de haut en bas, d'avant en arrière, d'arrière en avant.

201. Tous les sons, quels qu'ils puissent être, se meuvent du centre à la circonférence, selon toutes les directions de la sphère, dont le corps sonore est le centre, de haut en bas, de bas en haut, etc. C'est une vérité qui n'a pas besoin de preuve, et qui est, à chaque instant, confirmée par l'expérience.

202. Il n'est pas nécessaire, pour qu'on entende les sons, qu'ils se portent en ligne droite vers le sens; condition requise pour les objets visibles; mais cette ligne peut être courbe, tortueuse, etc. Cependant l'expérience prouve que, lorsqu'ils suivent une ligne droite, ils ont plus de force et se font mieux entendre; mais si

alors on les entend mieux, ce n'est pas parce que cette *ligne* est *droite*, mais parce que la *distance* est *moindre*; attendu que d'*un point à un autre point, la ligne droite est la plus courte*. C'est pourquoi, si une personne placée d'un côté d'une muraille, vient à parler, on peut l'entendre de l'autre côté, non que la voix passe à travers la muraille, mais parce qu'elle passe par-dessus, en suivant une ligne courbe.

203. Tout son qui ne trouve point le passage ouvert, et qui rencontre un obstacle dans une certaine direction, se fait jour par un autre côté, et fait, pour ainsi dire, le tour. Par exemple, lorsque vous êtes dans une voiture où la glace de la droite est levée, celle de la gauche étant baissée, si un pauvre, placé à la gauche, vous demande l'aumône, il semble alors qu'il soit à la droite. De même, si une cloche ou un timbre d'horloge, situé au nord d'une chambre qui a une fenêtre ouverte au midi, vient à sonner, il semble aux personnes qui sont dans

cette chambre, que le son vienne du midi.

204. Quoique le mouvement des sons se fasse suivant toutes les directions de la sphère (car les sons ont aussi leur *orbe*, leur *aire sphérique* (1),) néanmoins ils se portent avec beaucoup plus de force et beaucoup plus loin, par la ligne antérieure (qui est la direction du premier mouvement local de l'air et de l'impulsion qui en résulte), que par toute autre ligne. C'est par cette raison que la voix d'un homme qui prononce un discours, est beaucoup mieux entendue de ceux qui se trouvent en face de la chaire, ou de la tribune, que de ceux qui sont sur les côtés, quoiqu'aucun obstacle latéral n'arrête la voix. De même, un coup de fusil ou de canon se fait entendre beaucoup plus loin de-

---

(1) Ils ont leur sphère d'activité, comme la *chaleur*, la *lumière*, l'*attraction*, la *répulsion*, les *odeurs*, la *poudre qui s'enflamme*, l'*exemple*, les *discours*, etc.

vant la piéce, que derrière ou sur les côtés (1).

205. Mais le son se porte-t-il plus aisément de haut en bas que de bas en haut, ou réciproquement? C'est ce qu'on pourroit mettre en question : quoi qu'il en soit, ces chaires et ces tribunes qu'on voit en tant de lieux, sont toujours plus élevées que l'auditoire. Autrefois les généraux haranguoient leurs armées de dessus une espèce de *tertre artificiel*, et formé avec du gazon. Car si l'orateur et les auditeurs étoient précisément sur le même plan, les corps de ceux qui se trouveroient en avant, empêcheroient la voix de parvenir aussi aisément à ceux qui seroient derrière eux. Mais il semble qu'il y ait

---

(1) C'est une vérité dont il n'est que trop aisé de se convaincre, lorsqu'on se trouve par le travers d'un vaisseau qui salue, même à une demi-portée de canon; on sent alors une espèce de coup, non-seulement dans l'oreille, mais même dans tout le corps. Il paroît que le mouvement imprimé à la colonne d'air qui répond à l'embouchure du canon, s'étend fort loin.

ici quelque chose de plus : seroit-ce, par exemple, que les *espèces immatérielles,* soit des objets de l'ouie, soit des objets visibles, se portent plus aisément de haut en bas, que de bas en haut (1)? Mais voici un fait assez étonnant : si du rez-de-

---

(1) Il sera souvent question de ces *espèces immatérielles* auxquelles notre auteur fera faire bien des voyages; mais il ne sera jamais question de *ce qu'elles sont.* Ce rêve a beaucoup d'analogie avec certaines opinions de quelques anciens, qui s'imaginoient qu'un petit spectre, figuré et coloré précisément comme l'objet visible, s'en détachoit et entroit dans l'œil; qu'un petit spectre musical se détachoit du corps sonore, et entroit dans l'oreille, etc. Pour donner un sens physique à son expression, il faut dire avec lui ou pour lui, que les sensations relatives à la vue et à l'ouie, sont l'effet de certains *modes de mouvemens, sans aucune addition de substance ;* ou, si l'on veut absolument mettre là *une substance,* c'est du moins *une substance si subtile et si fine, que, ne sachant pas trop ce qu'elle est, on a droit de l'appeller un esprit, une ame,* en un mot, un être très immatériel pour ceux qui ne le connoissent pas, et qui pourtant veulent en parler.

chaussée de l'église de Saint-Paul de Londres, on regarde des personnes placées au sommet, on a peine à les reconnoître, et elles paroissent extrêmement petites; au lieu que, si, du sommet, on regarde des personnes placées au rez-de-chaussée, on les distingue aisément, et leur stature paroît beaucoup moins diminuée (1). Cependant, il est certain qu'en général

---

(1) C'est peut-être parce que, dans le second cas, l'objet est mieux éclairé, ou n'est pas environné de grosses masses auxquelles on le compare. Mais ne seroit-ce pas aussi parce que l'air inférieur, qui est plus humide, plus vaporeux et plus dense que l'air supérieur, grossit les objets et *fait loupe?* On sait que l'eau et le brouillard même amplifient les objets; et qu'un navire de deux cents tonneaux qui est dans la brume, paroît un vaisseau de 64, sur-tout à ceux qui sont dans un air plus pur. En général, un objet plongé dans un fluide quelconque paroît amplifié au spectateur plongé dans un fluide plus rare; à quoi l'on peut ajouter que le spectateur placé dans un air plus élevé et plus pur, possède à un plus haut degré la faculté de voir et d'être attentif.

aux yeux d'un spectateur placé sur un lieu élevé, les objets placés fort au-dessous paroissent plus petits, et d'une figure, en quelque manière, *plus ramassée*. C'est ainsi que ces figures régulières qu'on donne aux bordures d'un parterre ou aux tapis de verdure, sont plus agréables à la vue lorsqu'on les regarde du haut d'un édifice, ou de tout autre lieu élevé.

206. Mais pour donner une solution plus exacte de cette question que *nous venons de nous proposer*, soit une chambre ayant une fenêtre qui ne soit pas fort élevée au-dessus du rez-de-chaussée. Que de cette fenêtre une personne parle le plus bas qu'elle pourra à une autre personne placée dans une cour ou dans la rue; la première appliquant sa bouche à l'une des extrémités d'un tuyau, et la personne qui doit écouter appliquant son oreille à l'autre extrémité, afin que les sons se transmettent sans dispersion de l'une à l'autre; et réciproquement : que la dernière appliquant ensuite sa bouche à une ex-

trémité de ce tuyau, tandis que l'autre appliquera son oreille à l'autre extrémité, parle aussi bas que la première (1). Ce moyen seroit assez commode pour savoir si le son se porte plus aisément de haut en bas, que de bas en haut, ou au contraire.

Expériences et observations diverses concernant la durée et l'extinction des sons, ainsi que leur génération et leur propagation, ou transmission.

207. On sait que le son, une fois en-

---

(1) Il vaudroit mieux que la personne qui étoit dans la chambre, passât dans la cour ou dans la rue, et réciproquement; car, pour que la voix initiale ait la même force dans les deux cas, et qu'on puisse comparer les deux sons, il faut que ce soit la même personne qui parle et la même personne qui écoute; il faudroit de plus qu'on fît cette expérience la nuit et dans un lieu fort désert; autrement le bruit de la cour ou de la rue jeteroit de l'équivoque dans le résultat.

gendré (ce qui est l'affaire d'un instant), dure pendant quelque temps, et meurt, pour ainsi dire, peu à peu. Mais il est, sur ce point, une erreur aussi commune qu'étonnante : on s'imagine que c'est le même son, le son originel qui continue de se faire entendre; quoique l'*apparente continuité du son* soit l'effet de sa *réitération*, et non celui de la continuation du son originel. Car, lorsqu'on frappe sur un corps sonore, on imprime à toutes ses petites parties un mouvement de vibration, en conséquence duquel ces parties frappant l'air à petits coups vifs et réitérés, renouvellent le son. Et une preuve sensible de cette assertion, est que ce son qui s'affoiblit ainsi peu à peu, et qu'on prend pour une continuation du premier son, cesse aussi-tôt qu'on touche la corde ou la cloche qui l'a produit : par exemple, dans un clavecin, dès que le *sautereau* est retombé et touche la corde, on cesse d'entendre le son. Mais il faut distinguer ici *deux espèces de vibrations ;* les unes, *locales, manifestes* et *très sensibles* dans une cloche qui ést suspendue, les autres, *secrettes, insensibles*, qui ont lieu dans les plus petites parties, et dont nous avons parlé dans le neuvième n°. Mais la vérité est que le *mouvement local* contribue beaucoup à ces *vibrations insensibles*; il en est la cause *sine quâ non* (condition nécessaire). Nous voyons aussi que, dans les flûtes et autres instrumens à vent, le son cesse au même instant que le souffle. Il est vrai que, lorsqu'on cesse de jouer de l'orgue, on ne laisse pas d'entendre encore un certain murmure vague et confus; mais ce son ne dure que jusqu'au moment où les paneaux supérieurs des soufflets sont tout-à-fait retombés.

208. On s'est assuré par l'expérience, que, lorsqu'on décharge plusieurs pièces de grosse artillerie, toutes à la fois, le bruit de l'explosion est porté à plus de vingt milles sur terre, et beaucoup plus loin en mer. Cependant ce bruit ne se fait point entendre au moment même de la décharge, mais au moins une heure

après (1) ; différence qui dépend certainement de la *continuation du son ;* car ici il n'y a plus de *vibrations* d'où puisse résulter la *réitération du son ;* et l'on auroit beau alors toucher la piéce, le bruit ne cesseroit pas pour cela. Ensorte que la durée des sons qui ont beaucoup de force, est *plus qu'instantanée;* et c'est alors une *vraie continuation du son initial.*

209. Mais, pour déterminer avec exactitude le temps que le son emploie à parcourir un espace connu, il faudroit faire l'expérience suivante. Soit une tour élevée sur laquelle est une cloche, et tout auprès un homme qui tient d'une main un marteau, et de l'autre un flambeau masqué par un rideau ; et que son aide se tienne dans la campagne à la distance d'un mille. Cela posé, que le premier, au moment même qu'il frappe sur la cloche, montre le flambeau (2); et que celui

---

(1) Environ 89 secondes après, si la distance est de 20 milles ; ce qui est un peu différent.

(2) L'original dit qu'il tire le rideau ; mais cela

qui est dans la campagne, détermine, en comptant les battemens de son pouls, le temps qui s'écoule entre le moment où il apperçoit le flambeau, et celui où il entend le son de la cloche; car il est d'ailleur certain que la lumière franchit cette distance en un instant (1). On pourra faire cette même expérience plus en grand, je veux dire, en employant une lumière d'un grand volume, et une fort grosse cloche, ou une grosse piéce d'artillerie.

210. Il n'est personne qui n'ait observé par soi-même que la lumière et les objets visibles sont apperçus beaucoup plutôt que le son d'un corps placé à la même distance ne peut être entendu. Par

---

lui feroit perdre du temps, il est plus simple qu'il montre son flambeau.

(1) On a fait cette expérience, mais avec une piéce d'artillerie, et en prenant *pour points de station*, *la terrasse de l'Observatoire de Paris et la tour de Montlhéry;* le résultat a été que le son, dans un temps calme, parcourt environ 1120 pieds par seconde.

exemple, l'éclair d'un coup de canon frappe l'œil, plutôt que le bruit ne frappe l'oreille. On sait aussi que, lorsqu'on est à une certaine distance d'un homme qui fend du bois, avant d'entendre le bruit du premier coup, on voit le bras de cet homme se relever pour donner le second. De même, lorsque le tonnerre est encore fort éloigné, on voit l'éclair long-temps avant d'entendre le bruit ; le temps qui s'écoule entre ces deux momens, est proportionné à la distance du nuage orageux.

211. Lorsque des couleurs frappent la vue, on ne les voit point s'affoiblir et s'effacer par degrés ; mais, tant qu'on les voit, elles paroissent avoir toujours la même force ; au lieu que les sons s'affoiblissent et s'évanouissent peu à peu. La raison de cette différence est que les couleurs ne dépendent point du mouvement de l'air, comme les sons. Or, une preuve que le son dépend en partie de ce mouvement local de l'air, et que ce mouvement en est la cause *sine quâ*

non, c'est la courte durée de ce son ; l'air divisé et poussé par le corps sonore se rétablissant fort promptement, et ses parties se rejoignant aussi-tôt : ce que l'eau fait également, mais avec beaucoup moins de promptitude (1).

Expériences et observations sur la transmission et la non-transmission des sons.

Dans les observations ou les expériences qu'on peut faire relativement à la transmission ou non-transmission des sons, il faut prendre garde de confondre les cas où le son glisse le long de la surface d'un corps, avec ceux où il passe à travers, et par conséquent choisir, pour

---

(1) Supposition très gratuite; car, si les parties des deux fluides ne se rejoignoient qu'en vertu de leur pesanteur, comme l'eau a une pesanteur spécifique beaucoup plus grande que celle de l'air, ses parties se réuniroient aussi beaucoup plus vite ; mais cette réunion peut dépendre de l'élasticité du fluide ; et alors ce seroit l'air qui se rétabliroit le plus promptement.

intercepter le son, un corps dont l'assemblage soit très serré ; car le son passe à travers les fentes les plus étroites.

212. Lorsqu'on veut faire passer le son à travers un corps très dur, ou un peu dense ; par exemple, à travers l'eau, à travers une muraille, un métal (comme dans les grelots d'épervier, lorsqu'ils sont bouchés), il faut que ce corps soit fort mince ; autrement il étoufferoit entièrement le son. Par exemple, dans l'expérience où l'on parle sous l'eau, à la faveur de la masse d'air où l'on tient sa tête, la bouche ne doit pas être trop au-dessous de la surface de ce fluide ; car alors elle n'en pourroit plus traverser l'épaisseur. Par exemple, si vous parlez dans une salle bien close, et dont les murailles soient fort épaisses, votre voix ne pourra être entendue au dehors. De même, imaginez un tonneau vuide dont le bois ait deux pieds d'épaisseur, et dont la bonde soit bien bouchée, je conçois que le son qu'il rendroit, en vertu de la communication de l'air extérieur avec

l'air intérieur, seroit très foible et même nul; et que le seul son qu'on entendroit alors, seroit celui qui naîtroit du choc qu'on lui donneroit par dehors; son qui auroit de l'analogie avec celui d'un tonneau plein.

213. Il n'est pas douteux que, dans le cas où les sons passent à travers les corps solides, l'esprit, les parties pneumatiques de ce corps ne contribuent à cette transmission; mais c'est ce dont on s'assureroit beaucoup mieux à l'aide d'un corps dur, renfermant un autre corps dur, qui seroit frappé dans l'intérieur du premier, sans le frapper lui-même, qu'à l'aide d'un corps dur, renfermant aussi un autre corps dur, qui frapperoit ses parois intérieures (1). Ainsi prenez un

---

(1) Car, dans le dernier cas, on ne sauroit si le son est transmis au dehors, par le moyen des esprits renfermés dans l'épaisseur du corps extérieur, ou s'il l'est, parce que le corps intérieur, en frappant les parois de celui où il est renfermé, imprime à ses parties solides un mouvement de

grelot d'épervier, dont les trous soient bouchés, et suspendez-le sous un récipient de verre, dont l'orifice soit lutté sur une platine avec de la cire molle, de manière qu'il soit parfaitement clos; puis agitez fortement ce récipient, afin d'agiter le grelot, et voyez si ce dernier rend encore quelque son, ou si celui qu'il rendoit est seulement affoibli, et jusqu'à quel point il l'est. Mais il faut que le fil auquel on suspend ce grelot soit de métal, ou que le récipient ait une fort grande capacité, de peur que le grelot, quand on l'agite, ne heurte les parois de ce récipient.

214. On conçoit aisément que, si le son, dans le *détour* qu'il est obligé de faire, parcourt un arc fort grand, terminé par deux lignes fort droites et fort lon-

---

vibration qui se communique à l'air extérieur. Au reste, nous avons été obligés de changer totalement le texte de cet endroit, le principe qu'il pose et l'exemple qu'il allègue, étant diamétralement opposés.

gues, il s'affoiblira excessivement et s'évanouira presque entièrement : par exemple, tel son qu'on pourroit entendre, même étant séparé du corps sonore par un mur, on ne l'entendroit plus, s'il y avoit une église entre deux; et tel autre son qu'on pourroit entendre à quelque distance d'un mur, on ne l'entendroit plus si l'on s'approchoit trop de ce mur (1).

215. Les corps mous et poreux sont peu sonores, et étouffent, pour ainsi dire, le son à sa naissance. Par exemple, si l'on frappe sur du drap ou sur une peau, ce coup ne produit qu'un son très foible, comme nous l'avons déja dit ; mais les corps de cette espèce livrent passage au

---

(1) Le son parcourt aisément un arc, mais il ne faut pas que la courbure de cet arc soit *trop brusque*, ou que ses branches soient trop rapprochées l'une de l'autre ; ce qui auroit lieu, si une personne séparée d'une autre par un mur, s'en tenoit trop près en parlant, et l'autre aussi, de son côté, en écoutant; le son alors parcourroit d'abord une ligne droite, puis un petit arc excessivement courbe, enfin une autre ligne droite.

son beaucoup plus aisément que les corps très solides.

On sait, par exemple, que des rideaux ou une tapisserie l'arrêtent ou l'affoiblissent peu ; au lieu que de simples carreaux de vitre, bien calfeutrés, l'interceptent beaucoup plus que ne le feroit une piéce de drap d'égale épaisseur. On voit aussi par ce bruit que font quelquefois les intestins, avec quelle facilité le son traverse les membranes, la peau, etc.

216. Il y auroit encore quelques expériences à faire pour savoir si des sons très forts et très graves, comme le bruit du canon, ou le son d'une grosse cloche, ne deviennent pas plus foibles et plus grêles, lorsqu'ils passent par une fente fort étroite ; il est vrai que les sons les plus délicatement articulés passent par les plus petits trous sans se confondre. Mais il se pourroit qu'il y eût à cet égard quelque différence entre les sons graves et les sons aigus, ou entre les sons forts et les sons foibles.

Expériences et observations sur le milieu qui transmet le son.

217. Le vrai *milieu du son*, c'est *l'air*; cependant les corps mous et poreux ne laissent pas de le transmettre aussi; il en est de même de l'eau. Les corps durs ne se refusent pas entièrement à cette transmission. Mais au fond, tous ces corps, si on en excepte l'air, peuvent être regardés comme des milieux peu convenables pour le son.

218. Un air *sec* et *rare* est pour le son un véhicule moins avantageux qu'un air plus dense et plus humide, comme on le voit par cette facilité avec laquelle on entend les moindres sons, le soir, durant la nuit, dans un temps humide, et lorsque le vent est au midi (1). Nous avons rendu raison de cette différence,

―――――――――――――――――――

(1) Cette assertion est peu conforme à l'expérience. Par un temps couvert et peu humide, on entend mieux; mais un temps très humide rend tous les sens plus obtus.

en traitant des causes qui peuvent augmenter la force et le volume du son; nous avons observé alors qu'un air *plus rare* étant plus *pénétrable*, contribue, par cela seul, à la *dispersion du son*; au lieu qu'un air *plus dense* et *plus humide*, qui livre moins aisément passage au son, le *concentre* davantage, et l'empêche de *se dissiper* (1). Mais c'est ce dont il seroit facile de s'assurer en jetant de grands cris dans un air humide : par exemple, dans un temps de brouillard, ou lorsqu'il tombe une petite pluie ; peut-être observeroit-on que l'effet d'une telle température est d'éteindre et d'amortir le son.

219. Mais, jusqu'à quel point la flamme peut-elle être un milieu pour le son; sur-tout pour ce genre de sons qu'on pro-

---

(1) Il semble que, dans un temps nébuleux, les nuages arrêtent la voix, et *emboîtent*, pour ainsi dire, *le son*; on peut dire aussi qu'alors la lumière étant moins éclatante, le principe vital se porte d'autant plus dans l'organe de l'ouie, qu'il se porte moins dans celui de la vue ; un *temps couvert* est une espèce *de nuit commencée*.

duit à l'aide de l'air seul, et non pour ceux qui naissent du choc des corps durs? C'est une question à laquelle on pourroit satisfaire aisément en parlant avec une autre personne dont on seroit séparé par un grand feu; sans oublier toutefois que le bruit naturel et propre de la flamme, qui couvriroit en partie la voix, mettroit un peu d'équivoque dans le résultat.

220. Faites aussi quelques expériences sur des liqueurs de différente espèce, afin de savoir si elles produisent sur le son auquel elles servent de milieu, quelque genre ou degré d'altération différent de celui qu'y produit l'eau : par exemple, faites choquer l'une contre l'autre les deux branches d'une paire de ciseaux, plongée dans ces liqueurs successivement; ou frappez avec un corps dur sur le fond d'un vaisseau rempli successivement de lait, d'huile, etc. car, quoique ces liquides soient plus légers que l'eau, cependant leur texture est plus inégale.

Voilà ce que nous avions à dire sur la

nature et la disposition des différens milieux du son; disposition qui consiste principalement en ce qu'ils peuvent comprimer l'air plus ou moins. C'est un point que nous avons déja en partie éclairci dans l'article qui avoit pour objet la *transmission du son;* mais cette *transmission* dépend aussi beaucoup de la *figure*, de la *concavité* que le son est obligé de traverser; et c'est le sujet que nous allons traiter.

Expériences et observations pour savoir comment et combien la figure des corps de flûtes ou d'autres semblables concavités, et en général celle des corps déférens influe sur les sons.

Comment et *combien* les figures des corps de flûtes, ou d'autres semblables concavités où le son est obligé de passer, et en général celle des corps déférens, contribuent à diversifier et à altérer les sons, soit à cause de la plus ou moins grande quantité d'air que reçoivent ces cavités, soit à cause de la route plus longue ou plus courte qu'elles font parcourir au son, soit enfin à raison de toutes autres circonstances? C'est un sujet que nous avons déja touché en partie dans les articles qui s'y rapportent; mais, par ce mot de *figures*, nous n'entendons ici que les différentes lignes, droites, courbes, brisées, circulaires, que le son est obligé de parcourir.

221. La figure d'une *cloche* a quelque analogie avec celle d'une *pyramide*; avec cette différence toutefois, que la divergence et l'évasement de ses côtés est plus brusque et plus marquée. La figure du *cor-de-chasse* et du *cornet* est courbe ; cependant, parmi les instrumens de ce genre, il en est dont le corps est droit et qui ont autant de trous que les courbes. Mais la différence de leur figure n'en produit qu'une assez légère dans leurs sons, si ce n'est qu'on embouche les derniers avec plus de force. Le corps d'une flûte, d'un flageolet, d'une octave, est également droit ; mais ce dernier a en dessus et en dessous des trous iné-

gaux. Une trompette a à peu près la figure d'une S; figure à laquelle elle doit ses sons aigres et éclatans. En général, la ligne droite, dans ces instrumens, produit des sons plus doux et plus purs; la ligne courbe, des sons plus rauques et plus durs.

222. On pourroit, à titre d'essai, donner à des flûtes et autres instrumens à vent, des figures différentes de celles qu'on leur donne ordinairement : par exemple, une figure sinueuse à quatre flexions (courbures ou replis), ou la forme d'une croix, avec un renflement au milieu; ou encore une figure anguleuse, je veux dire, celle d'une ligne brisée une ou plusieurs fois; le tout, afin de voir quelles différences produiroient dans les sons ces variations de figures ; enfin, on pourroit faire l'essai d'une flûte circulaire, et même qui formât un cercle proprement dit, où l'on auroit pratiqué deux trous ; l'un, pour recevoir le souffle; l'autre, peu éloigné de celui-là, avec une espèce de cloison ou de dia-

phragme entre deux, afin que le souffle n'arrivât au second trou qu'après avoir parcouru tout le cercle.

On fera encore d'autres expériences sur des corps de différentes figures, qu'on choquera les uns contre les autres deux à deux : par exemple, sur des corps de figure *sphérique, plane, cubique, cruciale, triangulaire,* etc. Enfin, l'on assemblera deux à deux, des corps de même figure, puis des corps de figures différentes, et l'on fera choquer d'abord plan contre plan, convexe contre convexe, etc. puis plan contre convexe, etc. et l'on observera avec attention toutes les différences que ces figures et leurs combinaisons produisent dans les sons. On observera encore les différences de son produites par des corps d'inégales épaisseurs, qui se choquent deux à deux. Je me suis assuré par moi-même, qu'une clochette d'or n'est pas moins sonore qu'une d'argent ou de cuivre ; et l'est peut-être même davantage. Cependant, on sait que la monnoie d'or l'est beaucoup moins que la monnoie d'argent (1).

223. Dans une harpe, la concavité n'est pas le long des cordes, mais en travers et à leur extrémité. Les sons de la *harpe d'Irlande* s'éteignent plus lentement et se prolongent beaucoup plus que ceux de tout autre instrument. Ainsi, je crois être fondé à supposer que, si l'on construisoit un clavecin à deux concavités, dont l'une fût dans toute la longueur de l'instrument, comme à l'ordinaire; l'autre, à l'extrémité des cordes, comme dans la harpe, il en résulteroit des sons moins sourds et moins foibles que ceux des clavecins ordinaires. Enfin, l'on pourroit varier encore cet essai en supprimant toute la concavité qui règne le long des cordes, et n'en laisser qu'une à leur extrémité, comme dans la harpe, ou enfin, en construire un à deux concavités placées aux extrémités des cordes.

---

(1) L'orfèvre n'auroit-il pas mis beaucoup de cuivre dans la clochette de notre philosophe, qui n'en aura peut-être pas vérifié le titre?

Expériences et observations sur le mélange des sons.

224. Une différence très sensible qu'on peut observer entre les *espèces immatérielles,* relatives à la vue, et celles qui se rapportent à l'ouie, c'est que les premières traversent le milieu commun, sans s'y mêler les unes avec les autres ; au lieu que les dernières s'y confondent. Car, si l'on promène ses regards dans l'espace, on y apperçoit une infinité d'étoiles, d'arbres, de montagnes, d'hommes, d'animaux; or, ces objets, d'un seul regard, *on les voit tous à la fois,* et leurs images se peignent sans confusion au fond de l'œil; au lieu que, si une telle multitude de sons venant de différens lieux, se faisoient entendre tous à la fois, il n'en résulteroit que des sons très confus; ou le plus fort de ces sons effaçant tous les autres, seroit le seul qui se fît entendre. C'est ainsi que du concours de plusieurs sons fort différens et tempérés les uns par les autres, résulte l'harmo-

mie qui ne laisse entendre aucun son distinct, mais un seul son composé de tous. Il n'en est pas de même des couleurs. Il est vrai néanmoins que de deux lumières inégales, la plus forte éteint la plus foible, au point que celle-ci échappe à la vue. Par exemple, celle d'un ver luisant est effacée par celle du soleil ; à peu près comme un son très foible est couvert par un son très fort. De plus, je me crois fondé à supposer que, si, ayant deux lanternes de verre coloré ; savoir : l'une de verre rouge, l'autre de verre blanc, et ayant mis une bougie dans chacune, on projette leur lumière sur un papier blanc, il en résultera une couleur de pourpre. Le mélange des couleurs affoiblit aussi la lumière : par exemple, des murs nouvellement blanchis rendent une chambre beaucoup plus claire que des murs noirs ou tapissés (1). Or, si

---

(1) Il regarde le noir comme l'effet du mélange confus de certaines couleurs. Selon Newton, le blanc est l'effet de la présence des sept couleurs

les sons se confondent ainsi, tandis que les images des objets visibles demeurent distinctes, la raison de cette différence est, que les rayons de lumière qui s'élancent des corps lumineux par eux-mêmes, ou éclairés par réflexion, suivent des lignes droites et forment différens cônes, dont les sommets tombant sur cette partie la plus sensible de l'œil, qui est le siége de la vision, y forment autant de points très distincts ; au lieu que les rayons sonores qui se meuvent dans toutes sortes de lignes, droites, courbes, brisées, etc. doivent nécessairement se croiser, se faire obstacle les uns aux autres, et se confondre.

225. L'harmonie la plus suave et la plus parfaite, c'est celle qui ne laisse entendre distinctement le son d'aucun instrument ou d'aucune voix ; mais un son unique, mixte et composé de tous les

---

primitives combinées ensemble dans certaines proportions ; et le noir est l'effet de leur absence.

sons particuliers fondus ensemble et parfaitement d'accord ; en supposant de plus qu'on soit à une certaine distance de ces voix et de ces instrumens (1) : sensation. analogue à celle que produit la combinaison de parfums ou de fleurs de différentes espèces, dont les odeurs se répandent dans une même masse d'air, en se fondant les unes dans les autres.

226. La disposition de l'air n'influe sur tels ou tels sons, qu'autant qu'on y entend

_____

(1) Par exemple, une harmonie très agréable, c'étoit celle que formoient les voix de cinq cents écoliers chantant le *Magnificat* dans la chapelle de leur collège ; voix qui se fondoient avec celles des professeurs, des principaux et sous-principaux, des domestiques, etc. sur-tout à *Louis-le-Grand*, où se trouvoient des étudians de tous les âges, jusqu'à 35 ans ; harmonie d'autant plus parfaite, qu'on n'y distinguoit point les quatre parties du grand accord *ut*, *mi*, *sol*, *ut*, sinon les deux extrêmes *ut*, *ut*, liés ensemble par une infinité de moyennes proportionnelles harmoniques ; et d'autant plus suave, qu'elle étoit sans art et sans apprêt.

d'autres sons; et l'influence de cette disposition, à tout autre égard, est tout-à-fait nulle. Que le temps soit serein ou nébuleux; que l'air soit chaud ou froid, tranquille ou agité (en exceptant toujours cette espèce d'agitation qui est accompagnée de bruit), qu'il soit imprégné de bonnes ou de mauvaises odeurs, etc. c'est ce qui importe très peu, attendu qu'il ne peut résulter de ces différentes qualités de l'air, que de très légères altérations dans les sons.

227. Mais les sons peuvent se faire obstacle les uns aux autres, et s'altérer réciproquement; lorsqu'ils sont discordans, leur combinaison ne produit que des sons confus; il en est d'autres qui, en se combinant et se mariant ensemble, forment des accords, une harmonie.

228. Deux voix semblables et d'égale force étant réunies, ne se font point entendre à une distance double de celle où une seule seroit entendue, et deux flambeaux dont les lumières sont parfaitement égales, ne font pas non plus voir

les objets clairement et distinctement à une distance double (1) : la raison de cette singularité est inconnue ; on peut dire seulement que les impressions de chaque espèce se joignent aux impressions de même nature, et les renforcent, quoique l'impression totale ne soit pas proportionnelle à la somme des impressions partielles, comme nous venons de l'observer. On pourroit soupçonner que la

---

(1) Ce problème semble rentrer dans celui de la *duplication du cube, de la sphère*, ou de tout autre solide régulier; car il semble que, si l'effet de deux lumières ou de deux voix égales est double de celui d'une seule, une voix double, ou deux voix égales et réunies peuvent être entendues dans une sphère double de celle où une seule peut l'être, et qu'une lumière double, etc. Or, le rayon d'une sphère double n'est rien moins que double; il n'est plus grand que d'environ un quart. Ainsi, en supposant qu'une des deux voix égales puisse être entendue à cent pas, les deux voix réunies ne devront l'être qu'à cent vingt-cinq pas. Actuellement l'effet de deux voix égales est-il double de celui d'une seule? je l'ignore.

première impression résultante *du passage de la privation à l'acte,* (par exemple, du silence à un son quelconque, ou des ténèbres à la lumière) a proportionnellement plus d'effet, que l'impression résultante du passage *d'un son foible à un son plus fort,* ou *d'une lumière foible à une lumière plus forte* (1). Enfin, ce défaut de proportion dans l'effet des impressions, vient peut-être de ce que l'air, après avoir reçu la première impression, ne reçoit pas la seconde avec *autant d'appétit, d'avidité* (de facilité), que cette première (2). Mais, si l'on nous demande en général quelle est la loi, ou le rapport de l'accroissement de chaque vertu (qualité ou force), à l'accroisse-

---

(1) Il semble que ce devroit être le contraire; car il faut d'abord une certaine force pour vaincre l'inertie de l'organe du sens, et pour éveiller la sensibilité; et tel degré qui n'eût pas été sensible avant qu'elle fût excitée, le devient, lorsque le sens a commencé à percevoir.

(2) Que de rêves, faute d'une notion géométrique!

ment de la matière, nous répondrons qu'une telle question ouvre à nos recherches le plus vaste champ, et que, pour en donner la solution, il ne faut pas moins qu'un traité ex-professo sur ce sujet (1).

Expériences et observations diverses sur les causes ou circonstances qui peuvent rendre les sons plus agréables.

229. La réflexion avec concours (le concours du son réfléchi avec le son direct) donne au son total plus de force et de volume. Mais lorsque le corps qui produit les sons primitifs ou réfléchis, est lisse et uni, ils en deviennent plus agréables. Ainsi, il faudroit faire l'essai d'un luth ou d'un violon, dont le corps fût de cuivre poli, au lieu d'être de bois. Nous voyons que, même dans l'air libre, le son des cordes de métal est plus

---

(1) Voyez, dans le supplément de l'ouvrage précédent, nos observations sur les progressions naturelles et les progressions artificielles.

doux et plus agréable que celui des cordes de boyaux. L'eau a aussi éminemment la propriété de réfléchir les sons, comme on le voit par les grands effets de la musique dans le voisinage des eaux, et par les échos qu'elles produisent.

230. L'expérience prouve qu'une flûte dont le corps est un peu humecté, et lorsqu'on a secoué toutes les gouttes sensibles qui se sont attachées à sa surface, rend des sons plus clairs et plus doux, que lorsqu'elle est sèche; sons accompagnés d'un certain sifflement ou tremblement assez agréable; comme nous l'avons observé dans l'article qui traite de l'inégalité des sons. La raison de cette différence de son est que la surface d'un corps poreux, lorsqu'elle est légèrement humectée, et se trouve, pour ainsi dire, sur la limite du sec et de l'humide, acquiert alors un certain degré de poli et d'égalité. Quant à ce sifflement ou à cette trépidation dont nous parlions, et qui doit avoir pour cause quelque inégalité, je présume qu'il est produit par l'action

réciproque de la surface intérieure de l'instrument, que l'humidité a rendue lisse, et de cette partie plus intérieure du bois, où l'humidité n'a pas encore pénétré.

231. Durant la gelée, la musique qu'on exécute dans l'intérieur des édifices, paroît plus agréable qu'en tout autre temps. La véritable cause de cette différence, n'est pas la disposition de l'air, mais celle du bois et des cordes des instrumens; ces matières, qui alors *se crispent* davantage, devenant en conséquence plus poreuses, plus caves. On sait aussi qu'un luth, ou un violon un peu vieux, est plus sonore qu'un neuf; il en est de même des vieilles cordes; deux effets qu'il faut encore attribuer à la même cause que le précédent.

232. Le mélange d'un air libre avec un air comprimé contribue à l'amélioration du son. Mais, pour s'en mieux assurer, il faudroit construire un luth ou un violon à deux concavités, c'est-à-dire, en en plaçant une seconde avec son ouverture, au-dessus des cordes; de

manière pourtant qu'on laissât au-dessous assez de place pour ces cordes, et pour jouer. Faites aussi l'essai d'une *harpe d'Irlande* qui, au lieu de n'avoir qu'une seule cavité à l'une de ses extrémités, en ait deux, une à chaque extrémité; les cordes se trouvant alors entre deux. Mais peut-être un instrument de cette espèce seroit-il si sonore, que les sons anticiperoient l'un sur l'autre, et deviendroient confus.

233. Si une personne chantant seule, tient sa bouche appliquée à l'orifice d'un tambour, la modulation en devient plus agréable. Je présume qu'il en seroit de même d'un concert de voix, si chaque partie chantoit de cette manière. Mais alors, pour épargner aux auditeurs ce qu'une telle nouveauté auroit d'étrange, il faudroit mettre une toile entr'eux et les chanteurs.

234. Quoique, dans les instrumens à vent, le son s'engendre entre l'air et le souffle de celui qui en joue; cependant, lorsque le mouvement qui constitue le son

se communique à un corps d'instrument dont la surface est lisse et unie, le son y gagne d'autant. Par exemple, il n'est pas douteux que le son d'une trompette ou d'une flûte de bois ne doive être très différent de celui d'une trompette ou d'une flûte de cuivre. Il faudroit aussi faire l'essai de cors-de-chasse et de flûtes en cuivre; afin de voir quelle différence produiroit dans le son, celle de la matière.

235. Enfin, l'attention contribue aussi à rendre les sons plus agréables dans les circonstances où le principe commun du sentiment se concentre dans le sens particulier de l'ouie, et où l'action de celui de la vue est suspendue. Aussi les sons paroissent-ils beaucoup plus doux et plus forts la nuit que le jour. Je soupçonne également qu'un aveugle est plus sensible à la musique qu'une personne qui voit. Enfin, dans cet état moyen entre la veille et le sommeil, état où tous les ressorts sont comme détendus, et la plupart des sens comme liés, la musique

fait plus d'impression que lorsqu'on est tout-à-fait éveillé.

Expériences et observations diverses sur la faculté d'imiter les sons.

236. S'il est dans la nature un sujet fait pour exciter l'étonnement et pour fixer l'attention du philosophe; c'est, sans contredit, cette faculté qu'ont les enfans et certains oiseaux d'imiter les sons qu'ils entendent, et d'apprendre à parler; mais il ne faut pas croire que, pour parvenir à cette imitation, ils commencent par considérer attentivement les mouvemens de la bouche du maître, attendu que les oiseaux mêmes apprennent aussi-bien dans l'obscurité qu'au grand jour. Cependant, parmi les sons articulés, dont le langage humain est composé, il en est dont les différences sont très fines, très délicates et difficiles à imiter. Il est vrai qu'ils n'y réussissent que peu à peu, à force de temps et d'essais. Mais enfin, ils y réussissent, et la

lenteur de leur succès ne détruit point ce qu'il a d'étonnant. Tout considéré, s'il nous est permis de hazarder une conjecture qui, à la première vue, semblera étrange, nous serions portés à croire qu'il y a ici *quelque action d'esprit à esprit;* je veux dire que les esprits du maître agissant sur ceux du disciple, y produisent une certaine disposition, qui d'abord excite le dernier à imiter son modèle, puis à faire des efforts réitérés pour l'imiter de mieux en mieux. Mais les opérations qui sont une conséquence de l'action d'esprit à esprit, sont un sujet que nous nous proposons de traiter dans le lieu convenable, et principalement dans la recherche qui aura pour objet la force de l'imagination ; c'est un des plus profonds mystères de la nature. Quant à ce qui regarde la faculté d'imiter, l'observation prouve assez que l'homme et quelques autres animaux en sont doués. On sait avec quelle exactitude et quelle facilité le singe et la guenon imitent les mouvemens de l'homme ; et dans la chasse aux *dottrebs* (1), nous voyons combien cet oiseau niais ressemble au singe par sa faculté d'imiter les mouvemens. Et il n'est point d'homme qui, dans un commerce fréquent avec d'autres hommes, n'imite involontairement leurs gestes, leurs voix, ou leurs manières.

237. Une preuve qu'il n'est pas nécessaire, pour que certains animaux soient capables d'imiter les sons, que l'homme leur serve de maître, c'est l'exemple des oiseaux qui se donnent réciproquement des espèces de leçons, sans que le disciple soit invité à l'imitation par l'espoir de quelque récompense, comme alimens ou autres semblables; on voit aussi des perroquets qui imitent non-seulement la voix humaine, mais même le rire, le son qui naît du choc des corps, le bruit d'une porte qui roule sur ses gonds, ce-

---

(1) Le *guignard*, c'est la troisième espèce de *pluvier*, dont l'histoire se trouve dans *Buffon* (tome XV, page 136); il y est fait mention de son *instinct imitateur.*

lui d'un charriot, ou tout autre son qu'ils ont entendu.

238. Les seuls animaux qui aient la faculté d'imiter le langage humain, ce sont les oiseaux. Le singe imite bien les gestes et les mouvemens de l'homme, mais il n'a point la faculté d'imiter la parole. J'ai cependant vu un chien qui, lorsqu'on hurloit dans son oreille, imitoit ensuite ce hurlement pendant quelque temps (1). Nous demande-t-on ac-

---

(1) Dans mon voyage de Chine, j'ai vu un chien qui faisoit beaucoup plus. Son maître (M. Suenon, supercargo des Danois, homme plein de connoissances et de talens de toute espèce), plaçoit une bouteille sur le milieu d'une table un peu élevée, et commandoit à son chien de la lui apporter; le chien s'élançoit vers la bouteille, et ne pouvant la saisir avec les dents, tâchoit de l'approcher avec ses pattes; mais les pattes glissant aussi, il ne faisoit que l'éloigner; après quelques efforts inutiles, il commençoit à se plaindre en hurlant; alors M. Suenon, prenant le ton de l'animal, hurloit lui-même, mais ce hurlement étoit modulé, et on auroit pu le noter; le chien, à son tour, suivoit

tuellement en quoi consiste, de quelle cause dépend cette plus grande aptitude des oiseaux (comparés aux animaux terrestres) pour imiter le langage humain? La solution d'une telle question exigeroit des connoissances que nous n'avons pas, et par conséquent de nouvelles recherches sur ce sujet. Quoi qu'il en soit, dans les animaux terrestres, la conformation de certaines parties, telles que les lèvres, les dents, etc. a beaucoup plus d'analogie avec les parties correspondantes dans

---

la voix de son maître; ce qui formoit une espèce de duo, mais à l'unisson. Je suis persuadé qu'en exerçant le chien avec plus de soin, on auroit pu porter cette imitation beaucoup plus loin. On prétend que Leibnitz en avoit un qui prononçoit quelques mots. Il paroît que le moyen de rendre un chien capable d'imiter quelques sons musicaux de la voix humaine, seroit d'imiter d'abord soi-même la voix de l'animal, d'y ajouter ensuite une seule note, puis une seconde, quand il auroit appris à imiter la première; une troisième, quand il auroit appris à imiter les deux premières; et ainsi de suite.

l'homme, qu'avec celles qui, dans les oiseaux, en tiennent lieu. Quant au col, partie où se trouve compris le gosier, dans certains animaux terrestres, cette partie a autant de longueur que dans les oiseaux. Mais il faudroit pousser plus loin les recherches anatomiques sur ce sujet, pour savoir en quoi précisément consiste cette supériorité de conformation du gosier, et des autres instrumens de la voix, à laquelle les oiseaux doivent cette faculté d'imiter les sons. Au reste, dans cette classe d'animaux, les espèces qui apprennent le mieux à parler, sont le perroquet, la pie, le geai, la corneille, le corbeau; oiseaux parmi lesquels le perroquet est le seul qui ait le bec recourbé (1).

239. Mais au fond, cette faculté qu'ont les oiseaux d'imiter les sons, dépend beaucoup moins de la conformation de leurs organes vocaux, que de l'attention dont

---

(1) Il faut y joindre la petite catau ou perruche des isles de la Sonde.

ils sont capables relativement aux sons. Car il faut de l'attention pour apprendre, c'est-à-dire, pour écouter et pour répéter ce qu'on a entendu. Or, les oiseaux prêtent plus d'attention aux sons que les autres animaux, et les remarquent plus souvent, parce qu'ils y prennent naturellement plus de plaisir, et s'y exercent davantage. On voit de plus que les gens qui font métier de les instruire, ou qui s'en font un amusement, leur donnent leçon durant la nuit (ou en couvrant leur cage), afin qu'ils soient plus attentifs. On sait aussi que, parmi les oiseaux chantans, les mâles ont, à cet égard, un avantage marqué sur les femelles, ce qui vient probablement de ce qu'ayant plus de vie et d'activité, ils se passionnent davantage et sont plus capables d'attention.

240. Il n'est pas douteux que le goût et l'ardeur soutenue avec laquelle on s'attache à l'imitation du langage, ou de tout autre son, ne rende plus capable de l'imiter. Aussi voit-on des pantomimes imi-

ter si parfaitement la voix de certains comédiens, que, si l'on ne voyoit les imitateurs, on croiroit entendre ces comédiens mêmes. Il en est de même de la voix de toute autre classe d'hommes qu'ils imitent aussi-bien.

241. Il est des hommes qui savent, en affoiblissant leur voix, la rendre semblable à une voix qui viendroit de fort loin (ce qui au fond n'est, par rapport à l'ouie, qu'un objet secondaire), et l'illusion est si grande, qu'une personne qui, étant auprès de vous, parle de cette manière, vous semble être à une lieue, ce qui ne laisse pas d'être effrayant (1). Il faut chercher aussi la cause de cette singularité. Après tout, je ne vois pas qu'un pareil talent puisse être d'une grande utilité ; sinon pour imposer à des hommes simples, et leur faire croire qu'ils entendent parler des esprits.

---

(1) Un curé de St. Germain-en-Laye, qui avoit ce petit talent, s'amusoit à effrayer de vieux militaires avec lesquels il se promenoit le soir.

Expériences et observations sur la réflexion des sons.

242. On peut distinguer dans les sons *trois espèces de réflexions*; savoir : *la réflexion concourante* (*le concours des rayons réfléchis avec les rayons directs*); celle d'où naît la *réitération du son* (et *qu'on appelle un écho*); enfin, la *réflexion des rayons réfléchis*, ou *réflexion de réflexion*, ou *écho d'écho*. Nous avons traité le premier de ces trois points dans l'article qui a pour objet la force et le volume des sons; reste à parler des deux autres.

On peut, à l'aide des miroirs, réfléchir à volonté les rayons qui s'élancent des objets visibles; et comme ces rayons jaillissent par des lignes droites qu'ils continuent de suivre, on porte où l'on veut l'image des objets. Mais on ne dispose pas aussi aisément des sons réfléchis; parce que les sons remplissant de plus grands espaces, et se portant aussibien en ligne courbe qu'en ligne droite, ne sont pas susceptibles de directions si précises (1). Aussi n'a-t-on pas encore découvert le moyen de produire à volonté des *échos artificiels* (2), et ne connoît-on encore aucun écho qui se fasse entendre dans un lieu fort étroit (3).

243. Les échos naturels sont produits

---

(1) On a prouvé depuis par de fort belles expériences, qu'à beaucoup d'égards, la marche des rayons sonores est semblable à celle des rayons lumineux, et que les premiers font, ainsi que les derniers, *l'angle de réflexion* égal *à l'angle d'incidence.*

(2) Il semble qu'une maison, un château, une église, un édifice quelconque, auquel aboutissent deux murs parallèles et fort longs, dont la distance est égale à la façade de l'édifice, devroit toujours produire un écho; et cependant cela n'est point.

(3) Parce qu'il faut que l'*excès* de la somme de la distance du corps qui produit le son, au corps qui le réfléchit, de la distance de ce dernier à l'auditeur, sur la distance de l'auditeur au corps sonore, soit assez grand, pour que le son réfléchi, lorsqu'il se fait entendre, ne se confonde pas avec le son direct.

par des murs, des bois, des rochers, des montagnes, des falaises, des rivages élevés, etc. Quant à l'eau, lorsqu'elle est fort proche, elle produit un *écho concourant;* et lorsqu'elle est éloignée, un *écho répétant.* Car toute la différence que je vois entre ces deux espèces d'écho, est que, dans l'un, le retour du son primitif est plus prompt; et dans l'autre, plus lent. Mais il est hors de doute que l'eau, qui facilite la propagation ou transmission du son originel, facilite également celle du son réfléchi qui forme l'écho.

244. Nous avons dit, dans un des n[os] précédens, que, si l'on parle, en appliquant sa bouche à l'extrémité d'un tuyau, fermé à son autre extrémité, le retour du souffle se fait sentir à la bouche, mais qu'alors on n'entend point de son (réfléchi). Ce qui vient de ce que cette propriété qu'a un tuyau, une cavité quelconque, de conserver le son originel, ne suffit pas pour conserver (pour faire entendre) le son réfléchi, sans compter

qu'il ne peut y avoir d'écho, si le son n'a une certaine force et une certaine netteté ; ce qui semble ôter toute espérance de pouvoir produire un écho artificiel, en comprimant l'air dans une concavité étroite (1). Cependant on s'est as-

---

(1) Il devoit dire dans une concavité *fort courte*, et non dans une concavité fort étroite ; car il se pourroit qu'à l'aide d'un tuyau fort long, par exemple, de deux ou trois cents pieds, et fermé à l'extrémité opposée à celle où l'on appliqueroit la bouche, on produisît un écho. Mais si l'on n'avoit en vue que la simple répétition des sons, il suffiroit peut-être, pour parvenir à ce but, de placer dans un appartement fort long, un tuyau qui en occupât toute la longueur, et qui eût un grand nombre de replis. Comme il y auroit alors un grand intervalle de temps entre le son direct et le son réfléchi, on pourroit entendre la répétition de plusieurs syllabes; si la dernière partie de ce tuyau étoit évasée comme un porte-voix, le son réfléchi seroit probablement plus fort que le son direct; si cette dernière partie s'ébranchoit en plusieurs tuyaux, au moment de la répétition, on entendroit plusieurs voix. Enfin, si ces derniers tuyaux étoient de différentes grosseurs, on pourroit, en chantant

suré que, si une personne s'appuyant sur le bord d'un puits de vingt-cinq brasses de profondeur, parle un peu bas; pas si bas toutefois qu'il n'en résulte qu'un *chuchottement*, la surface de l'eau produit alors un écho assez sensible et assez distinct (1). Il faudroit de plus s'assurer si, en parlant à l'orifice de ces cavités où la voix ne peut revenir que par l'ouverture même d'où elle est partie, on auroit un écho comme dans ce puits.

245. L'écho, ainsi que le son originel, se propage circulairement dans l'air (selon tous les rayons de la sphère, dont le corps sonore occupe le centre). Mais il faudroit faire quelques observations pour savoir si la répercussion du son par un corps qui feroit un angle, par exem-

---

à l'autre extrémité, former, à l'aide d'une seule voix, une espèce de concert.

(1) J'ai fait ce même essai sur des puits beaucoup plus profonds, et je n'ai point entendu d'écho; mais cela peut dépendre aussi de la largeur du puits.

ple, par cette partie d'un mur qui se trouve près de son angle rentrant, produiroit un écho ; comme, *dans cette réflexion qui est l'effet d'un miroir, l'angle d'incidence, formé par un rayon qui va de l'objet au miroir, et l'angle de réflexion, formé par le rayon qui vient de ce même point de la glace à l'œil, sont parfaitement égaux ;* ou comme une balle qui frappe un mur obliquement, ou qu'une raquette frappe de cette manière, fait son angle de réflexion à peu près égal à l'angle d'incidence ou de percussion. Ainsi, il faudroit voir si cette circonstance suffiroit pour produire un écho ; je veux dire, si une personne placée latéralement, ou dans la ligne du son réfléchi, entendroit mieux la voix qu'en se plaçant aux différens points d'une ligne située entre cette dernière et celle du son direct. Il faudroit aussi se tenir alternativement tantôt plus près, tantôt plus loin du point (1) où se

---

(1) Cette manière de faire l'expérience indi-

fait la répercussion, que la personne qui parle, afin de voir si les échos sont, ainsi que les sons originels, plus forts, quand on est plus près de l'endroit où ils se forment.

246. Il y a des lieux où l'on entend plusieurs échos qui répètent successivement les mêmes paroles; phénomène qui est l'effet d'une suite de montagnes, de bois, d'édifices, etc. placés à différentes distances du point où l'on entend ces échos; car alors les retours des sons réfléchis par des corps de plus en plus éloignés, devant être de plus en plus lents, ils doivent aussi être entendus de plus en plus tard.

247. De même que le son direct se porte en avant, en arrière, à côté, en un mot, dans toutes les directions possibles, l'écho se porte aussi dans tous les sens, comme le prouvent certains échos qui se

---

quée ne rempliroit pas son objet; il suffiroit, pour le remplir, de se tenir successivement à différentes distances du corps qui réfléchiroit la voix.

font entendre derrière la personne qui parle.

248. Pour qu'un écho puisse répéter trois, quatre ou cinq syllabes distinctement, il faut que le corps répercutant soit à une certaine distance ; car lorsque ce corps est trop proche, sans même l'être assez pour produire *un écho concourant*, les sons réfléchis revenant trop tôt à l'oreille, se confondent ainsi avec les sons directs. Il faut aussi que l'air qui transmet et les sons directs et les sons réfléchis, ne soit pas trop comprimé ; car un air resserré, dans les cas des grandes distances, produit le même effet que les petites distances dans les cas où l'air est libre. Aussi lorsqu'on parle à l'ouverture d'un puits, même très profond, la voix revient-elle aussi-tôt, et l'écho ne répète-t-il que deux syllabes.

249. Quant aux *échos d'échos* (c'est-à-dire produits par la réflexion des rayons déja réfléchis), nous en trouvons un exemple frappant, dans un lieu dont nous allons donner la description. A

quatre ou cinq milles de Paris, assez près d'un village appellé le *Pont de Charenton*, et à une portée d'arc de la Seine, est une chapelle ou petite église presque ruinée. Il n'y reste plus que les quatre murs et deux rangs de piliers, semblables à ceux qui forment les bas-côtés d'une église; la voûte est totalement à jour, et il ne reste presque plus rien du ceintre. Près de chaque pilier étoit une pile de bois, que les bateliers qui le conduisent à Paris, non par bateaux, mais par *trains*, avoient sans doute mis là pour s'en débarrasser. Lorsque, me plaçant à une extrémité de cette chapelle, je parlois un peu haut, ma voix étoit répétée treize fois distinctement; on m'a dit depuis que, durant la nuit, cet écho répète jusqu'à seize fois : j'étois là vers les trois heures après midi; mais le temps le plus propre pour faire l'essai de cet écho, ainsi que de tous les autres, c'est le soir. Il est clair que celui-ci n'est pas l'effet d'une suite d'obstacles placés à différentes distances les unes des autres, mais que la voix est envoyée et renvoyée comme une balle par les deux murailles opposées, et à peu près comme deux miroirs opposés et parallèles s'envoient et se renvoient l'image d'un objet placé entre deux. Car, si, ayant une glace devant vous, vous en placez une autre derrière vous, vous verrez dans la glace antérieure l'image de la glace postérieure, dans celle-ci l'image de la glace antérieure (chacune avec l'image de la partie de votre corps qui est tournée vers elle), et ainsi de suite, par une multitude de réflexions d'images déja réfléchies, qui seront de plus en plus petites et de plus en plus foibles, jusqu'à ce qu'elles s'affoiblissent au point d'échapper à la vue. C'est ainsi que, dans cet écho, la voix étant poussée contre l'une des deux murailles opposées et réfléchie vers l'autre muraille qui la réfléchit à son tour vers la première qui la réfléchit encore, d'une réflexion naît une autre réflexion ; du son, un autre son, chacun étant plus foible que le précédent et plus fort que le suivant, jusqu'à ce que le son, qui va en mourant peu à peu, devienne trop foible pour être entendu. Ensorte que si vous prononcez trois syllabes, l'écho pourra peut-être les répéter d'abord toutes les trois distinctement un certain nombre de fois ; puis le temps que dure chaque répétition étant diminué, il répétera les deux dernières syllabes un certain nombre de fois aussi ; ensuite la dernière syllabe plusieurs fois ; enfin, la diminution ne pouvant plus avoir lieu, il sera muet. Lorsqu'un écho ne répète qu'une seule fois, s'il répète quatre ou cinq syllabes, c'est beaucoup ; mais, dans celui-ci qui répète un si grand nombre de fois, pour trois syllabes que vous avez prononcées, vous en entendez plus de vingt.

250. On entendra un semblable *écho d'écho*, mais avec deux répétitions seulement, si, ayant pris poste entre une maison et une colline, on jette un cri, la bouche tournée vers la colline ; car alors la maison produira un écho, qui sem-

blera venir de derrière vous ; le son étant renvoyé de l'une à l'autre, et le dernier étant le plus foible.

251. Il y a des lettres que l'écho semble ne prononcer qu'avec peine ; par exemple, l'*s*, sur-tout l'*s initiale*. Lorsque j'allai au *Pont de Charenton*, j'y trouvai un Parisien, homme déja sur l'âge, qui prétendoit que cette difficulté de prononciation étoit une obligation de plus qu'on avoit aux *bons anges ;* car, ajoutoit-il, quand vous criez *satan*, l'écho ne répond pas précisément ce que vous avez dit, mais *va-t'en*. Quant à moi, mon sentiment est que, si un écho ne répète pas la lettre *s*, c'est parce que l'espèce de son qui constitue cette lettre, n'est qu'une sorte de *sifflement* ou de *son intérieur*.

252. Quelquefois l'écho répète promptement et se fait entendre aussi-tôt après le son direct. Il en est d'autres qui semblent se faire attendre, et qui laissent un plus long silence entre le son direct et le son réfléchi. Il en est qui alongent les

mots en les répétant; d'autres dont la prononciation est plus brève. Dans certains échos, le son est clair et fort, souvent d'une force égale à celle du son direct, et quelquefois même plus grande; dans d'autres, il est plus foible et plus sourd.

253. Lorsque le son est réfléchi par plusieurs obstacles placés circulairement et à des distances égales, il en doit résulter une espèce de *chorus d'échos;* et non-seulement les sons réfléchis doivent être *plus forts,* mais ils doivent aussi *durer plus long-temps,* et former un *écho continu;* et c'est ce qu'on pourra observer dans un lieu environné de collines, et formant une enceinte semblable à celle d'un théâtre.

254. D'après les observations connues, il ne paroît pas que les *rayons sonores* soient susceptibles de *réfraction,* comme les *rayons lumineux;* et je pense que, si un son passoit successivement à travers des milieux de différentes espèces, tels que l'air, l'eau, le drap, le bois, il ne

changeroit pas pour cela de direction, et ne seroit pas porté à un lieu différent de celui auquel il tendoit d'abord; *déviation* qui est l'effet propre de la *réfraction*. Quant à son *accroissement*, qui est aussi un des effets de la *réfraction*, ce genre de changement a manifestement lieu dans le son, comme on l'a assez prouvé; mais il n'est rien moins que l'effet de la différence des milieux.

Expériences et observations sur les analogies et les différences qui existent entre les choses visibles et les choses sensibles à l'ouie.

Dans les articles précédens, nous avons semé quelques exemples tirés des faits relatifs à la vue et aux objets visibles, pour répandre plus de jour sur la nature des sons; mais il nous paroît nécessaire d'insister un peu sur ces *observations comparatives*; et elles feront le sujet des deux articles suivans.

Analogies

Entre les choses visibles (1) *et les choses sensibles à l'ouie* (2).

255. Les unes et les autres se portent du centre à la circonférence, selon toutes les directions des rayons de la sphère dont le corps sonore ou lumineux occupe le centre (mais non au-delà de certaines limites fixes et déterminées), s'affoiblissant par degrés, mourant, pour ainsi dire, peu à peu, et à raison de la distance des objets au *sensorium*.

256. Les unes et les autres insinuent et conservent leurs *espèces* (3) respectives

---

(1) La lumière et les couleurs.

(2) Les sons.

(3) Pour bien entendre ces deux articles, il faut distinguer ici cinq choses, que l'auteur ne distingue pas assez.

1°. La substance et le mode du corps, soit sonore, soit lumineux.

2°. Ce qui en émane, soit substance, soit mouvement, soit l'un et l'autre.

3°. Le milieu qui transmet cette substance ou ce mouvement.

4°. L'organe qui est frappé, touché par cette

(leurs modes respectifs) dans les plus petites parties de l'air et de leur milieu, quel qu'il puisse être : elles passent en entier et sans confusion par les fentes les plus étroites, comme le prouvent l'exemple des pinules d'un niveau, et celui d'un trou extrêmement petit, qui livre passage aux articulations les plus distinctes.

257. La génération et la propagation des unes et des autres est aussi soudaine que facile ; et elles s'évanouissent avec une égale célérité, dès qu'on ôte l'objet visible, ou qu'on touche le corps sonore.

258. Les unes et les autres reçoivent et propagent les différences les plus précises, les nuances les plus légères et les plus délicates : par exemple, celles des

---

substance, ou auquel ce mouvement est communiqué.

5°. La perception de cette substance ou de ce mouvement. Il faut entendre par *espèce*, sonore ou lumineuse, le *mode* de substance ou de mouvement, ou de l'un et de l'autre, qui, en faisant impression sur l'organe, en y occasionnant un ébranlement, produit la sensation.

couleurs, des figures, des mouvemens et des distances, quant aux objets visibles; et celles des voix articulées, des tons, des chants, des cadences, etc. quant aux objets sensibles à l'ouie.

259. Il paroît que ni les unes ni les autres ne répandent dans leurs milieux respectifs aucun *effluve corporel* qui puisse remplir leur orbe ou sphère d'activité; qu'elles ne communiquent à ce milieu qu'elles traversent, aucun mouvement local et manifeste; mais qu'elles y transmettent seulement certaines *espèces immatérielles* (1). Et comme la cause de ces deux genres de phénomènes a jusqu'ici échappé à la sagacité des observateurs les plus attentifs, elle sera, dans le lieu convenable, l'objet d'une recherche *ex-professo*.

---

(1) *Certains modes de mouvemens oscillatoires* très fins et très déliés; car les substances corporelles et les mouvemens ôtés, il ne resteroit plus rien, du moins en physique. Ces deux articles sont un *triple galimathias* dont j'ai bien de la peine à tirer quelques lignes raisonnables.

260. Les unes et les autres paroissent ne produire d'autres effets que ceux qui appartiennent proprement à leurs objets et à leurs sens respectifs; ces effets exceptés, elles sont tout-à-fait stériles et inactives (1).

261. Mais les unes et les autres, en vertu de l'action qui leur est propre, produisent trois effets manifestes : 1°. l'espèce dont l'impression est la plus forte, étouffe, pour ainsi dire, celle qui agit plus foiblement; par exemple, la lumière du soleil efface celle d'un ver-luisant, et le bruit du canon couvre la voix humaine. 2°. Tout objet dont l'impression est excessivement forte, détruit le sentiment et l'organe même. Tel est l'effet que produit sur l'œil l'éclat du soleil, et sur l'oreille, un son excessivement fort et entendu de trop près. 3°. Les unes et les autres sont susceptibles de répercussion

---

(1) Elles n'agissent que sur les êtres animés qui ont la faculté de voir ou d'entendre, et non sur les corps inanimés.

(ou de réflexion), comme on le voit par le double exemple des échos et des miroirs.

262. Les espèces de l'un de ces deux genres ne détruisent point celles de l'autre, et ne leur font point obstacle, quoique les unes et les autres se rencontrent dans le même milieu; par exemple, la lumière ou les couleurs ne font point obstacle aux sons, ou réciproquement.

263. Les unes et les autres affectent les êtres animés, en ébranlant leurs sens respectifs de différentes manières, selon que les objets qui produisent les impressions, sont agréables ou déplaisans; objets toutefois qui, pour peu qu'on approfondisse ce sujet, paroissent affecter aussi, jusqu'à un certain point, les êtres inanimés qui ont quelque analogie ou conformité avec l'organe de l'un ou l'autre sens. C'est ainsi que les objets visibles agissent sur les miroirs, qui ressemblent assez à la prunelle de l'œil (1); et

(1) Ils ressemblent à la prunelle de l'œil pré-

que les objets sensibles à l'ouïe agissent sur ces corps qui, en réfléchissant les sons, produisent des échos, et qui ont aussi quelque analogie avec la concavité et la structure de l'oreille.

264. Les actions des unes et des autres varient à raison de la disposition des milieux respectifs: par exemple, un milieu, tel que la fumée, qui a un mouvement de trépidation, fait paroître l'objet comme tremblotant; et un milieu susceptible d'*intension* et de *rémission* alternatives, comme le *vent*, fait que les sons se renforcent et s'affoiblissent aussi alternativement.

265. L'air est pour les unes et les autres le milieu le plus convenable; milieu auquel l'eau et le verre ne sont nullement comparables.

---

cisément comme un mur ressemble à une fenêtre, et comme le tenon ressemble à la mortaise; car les rayons lumineux passent par la prunelle et à travers les trois humeurs de l'œil; au lieu qu'ils sont réfléchis par un miroir.

266. Lorsque l'objet relatif aux unes ou aux autres est très fin et très délié, il exige dans l'organe du sens un plus grand degré de *tension*, et une sorte d'*érection* (ou d'*éréthisme*) : par exemple, lorsqu'on veut voir distinctement, on contracte l'œil ; et lorsqu'un animal veut écouter attentivement (1), il dresse les oreilles; *érection* plus sensible dans ceux qui ont les oreilles mobiles (2).

267. Les rayons lumineux, renforcés par leur réunion, engendrent la chaleur; genre d'action très différent de celui d'où dépend la vision (3). De même, les sons renforcés aussi par leur réunion, occasionnent dans l'air une extrême raréfaction (action toute matérielle et tout-à-fait différente de celle d'où résulte la

---

(1) Le mot *attention* signifie *tension à ou vers* un objet qu'on veut examiner.

(2) Par exemple, dans un âne et dans un lièvre.

(3) Dans un corps capable d'affecter plusieurs sens, chaque sens saisit ce qui lui est propre : par exemple, dans un *feu clair* et *lumineux*, l'organe du *tact* perçoit la *chaleur*; et l'œil, la *lumière*.

production des sons); du moins s'il faut en croire ces auteurs anciens qui rapportent que les cris d'une multitude rassemblée dans un même lieu, ont fait tomber des oiseaux.

Différences

Entre les choses visibles et les choses sensibles à l'ouïe.

268. Les *espèces* émanées des objets visibles, semblent n'être que des *émissions de rayons* qui s'élancent de ces objets, et avoir, à cet égard, de l'analogie avec celles qui constituent les *odeurs*; avec cette différence toutefois que les premières sont plus *incorporelles* (1). Mais les *espèces* relatives à l'ouïe participent davantage du *mouvement local*. Ainsi, tout corps pouvant exercer son action de deux manières; savoir : ou en communiquant sa propre *nature* (*substance*), ou en communiquant son *mouvement*, le premier genre d'action sem-

―――――

(1) Puisqu'elles affectent aussi des corps.

ble devoir être attribué aux choses visibles, et le dernier, aux choses sensibles à l'ouie.

269. La transmission et la propagation des *espèces visuelles* dans l'air, est moins sensible et moins marquée que celle des *espèces sensibles à l'ouie;* car notre sentiment est qu'un vent contraire ne nuit pas beaucoup aux premières, au lieu qu'il fait visiblement obstacle aux dernières.

270. La différence principale et caractéristique entre les impressions des objets visibles et celles des objets sensibles à l'ouie; différence essentielle et source de toutes les autres, est que les premières (en exceptant toutefois celles des corps lumineux) se font par des lignes droites, au lieu que les dernières se font par des lignes courbes. Aussi voit-on que les impressions du premier genre ne se mêlent et ne se confondent point les unes avec les autres, comme celles du second genre. C'est par la même raison que des corps solides, mais transparens, et dont les pores sont rangés en ligne droite,

comme le *verre*, le *crystal*, le *diamant*, l'*eau*, etc. ne font point ou presque point obstacle à la vision ; et qu'une écharpe très fine, ou un mouchoir très mince, corps qui ne sont rien moins que solides, suffisent pour cacher un objet visible : au lieu que ces corps minces et poreux interceptent peu les sons, tandis que ces corps solides les arrêtent tout-à-fait, ou du moins les atténuent et les affoiblissent. C'est encore par cette raison que le plus petit miroir suffit pour réfléchir l'image des objets visibles; au lieu que la réflexion des sons exige de plus grands espaces, comme nous l'avons observé dans les numéros précédens.

271. Les objets visibles peuvent être apperçus à des distances beaucoup plus grandes que celles où les sons peuvent être entendus; pourvu toutefois que la première de ces distances ne soit pas excessive ; car un son très fort peut être entendu à telle distance, d'où un très petit objet visible ne seroit pas apperçu.

272. Les objets visibles ne sont aisés à

voir que lorsqu'il y a entre l'œil et l'objet une certaine distance; mais plus le corps sonore est près de l'oreille, plus le son est aisé à entendre. Cependant il est sur ce point deux espèces d'erreurs où l'on peut tomber aisément. Voici la source de la première : la lumière étant absolument nécessaire à la vision, lorsqu'un objet touche la prunelle au point de la couvrir tout-à-fait, comme alors il intercepte la lumière, la vision ne peut avoir lieu. Or, j'ai ouï dire à un personnage digne de foi, dont un œil avoit été affligé d'une cataracte, qu'il avoit vu très clairement et très distinctement cette aiguille d'argent qui servoit à l'opération, au moment où on l'introduisoit dans son œil pour abattre la membrane de la cataracte. Or, s'il put ainsi la voir, ce fut parce que cette aiguille, qui étoit beaucoup plus petite que la prunelle, n'interceptoit que fort peu la lumière. L'autre erreur a pour principe cette différence entre les actions des deux sens que nous comparons. Les rayons qui viennent de l'objet visible, frappent l'œil presque immédiatement, et sans l'interposition d'aucune distance; au lieu que la cavité de l'oreille met un intervalle entre le son et cette partie de l'organe qui est le siége propre de l'ouie. Quoi qu'il en soit, il paroît que ces deux espèces de sensation exigent une certaine distance entre l'objet et la partie sensible de l'organe.

273. Les objets visibles affectent plus promptement leur sens respectif, que les objets sensibles à l'ouie; par exemple, dans un coup de tonnerre, on voit l'éclair avant d'entendre le bruit; dans un coup de canon, on voit la flamme avant d'entendre le bruit de l'explosion; et lorsqu'un homme fend du bois, avant d'entendre le bruit du premier coup, on le voit relever le bras pour donner le second. Ces exemples que nous proposons, nous les avions déja allégués; mais c'est ici leur véritable lieu.

274. Mon sentiment est que les sons transmis à l'ouie subsistent plus longtemps dans l'air que les images transmises

à l'œil; lesquelles pourtant demeurent aussi quelque temps suspendues dans le milieu; comme le prouve l'exemple d'un anneau tournant rapidement, qui paroît une sphère; celui d'une corde de violon, qui, lorsqu'on la pince avec force, paroît se multiplier; et celui d'un flambeau transporté dans l'éloignement, qui paroît laisser après lui une traînée de lumière; enfin, celui du crépuscule, et une infinité d'autres phénomènes de même nature. Mais nous ne balançons pas à attribuer aux sons une plus longue durée qu'aux impressions des objets visibles, les vents portant les premiers soit vers le haut, soit vers le bas; sentiment où nous sommes confirmés par la considération de cet intervalle de temps qui s'écoule entre le son et le coup qui le produit; comme on l'observe dans un coup de canon entendu à la distance de vingt milles.

275. Les objets visibles n'ont en eux-mêmes rien de déplaisant, de choquant; mais on n'en peut dire autant des objets

de l'ouie. Car si la vue d'un objet indécent nous choque, c'est moins par l'effet propre et direct de son impression sur l'organe, que par les idées d'obscénité que nous y avons attachées, et que cette vue nous rappelle. Aussi des peintures obscènes blessent-elles beaucoup moins la vue, que le bruit perçant d'une scie qu'on aiguise, ne blesse l'oreille; et ce genre de son va même jusqu'à *agacer les dents*. En musique, dès qu'on entend des sons contraires aux loix de l'harmonie, l'oreille les repousse.

276. Lorsqu'on passe des ténèbres à une lumière vive, ou au contraire, le sens de la vue s'émousse, et la vision est confuse. Mais éprouve-t-on quelque chose de semblable, lorsqu'après un profond silence, on entend des sons très forts, ou au contraire? C'est une question dont la solution exigeroit des observations plus multipliées et plus exactes sur ce sujet. Les anciens croyoient assez généralement que les peuples qui habitoient près des cataractes du Nil, étoient sourds.

Cependant on n'observe rien de semblable dans les canonniers, dans les meûniers, ni dans ceux qui habitent sur les ponts.

277. L'impression des couleurs est tellement foible, qu'elles n'agissent que par des lignes droites, et par des rayons convergens, formant un cône dont la base est la surface de l'objet, et dont le sommet est dans l'œil (1). Ensorte que la vision, par rapport aux couleurs, paroît être l'effet de la simple réunion, du simple concours des rayons; lesquels, suivant toujours la ligne directe, ne produisent point de rayons secondaires, sinon par la réflexion, dont il n'est pas question ici; car ces rayons, en traversant le milieu

---

(1) De chaque point lumineux ou éclairé d'un objet visible, partent des rayons divergens et formant un premier cône dont la base est la prunelle; mais ensuite ces rayons réfractés par les trois humeurs de l'œil forment un second cône, qui a aussi pour base la prunelle, et dont le sommet tombe sur cette partie sensible de l'œil, qui est le siége propre et immédiat de la vision.

qui les transmet, ne teignent que très
foiblement l'air voisin de la ligne de
leur passage; autrement l'on verroit les
couleurs hors de cette ligne droite. Mais,
si telle est la marche des rayons qui viennent d'un objet coloré, on observe le
contraire dans ceux que lance un corps
lumineux. Car, lorsqu'on met un garde-
vue entre l'œil et la flamme d'une bougie ou d'une lampe, la lumière ne laisse
pas de tomber sur le papier, et d'éclairer
suffisamment une personne qui lit ou qui
écrit (1), quoiqu'elle ne puisse voir cette
flamme. Mais, si on substituoit à cette
lampe ou à cette bougie un objet colo-

---

(1) Parce que cette lumière est réfléchie par la
surface de ce papier. Cette lumière réfléchie n'est
suffisante que dans les cas où la lumière directe a
une certaine force. Or, la lumière qui s'élance d'un
objet coloré, est plus foible que celle qui jaillit d'un
corps lumineux par lui-même. Et une preuve que
cette réflexion de la lumière dépend de sa force,
c'est que tout objet dont la couleur est très vive,
reflète sur les objets voisins, et les teint plus ou
moins de cette couleur.

ré, sa couleur ne parviendroit point à l'œil. Notre sentiment est que le son a du moins, à cet égard, quelque analogie avec la lumière. Car, lorsqu'une personne étant d'un côté, et fort près d'un mur, parle à une autre personne qui est de l'autre côté, si cette dernière entend la voix, ce n'est pas seulement parce que le son originel, en suivant une ligne courbe, parvient ainsi à son oreille; c'est aussi parce que cette partie du son qui file, pour ainsi dire, en ligne droite le long de la muraille, et passe au-dessus, ébranle tout l'air circonvoisin, et y produit, selon toutes les directions de la sphère, un mouvement semblable à celui qui accompagne le premier son, mais plus foible et moins sensible.

Expériences et observations diverses concernant la sympathie et l'antipathie réciproque des sons.

278. Toute *consonance* ou *dissonance*, en musique, est l'effet de la *sympathie* ou de l'*antipathie* réciproque des sons,

comme le prouvent les effets de ce genre de musique connu sous le nom de *musique concertante*, ou de *symphonie*. Du concours des sons de certains instrumens résulte une symphonie plus ou moins agréable; sujet vraiment intéressant, mais vers lequel les observateurs ne tournent pas assez leur attention. Par exemple, la *harpe d'Irlande* se marie très bien avec la *basse*, la *viole*, ou autres semblables *instrumens*; la *flûte*, avec les *instrumens à cordes*; l'*orgue*, avec les *voix chantantes*, etc. Mais le clavecin se marie difficilement avec le luth ou le violon; la harpe d'Irlande, avec la harpe galloise; et une voix seule, avec des flûtes. Quoi qu'il en soit, il reste bien des expériences et des observations à faire sur cet art de combiner, de la manière la plus parfaite, les différentes espèces d'instrumens; art dont l'avantage seroit de porter la musique au plus haut degré de perfection.

279. Une observation devenue triviale nous a appris que si, ayant mis une paille sur une des cordes d'un violon ou d'un

luth posé à plat, et ayant placé tout auprès un autre instrument semblable, dont une corde soit à l'unisson de la première, on fait résonner celle-ci, la corde correspondante du premier instrument se met en vibration ; ce qui est d'autant plus sensible à l'œil, que le mouvement de cette dernière se communiquant au brin de paille, le fait tomber. On observera le même phénomène, si l'on touche une corde qui soit à l'octave d'une autre corde, montée sur le même instrument ou sur un autre, mais placé fort près du premier. Cependant on n'apperçoit, dans ces deux expériences, aucun degré sensible de répercussion ou de réflexion du son, mais seulement une communication de mouvement.

280. On pourroit garnir une viole de la manière suivante : après y avoir mis un rang de cordes de métal, et fort près du corps de l'instrument, comme dans un luth, on y établiroit un rang de cordes de boyaux, exhaussées par le moyen d'un chevalet, comme elles le sont sur

un violon. Il se pourroit qu'à l'aide d'une telle disposition, les cordes supérieures, lorsqu'on les toucheroit, affectant, par sympathie, les cordes inférieures, le son total en devînt plus fort et plus agréable. Si le résultat de cette expérience répondoit à notre but, alors ce genre de sympathie, qui dépend de la répercussion du son, deviendroit aussi sensible que l'étoit, dans la précédente, le genre de sympathie qui résulte de la simple communication du mouvement. Mais, selon toute apparence, notre idée ne pourroit être réalisée par l'exécution; car les cordes supérieures, qui rendroient des sons très variés lorsqu'on les toucheroit, ne pourroient, par cela même, être toujours à l'unisson ou à l'octave des cordes inférieures qu'on ne toucheroit pas. Ainsi, il faudroit tenter cette expérience sur les instrumens où une même corde rend toujours le même son, qui ne peut être varié par la touche; par exemple, sur un clavecin, ou sur une harpe, y mettre, dis-je, deux rangs de cordes, l'un au-dessus de l'autre, et entre lesquels on laisseroit un certain intervalle.

281. Ces expériences sur la sympathie des sons seroient peut-être susceptibles d'être transportées des instrumens à cordes aux instrumens composés de corps qui rendent des sons par eux-mêmes. Par exemple, soient quatre cloches A, B, C, D; que la seconde B, soit *à l'unisson* de la première A; la troisième *à la tierce;* la quatrième *à la quinte*, etc. Frappez sur cette cloche A, et voyez si le mouvement qui accompagne le son, se communique plus aisément à la cloche B, qu'aux cloches C, D, etc. De même, soient deux flûtes parfaitement égales, et qui donnent précisément les mêmes tons; placez un brin de paille ou une plume sur l'une, et jouez de l'autre (à vuide), afin de voir si le son de celle-ci produit quelque mouvement dans ce corps léger.

282. Un fait également constaté par le témoignage des yeux et par celui des oreilles, est qu'il existe une certaine sym-

pathie, une certaine *analogie* ou *conformité* entre les *organes des sens*, et ce qui produit *la réflexion;* comme nous l'avons déja observé. Car, de même que la *lumière de l'œil* (1) ressemble assez à du crystal, à du verre, ou à de l'eau, de même aussi dans la cavité *sinueuse* de l'oreille se trouve un osselet assez dur et destiné à arrêter ou à répercuter les sons; ce qui a quelque analogie avec ces lieux et ces corps qui produisent des *échos.*

Expériences et observations diverses concernant les obstacles et les secours relatifs à l'ouie.

283. Le bâillement diminue pour le moment la finesse de l'ouie : on peut regarder comme la cause de ce phénomène l'extension d'une certaine membrane dans l'intérieur de l'oreille, qui alors repousse le son plutôt qu'elle ne l'admet.

---

(1) La partie la plus transparente de l'œil.

284. En retenant son haleine, on entend mieux qu'en respirant librement ; aussi, lorsqu'on veut écouter attentivement des sons qui viennent de fort loin, commence-t-on par la retenir. Car *l'expiration* est *un mouvement de l'intérieur à l'extérieur;* mouvement d'où résulte plutôt une *répulsion* qu'une *attraction*, par rapport aux sons qu'on veut entendre. Quand on veut s'occuper fortement de quelque chose, travailler avec contention, on retient encore son haleine ; or, cet *effort* qu'il faut faire pour écouter attentivement, est une espèce de *travail*.

285. Il est tel instrument à l'aide duquel on pourroit, jusqu'à un certain point, remédier à la surdité. Donnez-lui à peu près la forme d'un entonnoir. Que le diamètre de sa partie la plus étroite soit un peu moindre que celui de l'ouverture de l'oreille, la partie extérieure étant beaucoup plus large, et ayant un évasement semblable à celui d'une cloche. Que l'instrument ait à peu près la lon-

gueur d'un demi-pied. Cela posé, il est probable qu'en approchant de son oreille la partie étroite, on entendra beaucoup mieux des sons venant d'un lieu fort éloigné, et, en général, des sons très foibles, qu'on ne le pourroit sans le secours d'un tel instrument. Il seroit pour l'oreille ce que les lunettes sont pour les yeux. J'ai ouï dire qu'en Espagne on a imaginé un instrument de cette espèce qui est de quelque utilité aux personnes qui ont l'oreille dure.

286. Quand la bouche est exactement fermée, on ne laisse pas de pouvoir encore produire un certain murmure qui vient du palais, et ressemble à celui que font entendre les muets; mais si de plus on se bouche les narines, ce murmure ne peut plus avoir lieu, sinon dans la partie inférieure du palais et vers le gosier : ce qui prouve évidemment que, la bouche étant exactement fermée, tous les sons qu'on peut encore produire (à l'exception toutefois de celui dont nous venons

de parler), viennent du palais, et sortent par les narines (1).

Expériences et observations diverses sur la nature immatérielle et subtile des sons.

287. Je ne connois point de preuve plus forte de *la nature immatérielle des sons*, que leur *répercussion (réflexion)*, d'où résulte ce qu'on appelle un *écho*. Car, si cette *nature* étoit *corporelle*, la *génération* du *son* secondaire ou *réfléchi* seroit, et quant à la *manière* et quant à l'*instrument*, tout-à-fait *semblable* à celle du *son originel* et primitif. Cependant nous voyons que la prononciation des mots exige un appareil très compliqué d'instrumens de différentes formes, et d'une structure fort délicate; au lieu que la répercussion des sons n'exige rien

---

(1) Ils viennent et du palais et des autres parties qui forment la cavité de la bouche. Ils passent par les narines, parce qu'alors il n'y a plus d'autre ouverture, du moins dans le voisinage.

de semblable, mais seulement un corps quelconque qui puisse les réfléchir (1).

288. Cette propriété qu'a l'air de transmettre les différences les plus délicates des sons articulés, prouve assez que les sons en général n'ont pas pour cause de simples *impressions* dans ce fluide. Pour faire de telles *empreintes*, il faudroit un *sceau* ou un *cachet*; et l'on peut même, si l'on veut, supposer quelque chose de semblable dans la première génération du son; mais, comme leur transmission et leur continuation n'exigent pas une nouvelle empreinte, on ne doit pas la regarder comme l'effet d'une impression.

289. Tout son naît et meurt presque en un instant; mais ni cela même, ni ces différences délicates dont il est susceptible, ne doivent exciter l'étonnement. Car ces cadences qu'on fait sur la flûte

---

(1) Quoique la structure de la main qui fait une balle et qui la lance contre un mur, soit beaucoup plus composée que celle de ce mur, il ne s'ensuit point du tout que cette balle soit de nature immatérielle.

ou sur le violon, sont d'une rapidité au moins égale à cette génération ou à cette destruction du son. Et la langue, qui n'est rien moins qu'un instrument fort délié, ne laisse pas de faire avec assez de facilité autant de mouvemens qu'en exige la prononciation des différentes lettres dont les mots sont composés. Mais cette génération si prompte du son est cent fois moins étonnante que cette rapidité avec laquelle il se porte aux plus grandes distances et dans toutes les directions. Par exemple, si une personne, étant dans une plaine, prononce quelques mots à voix haute, sa voix remplit tout l'espace qui l'environne; aux extrémités de cet espace on distingue les articulations les plus délicates d'où résultent ces mots, et dont chacune se trouve toute entière dans les plus petites parties de l'air environnant; le tout en moins d'une minute (1).

---

(1) Son assertion est fort au-dessous de la réalité; la voix de cette personne, en moins d'une seconde, ébranle la masse d'air que pourroit contenir

290. La génération et l'extinction subite du son doivent être attribuées à l'une ou à l'autre des deux causes suivantes. Ou l'air, souffrant de la part du son qui s'y introduit, une sorte de violence, se rétablit aussi-tôt à peu près comme l'eau qui, etant frappée et divisée par un corps, forme différens cercles, jusqu'à ce que le mouvement imprimé aux parties de sa surface soit totalement détruit : ou l'air, peut-on dire encore, se pénètre, s'imbibe aisément du son; mais il ne peut le retenir; ce fluide ayant d'abord une tendance, une disposition secrette à recevoir le son, qui ensuite est comme suffoqué par les qualités plus grossières et plus matérielles de ce même fluide (1).

---

une sphère creuse de 1120 pieds de rayon, et dont sa bouche occuperoit le centre.

(1) Quelle physique! Le son paroit être l'effet d'un mouvement de vibration imprimé par le corps sonore aux parties de l'air; ce mouvement se communique de proche en proche, et, comme tout autre mouvement de cette nature, s'affoiblit peu à peu en se communiquant.

C'est ainsi qu'une flamme qui s'est formée tout-à-coup, est presqu'aussi-tôt éteinte par l'air, ou par tout autre corps environnant avec lequel elle n'a point d'affinité.

Les différences qui peuvent servir de base à une division des sons, se réduisent aux suivantes. Ils peuvent être, 1°. *musicaux* ou *non musicaux;* 2°. *graves* ou *aigus;* 3°. *sourds* ou *perçans;* 4°. *forts* ou *foibles;* 5°. *extérieurs* ou *intérieurs;* 6°. *purs* et *coulans;* ou *rauques,* accompagnés d'un *sifflement* de *trépidation,* etc. 7°. *articulés* ou *non articulés* (1).

On voit que nous avons beaucoup insisté sur cette recherche relative aux sons, prenant peine à envisager ce sujet par toutes ses faces : deux motifs principaux nous y ont déterminés. 1°. C'est avec fondement qu'on le regarde comme un des plus importans et des plus profonds mystères de la nature, observation que nous avons faite dès le commencement; sans

---

(1) Il oublie cette division, *gros* ou *grêles.*

compter qu'il est peu de propriétés aussi incorporelles et aussi dégagées de la matière que celle-ci. En second lieu, notre dessein étoit d'offrir dans les premières centuries un modèle de recherche analytique et complette; une méthode que pourront suivre les personnes qui entreprendront des recherches de même nature, et que nous suivrons nous-mêmes désormais, en traitant les sujets qui exigent autant d'attention et d'exactitude que celui-ci. Car notre principal but est de faire sentir aux hommes qu'une étude méthodique de la nature, une étude philosophique et vraiment digne de ce nom, exige une circonspection et une sévérité proportionnée à son importance et à sa dignité. Nous souhaiterions de plus qu'éclairés par cette lumière vive qu'un certain nombre de faits choisis avec soin et suffisamment variés, répandent sur une multitude immense d'objets, ils apprissent ainsi à étendre peu à peu leurs conceptions, pour égaler la capacité de leur esprit à la vaste étendue de ce grand tout qui est le véritable sujet de leurs recherches; au lieu de vouloir, comme ils le font ordinairement, circonscrire et resserrer, pour ainsi dire, l'univers même dans les étroites limites de leur entendement.

Observation sur les couleurs vives et éclatantes que présentent les dissolutions de certains métaux.

291. Certains métaux, dans leurs dissolutions, présentent des couleurs vives et pures : par exemple, l'*or* donne un beau *jaune*; le *mercure*, un *verd* éclatant; l'*étain*, un *bleu* très foncé. Il en est d'autres qui se tirent de leurs *rouilles* ou de leurs *chaux*, tels que le *minium*, le *verd-de-gris*, la *céruse*, etc. et ces substances, lorsqu'elles sont vitrifiées, présentent aussi des couleurs assez vives. La cause de ces belles couleurs est la densité et la solidité de ces substances métalliques, qui les met en état de résister à l'action du feu et des autres agens chymiques, d'acquérir une texture uniforme,

et de retenir une partie de leurs esprits les plus actifs. Car ces deux choses, l'uniformité de la texture et des esprits très actifs, sont les deux conditions les plus nécessaires pour la production de ces couleurs vives et éclatantes.

Observation relative à la prolongation de la vie.

292. Ce qui contribue le plus à la prolongation de la vie, en modérant les mouvemens des esprits et diminuant leur disposition à consumer les sucs du corps, c'est d'être entièrement maître de ses actions, de *ne rien faire contre son naturel*, et de n'obéir qu'à l'impulsion de son propre génie; ou, au contraire, de circonscrire toutes ses actions dans les limites de certaines règles fixes, et de s'exercer à combattre ses passions. L'idée même de cette victoire qu'on remporte sur ses inclinations, et le sentiment bien fondé de ce pouvoir qu'on exerce continuellement sur soi-même, produit dans les esprits (vitaux) une excellente disposi-

tion, sur-tout si dans cette lutte on procède par degrés, ce qui rend le sentiment de la victoire plus vif et plus durable. Un exemple du premier genre de vie, c'est celui des personnes qui vivent à la campagne : on trouve un exemple du second dans les religieux, dans les vrais philosophes, et en général, dans tous ceux qu'une vie exempte d'ambition met à portée de jouir continuellement d'eux-mêmes (1).

(1) La pire de toutes les maladies morales qui, à la longue, se convertissent toutes en maladies physiques, c'est *la vanité humiliée*, ou, ce qui est la même chose, *le sentiment de son impuissance*, source de l'*envie*, de la *haine*, du *dépit*, de tous les vices et de tous les maux. D'où il suit que le meilleur préservatif pour l'ame et pour le corps, est l'estime de soi-même fondée sur un mérite réel ; ou la sottise qui en tient lieu : car le sot engraisse de la bonne opinion qu'il a de lui-même, et digère mieux que l'homme spirituel, qui n'a pas l'esprit d'être bête à l'heure de la digestion.

Observation sur les différens degrés de la force de cohésion dans les corps.

293. Tous les corps tendent naturellement à s'unir et à éviter la solution de leur continuité. Cette tendance est susceptible de différens degrés; mais il en est trois principaux qui méritent d'être observés, et qu'on peut marquer distinctement. Le premier est propre aux *liquides;* le second, aux *solides;* le troisième, aux corps *glutineux* ou *visqueux*.

Quant aux *liquides*, la tendance de leurs parties à s'unir et à rester unies, est très foible ; cependant elle ne laisse pas de devenir sensible par l'effet de cette cohérence en vertu de laquelle l'eau des gouttières, en tombant, prend la forme d'un filet délié ; elle l'est aussi dans cette forme arrondie qu'affectent les gouttes d'eau, ou de tout autre liquide (figure qui est l'effet de leur attraction réciproque qui tend à les rapprocher les unes des autres autant qu'il est possible); elle l'est encore dans cette forme de bulles sous laquelle paroissent certains fluides; elle l'est enfin dans l'écume d'un liquide agité.

Le *second degré* de cette tendance dont nous parlons, degré beaucoup plus sensible et plus marqué que le premier, se trouve dans les corps *solides*, tels que le *fer*, la *pierre*, le *bois*, etc.

Le troisième, qui est comme limitrophe des deux premiers, et qui tient le milieu entre ces deux extrêmes, se manifeste dans les substances dont les parties étant mises en contact avec celles d'un autre corps, et s'y attachant à cause de leur viscosité, ne laissent pas de rester attachées les unes aux autres, en vertu de cette même qualité, évitant ainsi la solution de leur propre continuité; ce qui leur permet de s'alonger et de se figurer en fils; telles sont la *colle*, la *poix*, la *glu*, etc. Mais on doit observer que tous les corps solides ont plus ou moins de ténacité, et qu'ils préfèrent le contact d'un corps tangible à celui de l'air. Car l'eau, par exemple, lorsqu'elle est en très petite quantité, reste adhérente à la surface des corps solides, et il en est de même des métaux en goutte, à moins que l'excès de leur pesanteur ne les détache du corps auquel ils adhéroient; l'or : ou tout autre métal en feuilles, adhère également. Mais les parties des substances glutineuses ou visqueuses (qui sont le produit d'une mixtion moins parfaite, dans lesquelles, ni la sécheresse, ni l'humidité ne l'emportent sensiblement l'une sur l'autre, et où la tendance à s'unir semble avoir un caractère moins déterminé), étant de nature à adhérer à tout autre corps, ou les unes aux autres indifféremment, semblent pourtant s'attacher plus volontiers à un corps étranger, que les unes aux autres.

Observation sur l'analogie des effets du temps avec ceux de la chaleur.

294. Le *temps* (1) et la *chaleur* ont beau-

---

(1) Le *temps* n'étant point *un être physique* et *réel*, mais un *être* purement *idéal*, ne peut par conséquent être une *cause physique*. Ainsi, on doit

coup d'effets communs. La chaleur *dessèche* les corps susceptibles d'une facile évaporation, tels que les *membranes*, les *feuilles*, les *racines*, le *bois*, etc. L'effet du *temps* est également de *dessécher*, comme on l'observe dans les substances dont nous venons de faire l'énumération. La *chaleur dissout* et rend *liquides* les substances qui retiennent leurs esprits, comme le prouve la liquéfaction d'une infinité de corps exposés à son action. Le temps produit le même effet dans les corps qui ont peu de consistance ; effet sensible dans le miel, qui à la longue devient plus liquide; ainsi que dans le sucre et dans les vieilles huiles, qui, en se

---

entendre par ce mot, *de petites causes, dont la multitude, le concours et l'action continue ou réitérée compensent la foiblesse.* Cependant nous permettons aux poëtes de *personifier* encore le *temps,* pourvu que désormais à cette *faux* qu'ils lui donnent ordinairement pour *attribut,* ils aient soin de substituer une *lime;* car le temps ne *fauche* point, mais il *dégrade* insensiblement ; il *mine,* il *use.*

clarifiant de plus en plus, contractent peu à peu une certaine chaleur qui les rend plus propres pour les usages de la médecine. La chaleur dilate les esprits qui, ainsi dilatés, font effort pour s'exhaler, comme le prouve la volatilité de certains métaux (1). Le temps produit un semblable effet, comme on en voit un exemple dans la rouille des métaux (2). Mais, en général, les effets du *temps* diffèrent de ceux de la *chaleur*, en ce que les derniers sont *fort prompts* ; au lieu que

---

(1) Par exemple, celle du mercure.

(2) Elle paroît être l'effet des agens extérieurs: par exemple, des particules aqueuses et acides, disséminées dans l'air qui touche et *lèche*, pour ainsi dire, leur surface. Mais si l'on considère qu'un temps assez court suffit pour dessécher jusqu'au centre une pièce de bois fort grosse, on se persuadera difficilement que cette prompte dessiccation puisse être opérée par la simple action de l'air, et que ce fluide puisse pénétrer si avant; il est plus vraisemblable qu'elle dépend en partie de la force *expansive* d'un *agent intérieur*, d'un reste d'*action végétative*.

les premiers sont extrêmement *lents* (1).

Observation sur les différences qui distinguent les effets du temps, de ceux de la chaleur.

295. Il est des substances qui, étant exposées à l'action du *feu, s'amollissent,* mais qu'ensuite le *temps durcit;* telle est, par exemple, *la mie de pain.* Il en est d'autres que le *feu durcit,* et qu'ensuite le *temps amollit;* telles sont la *croûte de pain,* le *biscuit de mer*, les *sucreries,* le *sel,* etc. Voici la raison de cette différence : l'action du feu sur les substances que le *temps durcit,* est une sorte de *liquéfaction;* au lieu que son action sur celles que le *temps amollit,* est une sorte de *coction;* car l'effet du *temps* sur

---

(1) *Les effets du temps demandent beaucoup de temps;* tel est le *pléonasme* qui résulte de son exposé; et telles sont, en physique, les absurdités auxquelles mène le défaut de justesse dans l'expression.

coction, est de les *dissoudre* jusqu'à un certain point.

Observation sur les mouvemens qui sont l'effet de la faculté imitative.

296. Lorsque certains mouvemens se communiquent d'homme à homme, par voie d'imitation ; ce n'est pas que l'imagination du sujet passif soit excitée à cette invitation; mais c'est le simple effet de la faculté imitative (faculté purement physique), et d'une espèce *d'invitation machinale* à les imiter, effet auquel contribue un peu une certaine aptitude, ou disposition antérieure à les faire (1). Par

---

(1) Une preuve que l'imagination a quelque part à cette imitation, c'est qu'une personne qui ne voit ou n'entend pas ces mouvemens, ne les imite point : par exemple, une personne placée derrière une autre qui bâille sans bruit, ne bâillera pas. Tout homme a besoin de mouvement, aime à se mouvoir, et préfère naturellement les mouvemens les moins pénibles : or, il a moins de peine à imiter les mouvemens dont un autre lui donne l'idée, en les faisant à sa vue, qu'à en imaginer de nou-

exemple, on est naturellement porté à bâiller et à étendre ses membres à la vue d'une personne qui bâille et qui s'étend ; mouvemens qui, dans la dernière, ont pour cause une certaine pesanteur occasionnée par une vapeur assoupissante, ou autre chose semblable, et l'effort que font les esprits vitaux pour se débarrasser de ce qui fait obstacle à leur agilité naturelle. Aussi observe-t-on ces deux symptômes dans une personne qui a envie de dormir, ou dans un sujet fiévreux, quelque temps avant l'accès (1); symptô-

---

veaux et à se mettre lui-même en train : cette imitation ne demande pas beaucoup de réflexion, les suggestions *de notre instinct paresseux* étant extrêmement prompte. Ainsi, la faculté imitative paroît être l'effet composé du double besoin d'action et de repos, dont les effets se combinent presque toujours dans l'individu.

(1) *Le bâillement est un mouvement automatique par lequel le corps remédie au défaut d'action et à la pesanteur qu'il éprouve, en aspirant plus longuement et en plus grande quantité, le fluide qui est son principal stimulant; savoir: l'air;*

mes accompagnés d'un certain son de voix particulier, et suivi d'un autre un peu différent, qui a lieu durant l'expiration ; toutes choses qu'une personne qui se trouve dans une disposition analogue, imite naturellement en les voyant; à peu près comme en voyant rire une autre personne, on rit soi-même machinalement.

Observation sur les maladies contagieuses.

297. Parmi les maladies connues, il en est de contagieuses, et d'autres qui

---

et cette action par laquelle un animal, après une longue inaction, étend ses membres, est un mouvement également automatique, tendant à déterminer vers les parties extérieures, et à distribuer plus également les esprits trop concentrés dans les parties *intérieures* par cette inaction. Ce qui appuie cette explication, c'est que le vrai remède à l'engourdissement, est d'étendre fortement la partie engourdie ; et qu'après avoir lu ou médité avec beaucoup d'attention, en retenant en partie sa respiration, on est naturellement porté à respirer avec plus de force et par tenues plus longues, qu'on ne le fait dans tout autre cas.

ne se communiquent point. Il paroît que les premières, ayant leur principal siége dans les esprits, affectent moins immédiatement les humeurs ; et c'est par cette raison même qu'elles passent si aisément d'un corps à un autre : de ce genre sont les maladies *pestilentielles,* la *chassie,* etc.

2°. Il en est d'autres qui, affectant les organes de la respiration, se communiquent visiblement, attendu qu'elles sont plus faciles à observer que celles qui ont leur siége dans les esprits ; telles sont la *pulmonie* et toutes les maladies de cette nature.

3°. D'autres encore qui ont leur siége dans la peau, et qui s'y manifestent par des symptômes très sensibles, se communiquent par le véhicule de l'air aux corps adjacens (1), sur-tout aux sujets dont la

---

(1) Quelques médecins prétendent qu'elles sont occasionnées par certains insectes qui piquent la peau, comme d'autres insectes piquent les feuilles des arbres ; la *peau* étant, à bien des égards, le *feuillage* de l'animal.

substance étant grasse et onctueuse, ne se dissipe pas aisément; telles sont la *galle*, la *lèpre*, etc.

4°. Enfin, il en est qui, n'ayant leur siége, ni dans les esprits, ni dans les organes de la respiration, ni dans les substances excrémentitielles auxquelles la peau livre passage, mais dans les humeurs, ne se communiquent que par le contact immédiat, par celui d'épiderme à épiderme, espèce de crible par lequel le virus s'insinue; telles sont les maladies *vénériennes* (1), la *rage*, etc.

---

(1) J'ai l'expérience du contraire, ayant souvent été forcé de coucher avec des marins ou autres voyageurs qui en étoient atteints, et ne les ayant point gagnées, quoiqu'ils suassent beaucoup. Elles se gagnent *par le contact du rouge au rouge*. Le ton sérieux et sévère sur lequel nous parlons, nous permet de donner à l'âge des plus ardens désirs et de l'imprudence qui en est l'effet, cet important avertissement, sans violer les loix de la pudeur et de la décence.

Observations sur la plus ou moins grande facilité avec laquelle les différentes espèces de liquides s'incorporent aux différentes espèces de substances pulvérisées.

298. La plupart des substances *pulvérisées, telles que les farines*, etc. s'incorporent mieux avec l'eau qu'avec l'huile; et, dans le premier cas, elles ont plus de cohérence, quoique l'huile ait plus d'onctuosité que l'eau. La raison de cette différence, est le plus ou moins d'analogie et d'affinité de ces substances qu'on mêle ensemble; plus cette affinité est grande, plus la pénétration réciproque et l'incorporation qui en résulte, sont complettes. Or, la plupart de ces substances, réduites en poudre, ont plus d'affinité avec l'eau qu'avec l'huile. Cependant les substances colorantes qu'emploient les peintres, et les cendres, ont plus d'affinité et s'incorporent mieux avec l'huile qu'avec l'eau.

Observations sur les exercices du corps.

299. Il est des sujets auxquels les exercices violens et fréquens sont salutaires, et d'autres à qui des mouvemens plus rares et plus doux conviennent mieux. Une violente agitation nuit aux sujets de complexion chaude et sèche; et c'est un point sur lequel les médecins s'abusent étrangement; car on sait qu'ils recommandent à toutes sortes de personnes, sans distinction, de faire beaucoup d'exercices. La véritable règle sur ce point, est qu'il faut proportionner la quantité des exercices à celle des alimens; que les personnes qui mangent beaucoup, doivent aussi faire beaucoup d'exercices, et au contraire. Or, tels sont en général les avantages de ces exercices.

1. Ils déterminent avec plus de force la substance alimentaire vers les parties à nourrir (1).

---

(1) Les fluides du corps humain se portant naturellement avec plus de force et en plus grande

2. Ils facilitent cette excrétion qui s'opère par le moyen des sueurs ou de la transpiration insensible ; ce qui dispose les parties à s'assimiler plus parfaitement les sucs alimentaires.

3. En rendant le corps plus solide et plus compact, ils le mettent en état de résister davantage à l'action des esprits qui tendent à consumer sa substance.

Et tels sont les inconvéniens des exercices dont la fréquence ou la violence n'est point proportionnée à la complexion ou au régime alimentaire du sujet.

1°. En augmentant la chaleur des esprits, ils augmentent leur action *déprédatrice*, et font ainsi qu'en atténuant excessivement la substance du corps, ils la consument et l'absorbent trop promptement.

2°. Ils ébranlent avec trop de violence les parties intérieures auxquelles un peu plus de repos, ou des mouvemens plus doux, conviendroient mieux.

---

quantité vers les parties frappées, frottées, mues, et en général *irritées* par un moyen quelconque.

En général, les exercices qui pêchent par excès, nuisent à la prolongation de la vie ; et c'est par cette raison, que les femmes qui en font beaucoup moins que les hommes, vivent aussi plus long-temps (1).

Observation sur les alimens très rassasians.

300. Parmi les alimens, il en est, tels que le *pain*, la *viande* (lorsqu'elle n'est pas trop grasse ou trop avancée), dont on peut user souvent et long-temps, sans éprouver de satiété ; et il en est d'autres qui, bien qu'agréables en eux-mêmes, amènent promptement le dégoût ; tels sont les alimens *fort doux* ou *fort gras*. La raison de cette différence est que

---

(1) Il ne sera pas inutile d'ajouter que les exercices du corps doivent être en raison inverse des exercices de l'esprit ; car les derniers épuisent encore plus que les premiers ; et d'ailleurs un homme qui médite beaucoup, est habituellement au physique une sorte de *convalescent,* de *valétudinaire,* de *femme,* etc.

l'appétit peut avoir deux causes : l'une, est l'état d'*inanition* de l'orifice de l'estomac ; l'autre, l'action de quelque substance qui, étant *astringente*, est par conséquent *froide* et *sèche*. Or, les alimens trop gras, ou de saveur trop douce, *remplissent* et *graissent* excessivement; ils demeurent trop long-temps attachés, suspendus, et comme flottans à l'orifice de l'estomac; ils se précipitent trop lentement ; ils se convertissent trop aisément en bile, genre d'humeur de nature chaude et sèche, qui par conséquent doit ôter l'appétit. Une autre cause de ce prompt dégoût, c'est le fréquent usage d'un même genre d'alimens ; car la nouveauté d'un aliment étant une cause d'appétit, il s'ensuit, par la raison des contraires, que l'usage trop souvent réitéré d'un même aliment, doit faire naître la satiété. Mais, nous demande-t-on, quelle est la véritable source de ce plaisir que la nouveauté fait éprouver, et de ce dégoût, ou de cette satiété qui est l'effet naturel de la réitération trop fréquente des mêmes choses ? Faut-il de plus montrer, non-seulement parmi les *alimens* solides ou liquides, mais même parmi les *exercices*, les *affections*, les *sociétés*, les *plaisirs*, les *études*, les *occupations* de toute espèce, quelles sont les choses dont *l'habitude est agréable*, et celles dont la *réitération* amène promptement le *dégoût?* Voilà certes deux questions qui ouvrent à l'observation et au raisonnement le plus vaste champ. Quant aux *alimens*, la véritable cause n'est autre que *l'attraction* qui est plus promptement et plus fortement excitée par un aliment *nouveau*, que par ceux dont la saveur, par un trop fréquent usage, demeure comme attachée au palais. Mais nous nous contenterons pour le moment, d'une observation générale qui peut servir de règle ; savoir : que l'habitude rend agréables les choses qui déplaisent d'abord (1) ; et qu'au con-

---

(1) Cette règle n'est rien moins que générale; et tout lecteur judicieux voit, au premier coup d'œil, qu'elle a bien des exceptions ; par exem-

traire celles qui d'abord plaisent le plus, sont aussi celles qui amènent le plus promptement le dégoût et la satiété.

ple, des *coups de bâton* et des *critiques*, deux choses que l'*habitude* n'apprend point du tout à *digérer*, et qui par conséquent s'emboîtent fort mal dans sa règle. Il faut donc la limiter en disant que ces choses qui, après avoir déplu pendant quelque temps, plaisent ensuite par degrés, sont celles qui peuvent augmenter nos avantages : tels que *santé, beauté, force, adresse, courage, talens, réputation, fortune, puissance,* etc. et auxquelles, par cette raison, fondée ou non, nous attachons une idée de bien, de perfection, etc.

Fin du septième volume.

www.ingramcontent.com/pod-product-compliance
Lightning Source LLC
Chambersburg PA
CBHW050248230426

43664CB00012B/1871